农户信用评估
与风险预警机制研究

吴东武　著

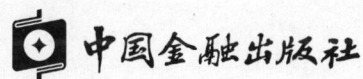

中国金融出版社

责任编辑：肖丽敏
责任校对：刘　明
责任印制：陈晓川

图书在版编目（CIP）数据

农户信用评估与风险预警机制研究（Nonghu Xinyong Pinggu yu Fengxian
Yujing Jizhi Yanjiu）/吴东武著 . —北京：中国金融出版社，2015. 6
ISBN 978 – 7 – 5049 – 7955 – 1

Ⅰ. ①农… Ⅱ. ①吴… Ⅲ. ①农村信用—信用评估—研究—中国②农
村信用—风险管理—研究—中国 Ⅳ. ①F832. 43

中国版本图书馆 CIP 数据核字（2015）第 103064 号

出版
发行　　中国金融出版社
社址　北京市丰台区益泽路 2 号
市场开发部 （010）63266347，63805472，63439533（传真）
网上书店 http://www.chinafph.com
　　　　　 （010）63286832，63365686（传真）
读者服务部 （010）66070833，62568380
邮编　100071
经销　新华书店
印刷　三河市利兴印刷有限公司
尺寸　169 毫米 ×239 毫米
印张　13. 75
字数　240 千
版次　2015 年 6 月第 1 版
印次　2015 年 6 月第 1 次印刷
定价　39. 00 元
ISBN 978 – 7 – 5049 – 7955 – 1/F. 7515
如出现印装错误本社负责调换　联系电话 （010）63263947

前　言

农户融资难成为解决"三农"问题的障碍性因素。一方面是由于农业项目本身具有天然弱质性，项目风险高，金融机构不敢贷；另一方面是农村金融机构与农户之间信息不对称，农户违约率高，金融机构不能贷。为了解决农户融资难问题，国家加大对"三农"问题的政策支持力度，但是效果并不明显。本书在充分吸纳和借鉴国内外学术界在信用评估及风险预警领域已有研究成果的基础之上，以借款农户的风险管理为主题，以系统论为基础，以伦理学、社会学、经济学、财务管理学、心理学为理论主体，以农户借款前的信用评估和农户借款后的风险预警为主线，紧紧围绕农户信用评估理论、农户信用评估指标、农户信用评估方法、农户信用评估建模、农户信用评估实证、农户风险预警及实证展开。本书主要工作如下。

第一，构建了"五维"农户信用评估理论。由于影响农户信用的要素呈现多元化，本书以系统论为基础，构建农户信用评估系统的架构，以伦理学、社会学、经济学、财务管理学以及心理学为理论主体，构建"五维"农户信用评估理论，解析了农户信用变化的原因和农户信用评估指标的构建。

第二，构建了农户信用评估系统结构理论。本书把农户信用评估看做一个系统，在一般系统结构理论基础上，构建了农户信用评估系统结构理论。从结构视角解析了农户信用评估是由其结构决定的。

第三，本书基于农户信用评估系统结构理论，构建农户信用评估指标设计模型以及农户信用评估模型。（1）构建基于"四维信用＋六原则＋十聚类"农户信用评估指标设计模型框架（简称 FST）。（2）以系统论为基础，构建基于模式识别的农户信用等级评估模型。最后，根据计算的标准模糊状态向量与待评农户的贴近度，从而确定农户的信用等级。

第四，农户信用评估模型实证分析。首先对农户信用评估指标结构模型进行实证分析。本书以农户借款偿还性为因变量，以评估指标为自变量，用农户调查数据作 Pearson 相关性分析，结果表明，所设计的信用评估指标总体上与农户借款偿还性显著相关，具有可行性。其次，用信用评估模型对 328 个农户的信用情况进行评估，结果显示，对其中有过一次或以上借款的农户评估结果为"较好"以上等级，具有一定的准确性。

第五，农户风险预警机制构建及实证分析。本书还结合农户借款后的实际情况，构建农户风险预警机制对农户风险进行预测。农户借款后，面临的风险主要来自以下四个方面：（1）农户自身的素质风险。因为农业项目通常比较小，农户既是生产者又是管理者，其本身素质直接影响产品的质量、销售。（2）自然灾害风险。80% 以上的农业项目是露天进行生产经营的，天气的异常变化可能会使这些项目遭受毁灭性打击。（3）市场风险。在完全竞争的市场条件下，农产品的价格除了与生产成本和自身的价值有关外，其最终是由市场的供求决定的。因此，农产品价格会随着农产品的供求变动而波动。（4）国家宏观经济政策风险。为了调节经济总量平衡，国家总是要对财政政策、货币政策等进行适度调控。为了预防上述风险，本书构建以下三种风险预警机制：（1）基于管理层面的农户风险预警机制，预防和预警由于组织管理制度上的漏洞而引发的风险。（2）基于信息层面的农户风险预警机制。（3）基于技术层面的农户风险预警机制。要准确预测农户风险的变化趋势，控制农户风险，要通过计量技术来测量农户风险大小，根据风险值确定农户风险级别，采取相关控制措施。最后，本书运用《中国农村统计年鉴》、《中国统计年鉴》以及《中国海关统计年鉴》数据，对农户市场风险进行预警。

本书的主要读者对象是财经院校师生和试图通过系统论方法构建农户信用评估模型解决实际问题的管理人员。本书一方面重视基本原理的论述和方法的介绍，从而使读者能够全面了解和学习到农户信用评估的全貌；另一方面根据生产实际构建风险预警机制，以供想深入研究的学者使用。

本书在编写过程中得到了暨南大学管理学院、华南理工大学工商管理学院以及五邑大学经济管理学院教授们的大力支持，他们对本书部分章节提出问题和修改建议，有助于本书的终稿中尽量少出现疏漏，在此向他们表示衷心感谢！同时，在著书过程中，作者还得益于与诸多同学的交流与探讨，在此也对他们表示感谢！

　　本书的出版得到了国家自然科学基金项目（71201010、71303174、71473180）、广东省自然科学杰出青年基金项目（2014A030306031）和五邑大学重点学科"管理科学与工程"的资助，特此感谢！

　　在撰写本书的过程中，作者虽然付出了很大的努力，认真审阅每一部分内容，但是由于自身专业知识、能力以及思考问题的视角可能存在的限制，书中的疏漏和不足在所难免，恳请各位专家、老师及其他读者朋友们批评指正。

吴东武

2015 年 3 月 20 日

目　　录

第一章　导论

　　"三农"问题制约着国家经济的发展，成为现实社会较为突出的问题。"三农"问题不仅关系到我国农村社会经济发展的稳定与安全，而且关系到我国整个国民经济和社会发展的安全与稳定。针对"三农"问题，近年来，中央出台了一系列惠农政策，促进了农业产业结构调整和农村经济转型；基层金融部门通过政策指导、搭建融资平台、创新信贷产品和服务方式等形式，积极落实对"三农"的支持，促进了"三农"经济的发展。但农村金融仍是金融体系最薄弱环节，金融服务供给不足，农村中小企业和农户贷款难问题依然存在，仍然严重制约着"三农"经济的更深、更广、更快发展。

第一节　研究背景

　　中国农村经济由于遭遇"三农"问题，发展不尽如人意。破解"三农"问题对于发展农村经济有重要意义。国家一直重视"三农"问题。从 2004 年至 2014 年，国家连续 11 年出台的"中央一号文件"都是有关"三农"问题。从农村利率市场化改革到放宽市场准入限制，从针对农村信用社的存量改革到新型农村金融机构的增量改革，从农业银行开展面向"三农"的体制机制改革到邮政储蓄银行成立，中央政府一直遵循着增加农村金融市场供给的改革思路，试图通过建立适度竞争、多层次的市场化农村金融机构体系来缓解农村地区的融资困境。尽管 11 个"中央一号文件"带来了粮食产量十一连增，却未能彻底解决粮食和其他重要农产品（如生猪、食用油、禽蛋）的安全问题，也未能有效解决城乡差距与"不幸感"进一步扩大问题。现在城乡差距已由 1985 年的 1.53:1 扩大到 2011 年的 3.13:1，变化趋势如图 1-1 所示。

　　此外，农民的权利保障问题也没有得到根本解决，"三农"问题衍生出来的问题反而越积越多，越来越规模化，越来越扩大化，越来越严重。"三农"问题的核心是农业问题，因此以实现农业现代化、规模化、产业化为突破口来带动农民、农业以及农村问题的解决。资金是社会经济发展的核心要素。现代经济增长理论认为，资本、劳动力和生产资料等生产要素投入以及技术进步，

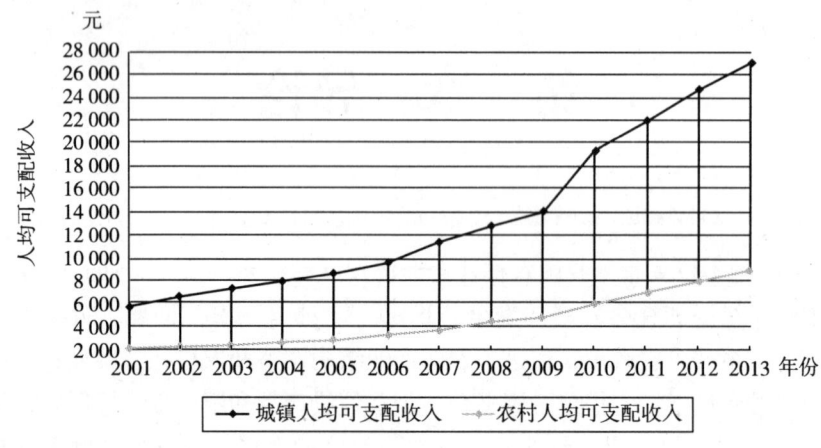

图1-1　城乡收入绝对数对比

管理科学规范等是推动经济增长的主要力量,为投资动员足够的资金是任何地区经济起飞的必要条件。为了缓解"三农"问题,发展农村经济,中央财政政策安排的支持"三农"发展资金逐年上升(如表1-1、图1-2所示),但是远远不能满足农民生产生活和农村中小企业发展的需要。资金投入不足已成为制约农村经济社会发展的瓶颈。"三农"问题的彻底解决,在相当程度上取决于农村金融能否真正为农业和农村经济发展提供源源不断、强有力的支持。近年来我国农村金融改革快速推进,金融支持农村经济发展力度逐渐加大,农村金融服务水平也有所提高,但农村金融市场发展中一些深层次的问题,比如,农户仍面临着较为严重的正规信贷配给、不良贷款居高不下等矛盾逐渐暴露出来。其中,农村资金严重外流,以农村信用社为例,1978年流出的资金为120.9亿元,此后逐年上升,到了1992年超过1 000亿元资金流出,1996年超过2 000亿元流出,1997年、1999年分别又超过3 000亿元和4 000亿元资金流出,到2002年,有8 898亿元资金从农村信用社和邮政储蓄流出。据统计,2001~2010年,农信社存贷差额达到101 219.9亿元,相当于平均每年都有10 121.99亿元农村资金流失,对农村经济的健康发展产生较大影响(如图1-3所示)。如果将中国农业银行流出的资金计算在内,这一数据将更大。因此,农村金融需求长期得不到满足,农村金融机构"难贷款"、农户"贷款难"更加凸显。造成"双难"的主要原因,从外部看是我国农业生产极度分散,难以实现规模化和机械化,也无法利用现代耕作技术,资本有机构成高,收益率比较低;农作物的生长周期较长,从种植到收获,市场价格可能会发生很大变化，市场风险也大大增加；农业项目 80% 以上是露天生产经营，受天气影响大，而中国又是自然灾害频发国家，据统计，2013 年上半年，农作物受灾面积达 14 199 千公顷，其中绝收达 871 千公顷，直接经济损失超过 1 730.2 亿元，自然灾害风险巨大；农村中小企业的抗风险能力低于大型企业，市场地位低，议价能力弱，因而容易产生违约风险。从内部看是信息不对称，农村信用评估体系不完善，农村金融机构不能准确、客观对农户的信用作出评估，农户违约率高，因而出现银行"难贷款"现象。由于信息不对称或其他因素的存在，正规银行提供的信贷合约中经常隐含着对社会资本的要求，因此，社会资本如人情关系、政治资源的拥有程度有时会取代正式的信贷标准成为农户进行贷款自评的重要依据，没有这些社会资本的农户将自动退出信贷市场。因而，社会资本配给应当单独作为一种来自于需求方的非价格配给方式进行认识。

表 1-1   中央投入支持"三农"问题的资金

年份	2008	2009	2010	2011	2012	2013
投入资金（亿元）	5 961	7 161	8 000 以上	10 408.6	12 287	13 799

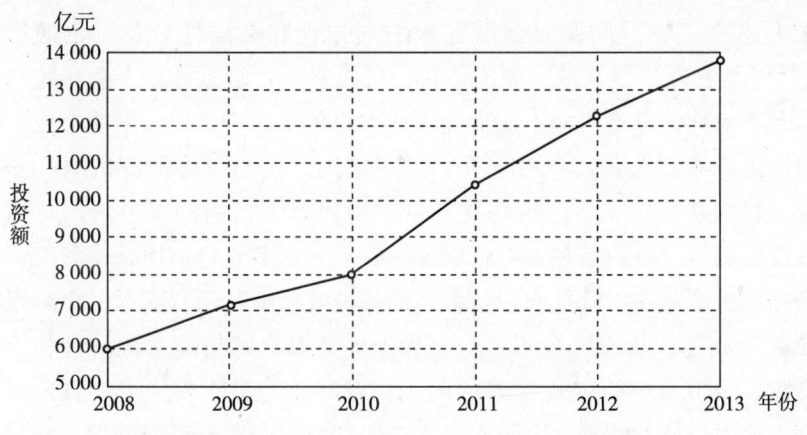

图 1-2 中央支持"三农"资金变化趋势

因此，在我国现行的金融制度框架下，如何对农户信用进行评估，加强"贷款前"管理以及构建农户风险预警机制，强化"贷款后"的管理，成了本研究问题的由来。

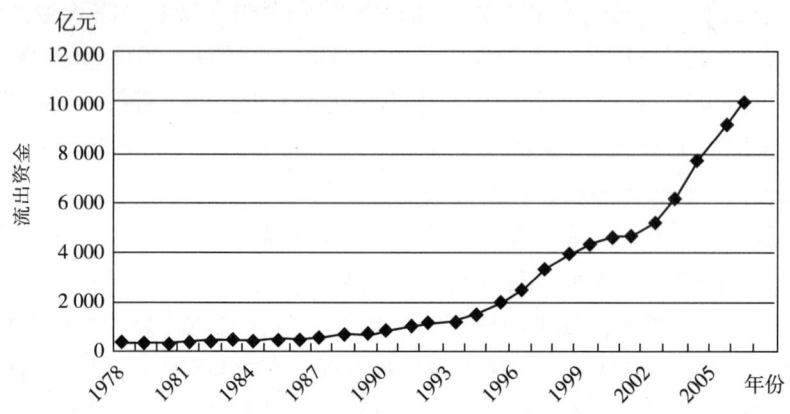

图1-3　农村信用社资金外流变化趋势

第二节　研究目的及意义

一、研究目的

　　基于上述"三农"问题对金融需求的紧迫性和重要性、农村金融机构"难贷款"以及农户"贷款难"原因分析，可以看出：贷款前，金融机构与农户之间信息不对称，金融机构不能准确评估农户信用；贷款后，未能对农户生产经营情况进行有效监督。本书选择"农户信用评估与风险预警机制"作为研究主题，目的在于：从金融机构视角看，构建科学实用的农户信用评估模型，有效改善银行与农户信息不对称状况，有利于了解农户信用真实状况，提高农户信用评级准确率，降低农户贷款违约率及降低银行经营成本，缓解银行的"难贷款"问题；从农户视角看，有利于提高农户的信用意识，有利于获取银行贷款，缓解农户的"贷款难"问题，有利于增加收入。构建农户风险预警机制，加强贷款后管理，监督农户生产经营状况，实时识别风险，预测风险变化趋势，并做好相关应对风险的防范工作。从制度和技术两个层面共同管理风险，使风险可能带来的损失降到最低。

　　本书以党和政府高度关注的"三农"问题作为切入点，探讨"难贷款，贷款难"问题的解决办法，有重要的理论意义和实际意义。

二、理论意义

国外对农户信用评估研究比较早，已形成完善的评估体系。从 20 世纪 90 年代中后期开始，我国学术界才利用国外信用风险评估技术来研究我国农户信用问题，因而还没有形成符合本国实际的农户信用评估理论体系以及科学的风险预警机制。本书通过分析国内农户信用评估的现状，结合国外相关技术构建完善的、科学实用的农户信用评估理论体系，为我国农村金融机构构建符合本国实际的农户信用评估体系提供理论、方法以及技术支持。

（1）构建科学、规范的农户信用评估指标。农户信用评估指标应来自哪几个维度，没有定论，没有统一。本书从信用的本源出发，以"5C"要素为基础，以伦理学、社会学、经济学、财务管理学以及心理学为主体，结合农户的实际，以诚信度、合规度、践约度、动机度四个维度作为农户信用评估指标的来源，为农村金融机构设计农户信用评估指标提供理论指导。

（2）构建农户信用评估指标设计模型。中国幅员辽阔，各地经济发展水平差异比较大，因而农户状况有很大不同，但是农户信用的因素设计模式可以相同。本书构建的"四维信用 + 六原则 + 十聚类"信用评估指标设计模型对所有地区的农户均适用，为农村金融机构设计农户信用评估指标提供方法指导。

（3）构建基于模式识别的农户信用评估模型。由于农户信用评估指标值大多数是模糊给出，因此，本书构造区间判断矩阵来计算指标权重并通过构建模式识别模型进行评估就更加客观和可信，为农村金融机构设计农户信用评估模型提供技术指导。

（4）构建农户风险预警机制，为农村金融机构预测农户风险，做好风险的防范工作，减少农户损失，提供可行的理论指导和做法。贷款后，农户风险主要来自农户自身素质、自然灾害、市场、宏观经济政策四个方面，虽然有些风险我们是不能控制的，但是风险造成的损失我们可以控制。通过建立政府部门、金融机构以及农户的沟通机制，使金融机构能及时把职能部门的天气信息、市场信息、政策信息等通过机制传输给农户，让农户提前做好预防工作和准备工作。

三、实际意义

农户信用评估模型以及风险预警机制的构建，除了理论上的意义外，其更多意义体现在实践层面和管理层面。

（1）经济层面。银行通过农户信用评估体系，能准确、客观地对农户信用进行评级，根据评级结果授信，破解"银行难贷款，农户贷款难"的问题，"三农"问题的资金将得到有效解决，这有利于促进农村经济发展和繁荣。

（2）制度层面。市场经济体制是指以市场机制作为配置社会资源基本手段的一种经济体制。由于我国长时期地实行计划经济体制，与市场经济相适应的社会信用制度还没有完全建立起来，信用约束机制、监管机制不够完善，经济主体的信用意识水平低，导致社会各个领域信用缺失现象严重。因此，以农户贷款为突破口，构建信用评估体系，将促进农村地区诚信建设，培养社会信用文化，完善社会主义市场经济体制。

（3）决策层面。贷款前，银行通过信用评估模型，对农户进行评级，把评级结果提交给决策部门，决策部门以此作为向农户贷款的依据。贷款后，银行通过风险预警机制，将农户可能面临的风险提供给主管部门，由该部门向农户发出风险预警。信用评级及风险预警是农村金融避免信用风险、经营风险、投资风险和市场风险的决策依据。

（4）资源配置。信用评级能够促进资金的优化配置。在市场经济条件下，资金的优化配置是通过市场机制的运行来达到的。信用评估的发展，促使资金向信用等级高、信誉好的农户流动，实现资金的优化配置。

（5）综合素质。农户信用评估有效提高农户的综合素质，促进社会主义新农村建设。农户信用评价指标涉及社会管理、生产经营能力、信用、品质、家庭资产负债收入情况、生产经营资产资金情况六大类指标，这些指标的内容涵盖了农户的思想、生活、生产、经营、资产、负债、社会管理等方面，从定性、定量两个层面限制农户的言行以及激发农户的潜能。由于评估结果和授信额度与利息挂钩，直接关系到农户的切身利益，因此，农户把"遵纪守法、诚信经营"当做一种常态、一种生活方式，农户的综合素质将有较大的提高，农村地区脏、乱、差等不文明现象将得到较大的改善，这将促进社会主义新农村建设和社会综合管理。

（6）管理层面。农户信用评估创新中国社会管理的模式。中国城市的公共事务可以通过组织、制度进行管理，而中国农村地区公共事务管理供给力量严重缺失。中国的农民大多数以户为单位，实行自治管理、自我管理。在过去的30年，这两种管理模式对农村的管理、农民的管理取得了一定的成效，但效率是非常低的，导致"三农"与城市发展差距越来越大。构建农户信用评估体系，从管理学的角度看，完全可以通过"信用指标"约束力，促使农户实行"自助管理"，敦促农户"有所为有所不为"，由点带面，也就是从一个人到一家人最后到一村人，使整个农村地区呈现环境优美、经济发展、治安良好、社会和谐的景象。在组织管理、制度管理薄弱的农村地区，通过利用对农户进行信用评估的机会，对农户实行"指标管理"，进而对中国社会实行"指标管理"。

第三节　基本概念

信用不是从来就有的，却是永恒发展的。它是商品经济发展的产物，在计划经济时代得到发展，并在市场经济时代发挥重要的作用。信用的发展经历了两个重要的阶段。

一、传统信用

1. 信用的产生

原始社会末期，社会分工不断发展，大量剩余产品不断出现。私有制和社会分工使得劳动者各自占有不同劳动产品，剩余产品的出现则使交换行为成为可能。随着商品生产和交换的发展，商品流通出现了矛盾："一手交钱、一手交货"的方式由于受到客观条件的限制经常遇到困难。一些商品生产者出售商品时，购买者却可能因自己的商品尚未卖出而无钱购买。于是，赊销即延期支付的方式应运而生。赊销意味着卖方对买方未来付款承诺的信任，意味着商品的让渡和价值实现发生时间上的分离。这样，买卖双方除了商品交换关系之外，又形成了一种债权债务关系，即信用关系。当赊销到期、支付货款时，货币不再发挥其流通手段的职能而只充当支付手段。这种支付是价值的单方面转移。正是由于货币作为支付手段的职能，使得商品能够在早已让渡之后独立地完成价值的实现，从而确保了信用的兑现。整个过程实质上就是一种区别于实物交换和货币交换的交易形式，即信用交易。

商品经济的产生和发展是信用产生的基础。商品的让渡和其价值的实现在时间上分离了，买卖双方除了商品交换关系以外又形成了债权债务关系，信用就产生了。货币发挥支付手段职能是信用产生的前提，因为货币具有支付手段职能才能使双方的债权债务关系得到清偿，才能保证信用的产生。

2. 信用的内涵

从信用产生和发展的历程看,信用(credit)是一个古老而又充满时代气息的范畴,对信用的词义解析无论是在中国还是在国外,都比较丰富。信用在《朗文当代英语词典》(1987)中的解释包括"信仰或相信某事物的正当合理性"、"还债或处理货币事务中受信任的品质"、"购买商品及服务后一段时间内偿付的制度"。《大英百科全书》把 cerdit 解释为:"指一方(债权人或贷款人)供应货币、商品、服务或有价证券,而另一方(债务人或借款人)在承诺的将来时间里偿还的交易行为。"由此可见,在西方,信用一词在书面上一般有两种解释,一为金融市场中的一种政策工具,二为诚信的含义。我国1989 年出版的《辞海》对"信用"一词有三种解释:"信任使用";"遵守诺言,实践成约,从而取得别人对他的信任";"价值运动的特殊形式"。国内比较权威的经济学词典和教科书通常将信用定义为借贷活动,包括现代的赊欠、债权、存款等,是指以偿还为条件的价值运动的特殊形式,如"商品买卖中的延期付款或货币的借贷",在商品货币关系存在条件下,"债权人以有条件让渡的形式贷出货币或赊销商品,债务人则按约定日期偿还借款或贷款,并支付利息"。

上述对"信用"一词的各种解释,可以从三个层面来理解。从伦理道德层面看,信用主要是指参与社会和经济活动的当事人之间所建立起来的、以诚实守信为道德基础的"践约"行为,也就是履行承诺,承担应该负责的义务,这是广义的信用。从法律层面来看,《民法通则》中提到"民事活动应当遵守自愿、公平、公开、无欺、等价有偿以及诚实守信的原则";《合同法》中规定"当事人对他人诚实不欺,讲求信用,恪守诺言,并且在合同的内容、意义及适用等方面产生纠纷时要依据诚实信用原则来解释合同"。从经济学层面看,信用是指在商品交换或者其他经济活动中,授信人在充分信任受信人能够实现其承诺的基础上,用契约关系向受信人放贷,并保障自己的本金能够回流和增值的价值运动。

二、现代信用

随着社会经济的发展,信用逐渐从纯粹的道德伦理领域中分离出来,成为独立的经济学范畴。吴晶妹(2009)认为广义的信用就是获得信任的资本,这是对现代信用的概括与总结。现代信用的资本构成包括三部分,即诚信度资本、合规度资本、践约度资本,如图 1-4 所示。诚信度资本主要指信用主体的诚信道德、文化理念、精神素养等基础素质，从伦理道德层面衡量农户的信用意识；合规度资本主要指信用主体在社会活动中遵守社会行政管理规定、行业规则、民间惯例的水平与能力，从法律层面衡量农户的遵纪守法意识；践约度资本主要指信用主体在信用交易活动中的成交能力与履约能力，从财务层面衡量农户的偿还债务能力。狭义的信用是获得交易对手信任的经济资本，主要指信用主体在金融借贷、有价证券交易、商业贸易往来等交易活动中所表现出来的成交能力与履约能力。更狭义的信用，即信用是获得金融借贷交易对手信任的经济资本，主要指信用主体在银行借贷活动中所表现出来的获得借贷的能力与按时还款、履约的能力，这也是本书所指的信用。

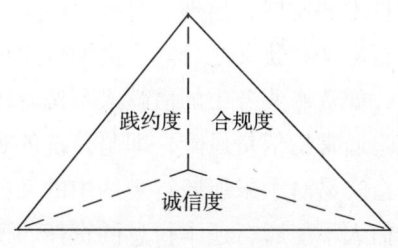

图1-4　三维信用

三、信用风险

行为主体为了追逐经济利益，开展各种信用活动，产生形形色色的信用行为，其中伴随着许多的失信现象或信任危机，给社会、个人造成损失。

信用风险（credit risk）是金融市场中最古老的，也是重要风险之一。巴塞尔银行监管委员会于1997年在《有效银行监管的核心原则》中这样描述信用风险：交易对象无力履约的风险，即债务人未能如愿偿还其债务造成违约而给经济主体经营带来的风险。Broll（1998）指出，长期以来，信用风险被认为是影响收入的一种重要的因素，已经成为金融界专业人士研究的重要课题之一。王春峰（2001）在《金融市场风险管理》中阐述，信用风险是指由于借款人或市场交易对手违约而导致的损失的可能性；更为一般地，信用风险还包括由于借款人的信用评级的变动和履约能力的变化导致其债务的市场价值变动而引起的损失的可能性，因此，信用风险的大小主要取决于交易对手的财务状况和风险状况。Fotios Pasiouras（2006）指出，20世纪80年代和90年代初的银行危机表明了银行面临的一个问题，即信贷风险。Robert A. Eisenbeis（2007）也认为，由于监督制度的不完善所产生的借款人拖欠借款的问题是银行面临的重要风险之一。Angelo（2009）指出，信用风险也就是银行信贷的质量，是银行金融危机的关键，对银行系统的稳定性有重要的影响。Allen N. Berger（2009）指出，由于信息不对称，银行在贷款过程中存在着道德风险和逆向选择的问题。

关于信用风险的概念，有许多不同的观点。传统的观点认为信用风险是指交易对象无力履约的风险，即债务人未能如期偿还其债务而给经济主体经营带来的风险。它实际上是一种违约风险。如曾婵娟和周艳海（2011）认为，信用风险又称为违约风险，主要指借款者逾期不还，造成贷款坏账和资金损失。

随着信用风险管理技术的发展，出现了另外一些定义信用风险的观点：一种观点认为，信用风险有广义和狭义之分。广义的信用风险指所有因客户违约或者不守信引起的风险，如资产业务中的借款人不按时还本付息引起的资产质量恶化。狭义的信用风险通常指信贷风险，即与传统的观点一致。另外一种观点则认为，信用风险是指交易对手未能履行契约中的义务而给经济主体造成经济损失的可能性，即受信人不能履行还本付息的责任而使授信人的预期收益与实际收益发生偏离的可能性。它包括两种情况，一种是债务人的信用等级发生变化导致了损失，另一种是借款人履行债务的能力发生改变，从而也可能发生违约行为。

四、信用评估

市场经济环境下，信用评估得到了充分、长足的发展，但国内外理论界对信用评估的含义看法不一。美国著名的评估机构标准普尔公司认为评估是对信用风险的独立评价过程。

本书认为，信用评估是指运用定量分析、定性分析以及评估方法，对评估对象的家庭信誉、遵纪守法、社会关系、偿债能力、经营状况等情况进行客观、科学、公正的分析研究之后，就其信用能力（主要是偿还债务的能力及其可偿债程度）或偿还能力作出综合评价，并用特定的等级符号标定其信用等级的一种评估制度。

五、农户信用

1. 农户

所谓农户，即农民家庭，它是由血缘关系以及婚姻组合而成的一种社会组织形式。农户有三种含义：一是依据家庭职业的划分，即农户是以从事农业为主的家庭，其对应概念是工业户、运输户、商业户等非农业户，这类农户即英文的 farming household。二是依据家庭经济区位划分，即居住在农村的家庭农户（rural household）和居住在城市和城镇的家庭城市或城镇户。三是依据家庭的政治地位或身份划分，即农户是不享受国家的福利待遇、政治地位相对低下的家庭，英文表述为 political or status household。本书研究的农户是一种区位农户，即农村住户（rural household）。在中国，农户不仅从事多种农业经营，还兼营非农产业，是一个从事农业生产和非农业生产的综合体。农户从事非农产业生产的目的是出于对家庭农业剩余劳动或剩余资源的重新安置或分配，但当农业的劳动和资源稀缺时，农户从事非农业经营的目的是农户对其资源在农业和非农业生产之间的一种均衡分配。总之，中国农户是多种身份和特征的综合体。

2. 农户信用

从信用的含义可知，信用源于道德伦理领域，但却基于劳动分工与合作的基本需要，在商品经济产生和发展过程中不断丰富和扩展，并逐渐从纯道德领域中分离出来，成为独立的商品货币关系的经济范畴。而农户信用的产生主要源于社会基础、伦理基础以及制度基础。

（1）农户信用产生的社会基础。人类社会以物质资料的生产和再生产为存在基础。而人类进行社会生产必须结成一定的社会关系，进行分工与合作。社会发展到一定阶段，商品交换成为经济活动的必然。交换成功与否取决于信守诺言、履行约定。商品交换及所需的互惠互利是信用发生的前提和基础。

（2）农户信用产生的伦理基础。当某一经济主体和另一经济主体进行经济交往时，首先基于相互间的信任。相互信任是某一经济主体与另一经济主体发生经济交往的前提条件。在传统的社会里，人们之间的信任是人情式的（人格化的），其信任依附于血缘关系和身份关系，这就决定了经济交往依赖于社会交往形式，因而信用是建立在熟人之间相互信任基础之上的合作秩序。

（3）农户信用产生的制度基础。财产权利是保证交易信用的前提，这已经是经济学家的共识（张维迎，2001）。人类交往的最为基本的信用机制来源于对财产权利的认可和尊重，在此基础上才进一步演化出各种复杂的旨在扩大交易的制度。

基于对农户信用产生的分析可知，传统意义上的农户，大多以自然户为单位，自给自足，农户之间并不形成合作关系，更不会出现大规模的集约化生产和经营。因此，传统意义上的农户信用，不需要进行商品交换，仅仅局限于农民个体的诚信意识和邻里之间的诚信交往，并非现代意义上的经济信用或社会信用。

但随着社会进步和经济发展，农户与外界商品交换、经济交往日益增多。当商品交换的发展与农户手头的资金紧缺矛盾出现时，为了达成交易，农户通过用诚信承诺获得了商品或货币的使用权，并在规定的期限内履行义务，交易主体双方实现了商品交换或生产经营效益。

综上可知，现代农户信用已经超越了传统意义上的道德意识范畴，逐渐拓展至社会规范和经济交易层面，是指一种建立在特定期限内付款或还款承诺的信任基础上的能力，它是农户无须付款就可以获得商品、服务或资金的交易活动的特殊形式。在信用交易中，授信方主要有农村信用合作社（农商行）、村镇金融机构、商业金融机构、民间借贷组织或个人、商业企业、地方政府等，受信方为农户。

3. 农户信用评估

农户作为一个生产者或者经营者，存在不确定的风险。而作为理性人的金融机构，与其进行交易前，都要对其信用进行评估，确定农户的信用等级，根据等级进行授信。

农户信用评估是通过定性和定量的方法对农户信用指标要素进行分析、评分、计算，确定各指标权重，建立评价模型，通过模型确定农户信用等级的一种方法。对农户进行信用评估是为了科学评价农户的信用状况，不断增强农户的信用意识，为金融机构有效地控制信贷风险以及合理发放贷款提供一定的参考依据。

六、三维信用与农户信用

根据现代信用的概念，信用可用空间坐标系来表示。先在信用空间中任取一点 $A(h,b,a)$，表示农户在某时刻的信用状态，其中 $-1 \leqslant h \leqslant 1$、$-1 \leqslant b \leqslant 1$、$-1 \leqslant a \leqslant 1$，分别表示农户诚信度、合规度、践约度。用 y 表示农户的信用表现，取值为守信或失信，是 h、b、a 的函数，则 $y = f(h,b,a)$。以下从八个子空间讨论农户的信用表现。

（1）设点 A 落在第一象限，如图 1-5 所示。在第一象限，$0 \leqslant h$、b、$a \leqslant 1$。①$h \geqslant 0$，表明农户具备良好的诚信基础素质。②$b \geqslant 0$，表明农户在社会活动中，能严格遵守社会各项规范，获得社会公众的普遍信任。③$a \geqslant 0$，表明农户在经济交易活动中的成交与践约能力很高。点 A 在空间的上半平面，则 $y = f(h,b,a) \geqslant 0$，即农户的信用表现为守信。这种情况说明，当农户的"三维资本"都很高时，农户信用表现为守信。

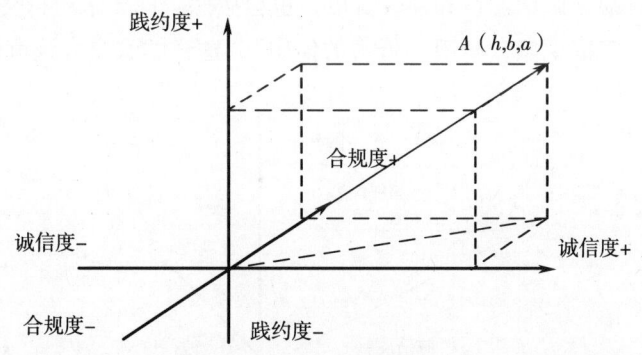

图 1-5 第一象限信用

（2）设点 A 落在第二象限，如图 1-6 所示。此时 $-1 \leqslant h \leqslant 0$、$0 \leqslant b \leqslant 1$、$0 \leqslant a \leqslant 1$。①$h \leqslant 0$，表明农户诚信基本素质不高。②$b \geqslant 0$，表明农户在社会交往中遵章守纪，有良好的社会形象。③$a \geqslant 0$，表明农户在生产经营中履行合约。点 A 在空间的上半平面，故有 $y = f(-|h|,b,a) \geqslant 0$，农户信用表

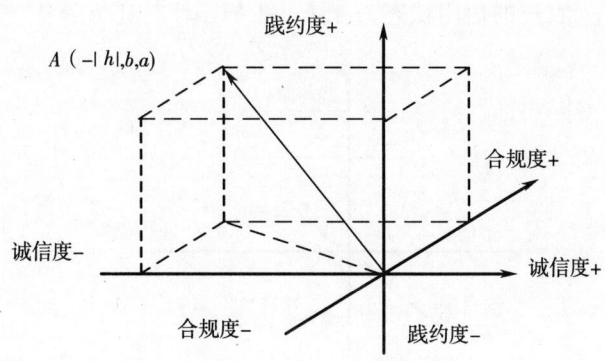

图 1-6 第二象限信用

现为守信。这种情况与制度约束有很强的相关性。农户不具备诚信的基本素质，在较为健全的社会制度约束下，有经济实力的农户不会违约。

（3）设点 A 落在第三象限，如图 1-7 所示。此时 $-1 \leqslant h \leqslant 0$、$-1 \leqslant b \leqslant 0$、$0 \leqslant a \leqslant 1$。①$h \leqslant 0$，表明农户信用意识差。②$b \leqslant 0$，表明农户在社会交往中表现较差。③$a \geqslant 0$，表明农户在生产经营中能履行经济契约的条款。点 A 在空间的上半平面，故有 $y = f(-|h|, -|b|, a) \geqslant 0$。这种情况表明，农户可能出于获取经济利益的目的，或是迫于经济惩罚的压力和来自公众舆论的压力，即使自身缺乏诚信意识和社会认可，也会按照合同要求履行交易契约。这是伪装出来的守信现象，属于"低劣的信用"，这样的农户应该审慎对待。

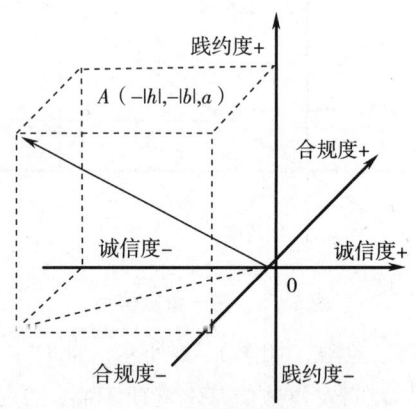

图 1-7　第三象限信用

（4）设点 A 落在第四象限，如图 1-8 所示。此时 $0 \leqslant h \leqslant 1$、$-1 \leqslant b \leqslant 0$、$0 \leqslant a \leqslant 1$，农户的信用状态为 $A(h, -|b|, a)$。①$h \geqslant 0$，表明农户诚信

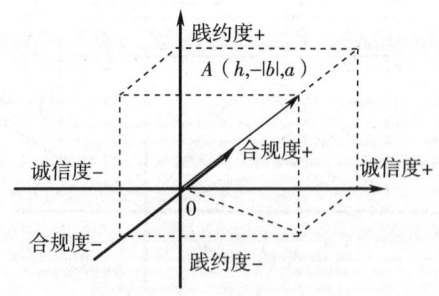

图 1-8　第四象限信用

素质、信用意识好。②$b \leqslant 0$，表明农户的社会形象差。③$a \geqslant 0$，表明农户在生产经营中能履行经济契约的条款。点A在空间的上半平面，故有$y = f(h, -|b|, a) \geqslant 0$。这种情况表明，尽管农户曾经作出违纪的事，但是出于获取经济利益的目的，或者想向社会重新证明自己，按照合同要求履行交易契约。

（5）设点A落在第五象限，如图 1-9 所示。此时 $0 \leqslant h \leqslant 1$、$0 \leqslant b \leqslant 1$、$-1 \leqslant a \leqslant 0$，则农户的信用状态为$A(h, b, -|a|)$。①$h \geqslant 0$，表明农户诚信素质较好。②$b \geqslant 0$，表明农户在社会交往中安守本分。③$a \leqslant 0$，表明农户在生产经营中无法利用信用活动达成交易并履行契约。点A在空间的下半平面，故有$y = f(h, b, -|a|) \leqslant 0$。这种情况表明，就算农户有很好的信用意识，在社会活动中没有出现过违规行为，但是由于经济实力差，不能履行经济契约。

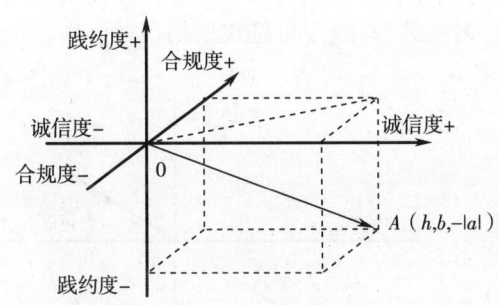

图 1-9 第五象限信用

（6）设点A落在第六象限，如图 1-10 所示。此时 $-1 \leqslant h \leqslant 0$、$0 \leqslant b \leqslant 1$、$-1 \leqslant a \leqslant 0$，则农户的信用状态为$A(-|h|, b, -|a|)$。①$h \leqslant 0$，表明农户本身诚信意识差。②$b \geqslant 0$，表明农户在社会活动中表现良好。③$a \leqslant 0$，表明农户在生产经营中未能履行经济契约的条款。点$A$在空间的下半平面，故有$y = f(-|h|, b, -|a|) \leqslant 0$。这种情况表明，尽管农户的信用意识差，在经济交往中未能履行契约，但在社会规范的约束下，表现出诚实的一面，赢得社会的认可。

（7）设点A落在第七象限，如图 1-11 所示。此时 $-1 \leqslant h \leqslant 0$、$-1 \leqslant b \leqslant 0$、$-1 \leqslant a \leqslant 0$，农户的信用状态为$A(-|h|, -|b|, -|a|)$。①$h \leqslant 0$，表明农户本身缺乏基本诚信素质。②$b \leqslant 0$，表明农户在社会活动中表现较差。③$a \leqslant 0$，表明农户在经济交往中，未能履行经济契约的条款，出现失约现

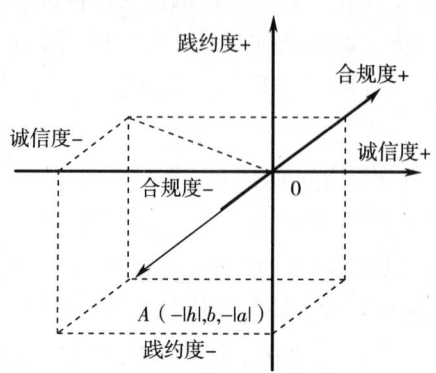

图1-10　第六象限信用

象。点A在空间的下半平面，$y = f(-|h|, -|b|, -|a|) \leqslant 0$。这种情况表明，该农户是"三无人员"，属于拒绝授信的范畴。

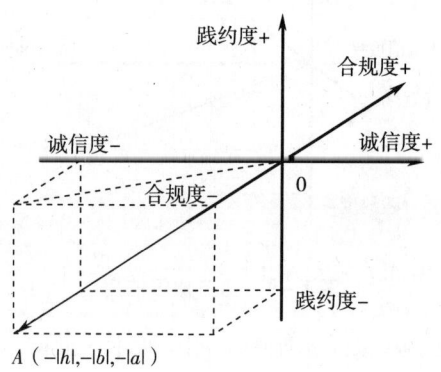

图1-11　第七象限信用

（8）设点A落在第八象限，如图1-12所示。此时$0 \leqslant h \leqslant 1$、$-1 \leqslant b \leqslant 0$、$-1 \leqslant a \leqslant 0$，农户的信用状态为$A(h, -|b|, -|a|)$。①$h \geqslant 0$，表明农户本身诚信意识比较好。②$b \leqslant 0$，表明农户在社会活动中表现不理想。③$a \leqslant 0$，表明农户在经济交往中未能履行经济契约的条款。点$A$在空间的下半平面，有$y = f(h, -|b|, -|a|) \leqslant 0$。虽然农户有好的信用意识，但是在纷繁复杂的社会现实面前，尤其是在面对经济利益诱惑的时候，抵挡不住诱惑，作出毁约的行为。

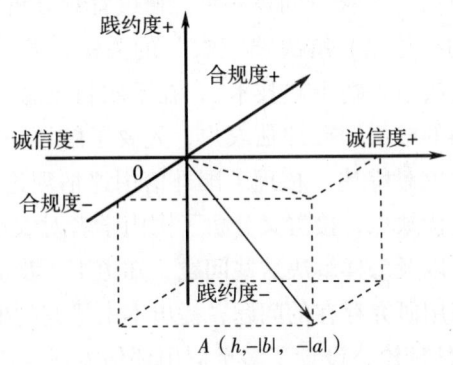

图1-12 第八象限信用

七、农户风险及预警

1. 农户风险

关于这一概念，学术界迄今没有统一的描述。不同的学者从不同的角度使用这一概念，甚至存在把农户信用与农户风险混淆的现象。农户风险，虽然其含义不一而足，但是作为学术研究，尤其需要厘清这一概念的含义。本书认为，农户风险是指农户获得银行贷款后，投资项目，由于面临各种不确定的因素，如天气、市场、生产管理技术等，而遭受损失的可能性。

2. 农户风险预警

目前国内还没有关于农户风险预警的定义，我们可以通过相关定义得到启发。有学者认为，农户风险预警是"依据对农户发展状况的判断，按照农户系统整合关系的模型分析，对农户系统运行的安全和后果进行评价、预测和报警"。相对而言，本书认为，农户风险预警是指农村金融机构根据外部环境与影响农户风险的因素变化，识别风险大小，并对农户未来的风险进行预测和报警。

第四节 研究思路与研究方法

一、研究思路

本书的主题是金融风险管理，主线是农户信用评估与风险预警机制。首先从中国政府高度重视的"三农"问题入手，通过背景分析国家政策对"三农"问题的影响，得到的结论是，解决"三农"的关键，尤其是农民问题的关键不在于政策，而在于决策，在于"技术"，在于农村金融机构对农户客观的评估。评估农户是本书的核心。要评估农户，先要了解评估农户什么、怎样评。因此，本书第二章"文献综述"梳理了国外信用评估理论体系以及模型技术，分析这些评估模型的优缺点，接着又分析了国内学者对农户信用评估研究的现状，指出存在的问题以及怎样解决这些问题，知道下一步应该做什么。本书第三章针对目前农户信用研究存在的问题，提出本书研究的框架，也就是构建了"五维"农户信用评估理论，设计了多重信用评估方法，构建了农户信用评估指标模型。为了收集数据，对第三章的指标模型进行分析，在第四章安排调查研究，对调查收集到的数据进行统计分析，为第六章进行实证研究奠定基础。由于进行指标实证研究以及计算农户的信用评级有严格的步骤和流程，因此，在第五章，对流程和步骤进行介绍。本书重点介绍农户信用评估指标的选取、指标评分、指标权重的分配直到信用评估模型的构建方法。第六章"农户信用评估实证研究"，就是按照第五章的方法展开的，分别进行评估指标模型实证以及农户信用评级实证。至此，农户借款前的信用评估问题已经解决，但是农户借款之后的问题怎么处理呢？第七章"农户风险预警机制框架研究"，探讨对农户借款后的管理，主要是监控农户生产经营过程中可能产生的风险和预测风险发展趋势以及风险的应对办法，把这些形成一套机制。最后一章是本书的结论，总结本书所得出的结论以及进一步研究的方向。

二、研究方法

农户信用复杂多变，为了能构建科学、规范的农户信用评估体系，对农户信用情况进行准确、客观评估，以及对其可能发生的风险进行及时预警，本书拟采用的研究方法如下。

（1）文献分析研究法。国外研究信用风险评估已经有100多年的历史，评估技术成熟，评估体系完善。通过文献分析研究，对评估技术进行分类，并了解其适用的环境条件，为农户信用评估奠定技术基础和可操作的思路。

（2）实地调查研究法。为了了解农户的真实情况，为了更好地评估农户，课题组来到粤西农村，对农户进行实地调查，了解农户受教育情况、农户借款情况、农户收入情况、农户信誉情况、农户遵纪守法情况等，为我们研究农户、评估农户提供可靠的第一手数据和素材。

（3）定性分析与定量分析研究法。描述农户信用评估的指标，有些是静态的，另外一些是动态的。静态指标，我们采用定性分析法对其进行描述和评分。而动态指标，通过定量分析方法，建立指标模型反映指标的动态性，把握指标数据的变化趋势，从而准确反映农户的真实情况。如农户的财务指标以及农户的动机指标等，都是随机的、不确定的。

（4）理论和模型研究相结合的研究方法。我们以系统论为基础，以一般系统结构理论为准绳，构建农户信用评估结构理论。依据该理论，我们构建了条理清晰、逻辑严谨的农户信用评估指标设计模型。在此基础上，我们构建了农户信用评估模型，进一步完善了农户信用评估体系。

（5）规范研究和实证研究相结合的方法。实证分析是用统计计量方法对经济数据进行处理的分析方法，从中总结出规律性的结论；规范分析是在有关的理论分析的基础上，其有关的判断或得出的结论是以一定的经济价值标准为前提的。本书运用规范研究对信用风险度量模型进行选择，从而确定本书所采用的模型。本书还运用课题组到农村调查的数据以及通过统计年鉴整理的数据，对所构建的模型，如农户信用评估指标模型以及农户信用评估模型进行实证研究和优化，得到的结论更加稳定和可靠。

（6）"四维信用 + 六原则 + 十聚类"（简称 FST）研究方法。FST 是专门用来设计农户信用评估指标的方法，包括确定指标的来源、指标设计标准以及指标的聚类，最后得到全面的、规范的评估指标。

第五节 研究内容和结构

如上所述，本书以农户信用评估以及风险预警机制为关注点，并按照农户信用评估指标和理论、农户信用评估指标模型、农户信用评估程序、农户信用评估模型、风险预警机制以及模型实证顺序依次展开。按照这种分析思路，本书的研究一共分为八章。

第一章是导论。该章简要地说明了本书的研究背景、研究目的和意义、主要研究方法和思路、全书的结构安排以及可能的创新点等内容。

第二章是与农户信用评估主题密切相关的文献综述。包括国外传统信用评估方法、现代信用风险评估方法以及国内信用评估研究现状及发展趋势。

第三章是关于农户信用评估研究的理论框架。它是农户信用评估原则、方法、指标、模型构建的基础理论，主要包括农户信用评估理论、农户信用评估方法以及农户信用评估指标。本章构建了"五维"农户信用评估理论，从伦理学、社会学、经济学、财务管理学以及心理学对农户信用影响要素以及评估模型进行研究。根据农户信用研究过程的实际，设计多重复合信用评估研究方法，研究农户信用评估问题。在此基础上，本书构建了"四维"农户信用评估指标模型。由伦理学设计农户诚信度指标、社会学设计合规度指标、经济学以及财务学设计践约度指标、心理学设计动机度指标。

第四章是农户信用评估调查研究。第三章构建的农户信用评估指标模型，其中的指标是否具有科学性、可操作性要靠检验。因此，第四章以指标作为调查内容，深入电白县农村进行调查取证，并对得到的数据进行统计分析，初步肯定了指标的可靠性，同时为第六章的实证奠定基础。

第五章是关于农户信用评估的主要程序与内容。该章介绍农户信用评估的流程：第一是评估指标的设计。评估指标是对农户进行评估的基础，评估指标的设计非常关键。为了减少指标设计的主观性，本章构建指标设计模型设计指标。第二是指标的评分，这是影响评估结果的另一个重要因素。为了减少误差，本章将设计一个专家小组，对农户进行评分。第三是指标权重分配和计算。传统的层次分析法要求判断矩阵元素为精确数，而专家没有把握对指标间的相对重要性程度作出精确判断，因此用区间数对两个指标的相对重要性作出判断更加合理，判断矩阵元素换成不确定层次分析法（UTAHP）的区间数。第四是基于模式识别的农户信用等级评估模型的构建。模式识别就是已知事物的各种类别，然后对事物或现象进行描述、辨认、分类和解释，最后判断给定的对象所属类别。农信社可按照农户的家庭信誉、偿债能力、经营状况和遵纪守法、社会关系等特征来分级，建立标准模型库。标准模型库中模型级别是模糊的，而具有模糊模式的模式识别问题可以用模糊模式识别方法来处理，这就很好地解决了农户的信用评级问题。

第六章是农户信用评估实证研究。本章首先利用课题组到粤西农村调查农户有关信用贷款的数据，对农户诚实、农户守信等指标模型进行实证研究，然后，按照第五章介绍的方法，分别构建指标的区间判断矩阵、计算评估指标一级权重以及二级权重，构建农户信用评估指标模型，然后用调查数据分别对农户诚信度指标、农户合规度指标、农户践约度指标以及农户动机度指标模型进行实证分析以及变量相关性检验，最后对农户信用评级模型进行实证检验。

第七章是关于农户风险预警机制研究。介绍了贷款后的农户风险来源。根据农户所从事项目生产经营流程，探讨了农户风险来源的路径，农户风险主要来源于农户自身素质、自然灾害、农产品市场的供需关系以及国家的宏观经济政策，在此基础上，构建三大预警机制。为了检测机制的可行性，构建基于BP人工神经网络的生猪价格风险预警模型，对生猪市场价格波动进行实证和预警。

第八章是本书的结论部分。该章主要总结了本书几个主要结论和存在的不完善的地方，在此基础上，指出了本书今后进一步完善和研究的方向。

第六节　主要创新以及技术路线

本书在充分分析、借鉴以及吸收国内外学术界在信用评估已有研究成果的基础上，对农户的信用评估和风险预警机制框架进行了系统的理论分析和实证研究，并取得了一些重要的经验总结、理论判断和实证结果。

一、主要创新

本书的创新点主要体现在以下几个方面。

（1）现有关于农户风险管理的文献，大多数是研究贷款前农户信用评估问题的，很少有学者研究贷款后农户风险预警。风险预警属于风险管理的范畴，不管是在学术上还是在实际中都有重要的作用和意义。本书在总结其他学者研究成果的基础上，强化农户贷款前的信用评估，又高度关注贷款后农户风险的走势，因此提出以农户信用评估以及风险预警研究为主题，将对农户贷款前的评估和贷款后的风险预警有机结合起来，实现了对农户风险的全程管理和研究，填补了这一方面研究的空白。

（2）构建"五维"农户信用评估理论。已有文献是用单一理论解析和设计农户信用评估指标，这不符合实际。本书以系统论为基础，以伦理学、社会学、经济学、财务管理学以及心理学为主体，构建"五维"农户信用评估理论系统，为研究农户信用奠定了理论基础，同时也解决了农户信用评估理论不完善的问题。

（3）构建"四维"农户信用评估指标。根据心理动机理论，动机是驱使人从事各种活动的内部原因。也就是说，农户的还款决策除了与农户的偿债能力有关外，还与农户在该时刻的动机有关。因此，农户的心理动机也是农户信用评估的要素。本书在"5C"要素基础上，结合我国农户的特点和国内学者的研究成果，从信用的本源出发，提出了农户诚信度、农户合规度、农户践约度以及农户动机度"四维"农户信用，解决了农户信用评估指标来源问题。

（4）构建"文献法＋模型法＋调查研究法＋案例研究＋实证研究法"综合指标设计方法。农户信用评估指标是农户信用评估的基础和前提。本书首先通过文献法，收集影响农户信用的要素，通过这些要素构建指标模型，以这些指标作为调查内容，到农村进行实地调查，了解农户信用表现情况，最后通过SPSS 作 Pearson 实证分析得到农户信用评估指标。该方法较好地解决了评估指标的设计和验证问题。

（5）构建基于管理、信息、技术层面的农户风险预警机制。现有的预警机制都是针对企业的，针对农户的预警机制不健全甚至不存在。本书从农户面临的风险出发，构建制度管理机制、信息沟通机制以及技术测量机制，为控制贷款后农户面临的风险提供可操作的思路。

二、研究技术路线

为了更好地实现研究目标，本书结合研究内容、研究方法以及研究思路，构建如图 1 - 13 所示的研究技术路线。

第一，通过导论确定本研究基本信息，主要包括研究背景、目的意义、思路方法、内容结构。

第二，对中外文献进行分析，归纳总结出已有的研究成果存在的不足及其优点，以及对本研究的作用。

第三，根据第二章，提出本书研究理论框架，包括农户信用评估理论、信用评估方法以及评估指标的构建。

第四，根据第三章评估指标内容，设计农户信用情况调查表，对农户信用进行调查研究，并对指标的科学性、实用性进行初步的分析。

第五，农户信用评估流程介绍。重点介绍了判断矩阵的构建以及权重的计算，最后还构建了基于模式识别的农户信用评估模型，为农户信用评估提供可操作的思路和做法。

第六，农户信用评估实证研究。用从农村调查得到的有关农户生存状态和生产经营的数据，从实践视角论证所构建的农户信用评估指标模型以及农户信用评估模型是可行的、可靠的。

第七，构建农户风险预警机制。为预测和预警农户风险提供理论指导和技术支持，同时为防范农户风险、降低农户风险造成的损失提供决策依据。根据我们到农村调查的结果，农户贷款后的主要风险来自四大层面，为了预警这四大风险，我们建立了三大机制，分别是基于管理层面的农户风险预警机制、基于信息层面的农户风险预警机制以及基于技术层面的农户风险预警机制，最后还对预警机制进行了实证分析。

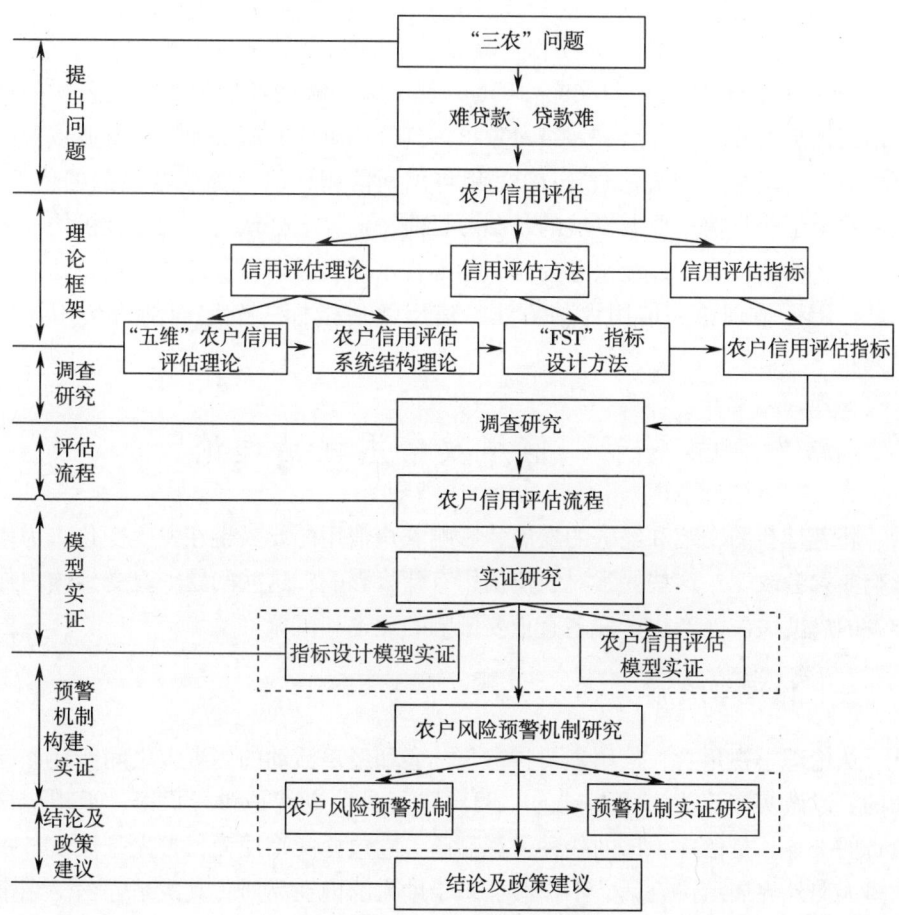

图 1 – 13　研究技术路线

第二章　文献综述

1909 年 John Moody（1868~1958）对美国铁路债券的评级，是公认的现代信用评级的开端。此后，评级对象扩展到公用事业、服务业、制造业以及政府债券。美国金融相关法规于 1931 年将民间信用评级列为法令规范的依据，这就奠定了今日信用评级发展的基础。目前，世界上公认的三大评级机构全来自美国：穆迪投资者评级服务公司、标准普尔评级公司以及惠誉评级公司。以下从信用评估理论、信用评估方法、信用评估指标三个层面剖析信用评估研究。

第一节　信用及信用评估理论

随着社会的变革和经济的发展，影响农户信用的要素也在发生变化。为何影响要素会改变？这些要素对农户信用有什么影响？这些问题一直受到国内外学者的高度关注，产生了许多有重要影响的理论和流派。

一、伦理学流派

从伦理学视角看，信用主要指参与社会和经济活动的当事人之间所建立起来的、以诚实守信为道德基础的"践约"行为，也就是履行承诺、承担应该负责的义务，是信守承诺的一种道德品质。它包含两个层面：首先是诚实，指当事人向外界展示讲真话、不作假、乐于助人的内在品质；其次是守信，当事人由于履行承诺、承担义务，外界给予的信任。万俊人（2002）研究指出，信用是当事人之间的责任承诺，是一种严格的道义伦理要求。欧阳润平（1999）断定，信用是一种道德准则，尤其是指人们遵守承诺，说到做到，履行义务。因此，伦理学流派认为，评估当事人是否讲信用，应从两个条件入手：第一个条件是基础条件，看看当事人是否诚实；第二个条件是重要条件，看看当事人是否守信。只有当两个条件都具备的情况下，当事人才算得上讲信用的人。

伦理学仅依据"道德观"来衡量当事人是否讲信用，在商品经济比较落后的社会是可行的、科学的。因为在落后的社会状态，当事人彼此交往较少，影响因素单一，仅涉及诚实和守信两个方面。但在商品经济高度发达的今天，当事人面临多个维度因素的影响，如道德因素、经济因素、财务因素、心理因素等，显然，仅从道德因素去评估当事人的信用是不科学的。

二、经济学流派

从经济学视角看，信用是指授信人通过契约关系向受信人提供商品或资金服务，并保障自己的本金能够回流和增值的价值运动。马克思认为，经济范畴的"信用"本质上是一种经济利益关系，经济主体间的信用关系以经济利益关系为基础，是一定经济利益关系的反映。信用作为一种借贷行为，是以偿还和付息为条件的价值的特殊运动形式。经济学家吴敬琏认为，信用是指建立在授信人对受信人偿付承诺的信任的基础上，使后者无须付现即可获取商品、服务或货币。信用是获得信任的资本，包含诚信资本、合规资本、践约资本（吴晶妹，2009）。因此，在对当事人的信用进行评估时，首先要考察其是否遵守契约，这涉及法律的内容；其次，考察其是否有偿还能力。只有当这两方面的条件都满足的时候，当事人才算是讲信用的人。

经济学仅依据"借贷行为"表现来衡量当事人是否讲信用，虽然比"道德观"更加合理，但是也不够科学。因为农户在有偿还能力的条件下，也可能违约，这与农户道德品质以及农户动机有关。

三、信息不对称理论

从技术层面上看，农户信用评估是为了农户的信用而产生、发展；从起源上看，农户信用评估是市场经济发展的必然产物。市场经济就是信用经济（郭新明，2006），而信用经济的基础是信息。尹志超（2011）认为，信息不对称是信贷风险形成的一个重要原因，而信用评估能有效降低借款者的风险。

信息不对称性是指，在市场经济活动中，交易双方所掌握的信息不一样，亦即债务人与债权人所掌握的信息有差异。信息不对称问题大量存在于银企之间、企业之间以及资本市场的交易过程中。

（1）信贷市场上存在信息不对称。在银行信贷市场上，银企之间的信息不对称主要表现在：银行作为债权人，对借款人的盈利水平、经营管理水平、企业战略等自身信息的了解程度，以及自然、政治、经济等因素对企业影响的认知上，都远远不如企业清楚，必然形成事前的信息不对称；在银行放出贷款后，关于贷款的用途同样存在着信息不对称问题，因为银行无法控制企业贷款的实际运动状态和流向，由此产生事中的信息不对称；尽管企业贷款时，银行出于债权保障的考虑，可能会要求抵押、质押或第三方担保，但是银行对于抵押、质押资产的真实价值的判断上依然存在事后信息的不对称。总之，从事前、事中、事后的整个过程来看，银企之间的信用风险始终存在，且都源于信息不对称。

（2）商业交易市场上存在信息不对称。授信企业不太可能要求受信企业提供本企业比较多的资料和数据，同时也缺乏专业评估人员，这就加大了授信企业与受信企业之间事前的信息不对称程度，授信方处于十分被动的地位。在商业信用风险的管理中，事中阶段要进行账龄分析、回款期分析、偿还计划分析等工作。然而，在实际操作过程中，这些工作也仅仅是授信方内部对可能产生的信用风险的一种描述，用于提醒自己应关注哪些交易的应收账款回收问题，而不能揭示这些应收账款出现拖欠甚至坏账的原因。根本问题还在于对受信企业运营状况的信息了解不够，致使到事后阶段，尽管有关人员采取催收、法律诉讼等手段，但收效甚微。

（3）资本市场上存在信息不对称。随着市场经济的发展，资本市场诞生并快速发展。企业为了发展，开始在资本市场上筹资。资本市场上的交易是一个企业与广大投资者间的交易，投资者几乎没有机会了解企业任何信息，因而存在很严重的信息不对称。

信息不对称理论强调的是信用问题产生的宏观原因以及识别信用要素的途径，并没有从微观上回答如何去评估农户的信用。

四、博弈理论与信用评估

企业在信贷市场的表现有两种：守信与失信。企业表现为何种状态，取决于企业的收益，这由企业与银行的博弈确定。

对于企业来讲，开展信用评估是实现不完全信息动态博弈分离均衡的一种手段。企业得到一个客观和有权威的评级结果，就可以向银行和社会表明自己的身份，获得市场上的通行证，从而把信用低或不讲信用的企业分离出去，使得银行或社会能够识别信用低的企业，提高交易效率，实现社会资源的合理配置。但是在现实中，企业讲信用或不讲信用是一个动态博弈过程。下面从信用环境层面进行分析。

1. 良好的信用环境

在银行与农户的博弈中，银行贷款策略为（贷款，拒绝贷款），农户还款策略为（守约，违约）。若银行拒绝贷款，博弈结束，则银行与农户的收益为（0，0）。若银行贷款，农户由于投资项目，获得利润 $B_{利润}$。若农户按时还款，则双方收益为（$R_{利息}$，$B_{利润}+C_{守约}$）；若农户违约，则双方收益为（$R_{利息}-C_{本金}-C_{追缴费用}$，$B_{利润}-C_{违约成本}$）。$C_{追缴费用}$ 指银行用于追缴农户还款所产生的费用，$C_{违约成本}$ 指农户因违约所遭受的各种惩罚，$C_{守约}$ 指守约获得的收益。在上述两种情况下，要使银行发放贷款，必须有银行的期望收益 $PR_{利息}+(1-P)(R_{利息}-C_{本金}-C_{追缴费用})>0$ 时，即 $R_{利息}-(1-P)(C_{本金}+C_{追缴费用})>0$，$R_{利息}>(1-P)(C_{本金}+C_{追缴费用})$。在良好的信用环境下，信息传递方便，市场监督机制健全，银行追缴费用很低，即 $C_{追缴费用}$ 接近 0，即 $R_{利息}>(1-P)C_{本金}$ 成立。同理可得农户守约的收益大于违约的收益，所以，在良好的信用环境下，守约是农户的最佳策略。

2. 恶劣的信用环境

我们考察上述银行的期望收益 $PR_{利息}+(1-P)(R_{利息}-C_{本金}-C_{追缴费用})>0$ 时，知 $R_{利息}>(1-P)(C_{本金}+C_{追缴费用})$，由于是在信用环境不太好的条件下，银行对违约农户的追缴费用 $C_{追缴费用}$ 将很高，在这种条件下，银行的风险很高。而此时，由于农户的违约成本比较低，其违约时的收益 $B_{利润}-C_{违约成本}>0$，即 $B_{利润}>C_{违约成本}$，故农户会选择违约。但是，随着时间推移，农户所在的区域信用环境好转，$C_{违约成本}$ 变大，将使 $B_{利润}<C_{违约成本}$，此时农户又将选择守约。

在良好的信用环境下，银行选择贷款、农户选择守约是最优策略；而在信用环境不太好的条件下，银行贷款风险大，由于违约成本低，故农户选择违约，但是从长期来看，农户违约成本加大，农户会选择守约。

博弈论强调通过"短期收益"以及"长期收益"来评估企业是否违约，其实是纯粹地从经济学视角来衡量农户是否会违约，有一定的依据和合理性，但是不够科学。

五、社会学流派

20 世纪 70 年代末，社会学家开始进入经济学研究的诸多领域，展开了对信用问题的研究，得到了有价值的观点。结构经济社会学提出社会网络是制约信用问题的力量，社会建构主义阐述了信用是社会建构的产物，组织社会学新制度主义认为信用评估遵从产业内部已有的评估规则，文化社会学揭示了信用具有多方面的象征含义。

1. 社会网络是影响信用的要素

格兰诺维特（Granovetter，1985）是结构经济社会学的重要创始人。在原子论的框架下，社会结构因素被忽略，导致供应商一有机会就欺骗消费者。格兰诺维特指出，社会网络的力量可传播供应商的信用情况，供应商为了维护自我的社会声誉，努力改善自我形象。贝克尔（Baker，1984）认为，从社会网络角度看，整个市场是由供应商、客户代理人、市场交易人之间交易形成的复杂联系。他通过实证研究认为市场的规模和市场的分化对供应商的信用形成发挥了关键作用。因为市场规模对市场分化有影响，从而影响信息的传递。乌兹（Uzzi，1999）研究银行给予中小企业的贷款利率发现：在关系层面，嵌入关系双方共享信息，降低了银企信息不对称性，有利于改善企业信用；而在网络层面，混合嵌入关系和一定距离关系的银企网络较之单一关系构成的银企网络更能改善企业的信用。

2. 信用具有多重象征含义

信用和文化价值通过信用的符号含义紧密关联起来。有关美学的、艺术的或文化的价值是社会建构的。信用符号含义不在于符号本身，而是不停地被生产商、供应商以及消费者生产和再生产的。这意味着信用是文化价值的社会建构的一部分。

Veltuis（2005）采用 Zelizer（2002a）的理论模式对信用符号含义进行解析，该理论模式反映文化与经济、朋友与金钱、信用与价值的关系等问题。对这些问题，经济学和人文学科有不同的看法。经济学家认为，信用可以用来测量经济价值和一切非经济价值，任何形态的价值都可用非货币化的信用来考察。从人文学科看来，供应商信用的含义无非就是对供应商的侵蚀。

综上可知，信用含义的文化社会学研究超过信息经济学对信用机制的解析。人们在借助供应商信用呈现社会、道德、文化、美学价值等非经济价值时遵守了特定的规律，该规律异于信用反映经济价值时的规律。后一种规律表现为，信号理论或信息经济学认为信用体现了供应商的品质。而信用的文化社会学研究指出，信用还呈现出了与供应商有关的行动者的社会特征。这提醒我们，评估信用要考虑到信用符号的多重象征含义：供应商的社会地位和所扮演的角色、非经济的价值如美学价值、宗教价值、伦理价值、文化价值等。

3. 同一行业内，信用评估上具有趋同性

社会组织能有效抑制农户信用问题的产生和演化。社会组织是为了实现特定的目标而有意识地组合起来的社会群体，包括企业、政府、学校、医院、社会团体等。

农村社会组织是指由农民自愿组织起来，通过自我管理、自我教育的方式，实现对农村地区的公共事务治理的自治组织，包括民间的社会团体和民办非企业单位。

生活在农村地区的农民，由于"原子化"和分散化的原因，农民连向外诉求的对象都难找，更不用说保护自己。因此，许多农户为了加强自己的实力和势力，往往同家族或者有特殊关系派别的人组成一个圈子，卷入无公共事务追求的小天地，这样就造成了农民普遍具有自利和自私偏好，缺乏关心集体事务的倾向，加剧农民普遍无心参与政治。农村社会组织，紧靠基层，能有效而及时地收集各利益群体的心声，特别是来自农村社会弱势群体的意愿，同时还可以通过本组织与当地政府建立沟通机制，形成有效的社会公共利益的汇聚渠道和传导机制，实现"国情下达"与"民情上传"，从而有效减少社会非理性行为的发生。农村社会组织，掌握农户借款从事生产经营活动情况，发现异常时，组织成员能进行引导和寻求上级部门的支持，把农户可能出现的信用问题扼杀在萌芽状态。

4. 信用是社会建构的产物

建构主义分信念、社会事物建构，建构过程就是事物之间相互作用的过程，同时建构者自身也得到了建构。社会学者从建构主义出发研究社会角色、社会问题、社会制度等。格兰诺维特自 20 世纪 90 年代的一个重要学术取向就是力图在网络分析的基础上将建构主义理论引入社会学研究。他从建构主义出发研究过经济制度的建构和腐败的社会建构。农户受到所在区域人文环境的影响，吸收环境所提供的人文素养，改变自我的生活方式或者处事方式，从而提高自我的诚信意识。另外，由于环境发展变化比较复杂，出现新问题，而农户原有的信用度不能满足新的需要，因此农户必须通过自我更新的方式提高个人的信用度，去满足环境的需要。整个社会的信用就是在"平衡—不平衡—新的平衡"的循环中得到不断地丰富、提高和发展。按照建构主义的观点，信用和信用评估体系也是利用关系网络动态资源的结果。

社会学理论从社会结构、社会文化、社会组织、社会建构等层面探讨农户信用影响要素，通过评估这些要素可以看出农户在社会活动中的表现。问题是这些要素不涉及农户的财务状况，因而无法确定农户偿还债务的能力。

第二节　信用评估方法

一、传统信用风险评估方法

传统的信用风险评估方法，主要是指专家判断方法、财务比率综合评价分析方法、信用风险度量分析方法。

1. 专家判断方法

专家判断方法一般是指信用风险判断和决策主要依赖专家，依靠专家的专业技能、知识经验、主观判断以及对关键因素的识别来对信用风险作出恰当的评价。

美国银行家 William Post 于 1910 年在《信用发展的 4C 要素》中首次说明构成企业信用的四项要素，即企业品德（character）、企业经营能力（capacity）、企业资本（capital）、企业资产抵押（collateral）。银行家 Edward F. Coo 在 4C 要素的基础上提出 5C，即加上企业环境（condition of business）。本书的专家判断方法就是 5C 法。专家判断方法要求评估人员从五个方面进行全面的定性分析以判别借款人的还款意愿和还款能力。

2. 财务比率综合评价分析方法

Altman（1968）提出财务比率综合评价分析方法。企业的信用危机通常是由财务危机引起的，进而使金融机构和其他投资者面临巨大的信用风险。因此，及早发现和找出一些具有预警财务趋向恶化特征的财务指标，可判断和预测借款或证券发行人的财务变化状况，从而确定其信用等级以及今后一段时间财务变化趋势，为信贷和投资提供可靠的依据。基于这一动机，金融机构将信用风险的测度转化为衡量企业的财务状况问题。正因为这样，一系列财务比率分析方法相继产生。财务比率综合分析法就是将各项财务分析指标作为一个整体，全面、综合、系统地对企业财务状况和经营情况进行剖析、解释和评价。这类方法的主要代表有杜邦财务分析体系（Jennifer，1997）和沃尔比重评分法。

（1）杜邦财务分析法。杜邦财务分析法主要是利用财务比率之间的关系来综合地显示企业的财务状况。杜邦财务分析法主要用来评价公司在一段时间的盈利能力和股东权益回报水平，是从财务视角评价企业绩效的一种经典方法。其基本思想是将企业在一定时期的净资产收益率逐级分解为多项财务比率乘积，有助于分析以及比较企业经营业绩。

Collier（2010）认为，杜邦财务分析体系显示了亚洲金融危机和马来西亚银行业重组的财务表现。Almazari（2012）用杜邦财务分析体系成功分析了约旦阿拉伯商业银行的财务表现。Botika（2012）使用杜邦财务分析法对罗马市场的异常收益进行评价，结果表明杜邦财务分析能反映股票异常收益。

（2）沃尔比重评分法。沃尔比重评分法是指将选定的财务比率用线性关系结合起来，并分别给定各自的分数比重，然后通过与标准比率进行比较，确定各项指标的得分及总体指标的累计分数，从而对企业的信用水平作出评价的方法。美国学者亚历山大·沃尔（Alexander Wole）于1928年出版的《信用晴雨表研究》和《财务报表比率分析》中提出信用能力指数的概念，流动比率、产权比率、固定资产比率、存货周转率、应收账款周转率、固定资产周转率和自有资金周转率7个财务比率被他选中，分别分配各指标的比重，进而确定标准比率（以行业平均数为基础），将实际比率与标准比率相比，得出相对比率，将此相对比率与各指标比重相乘，得出总评分。在此基础上，提出了综合比率评价体系，把若干个财务比率用线性关系结合起来，以此来评价企业的财务状况。

3. 信用风险度量分析方法

Cossin（2000）提出信用风险度量分析方法。信用度量分析模型可以说是信用风险评价系统，它以数理技术为基础，能对信用风险进行十分准确的度量。20世纪中期，为了去除信用评估方法中指标及权数设置的不足，信用分析模型得到广泛的探索和应用。1999年6月，巴塞尔委员会《新资本协议》提出内部评级法（IRB）的要点是违约概率（PD）和违约风险暴露（违约损失率，EAD）的确定，而PD是贷款企业信用等级内涵的重要构成部分。这意味着对信用风险的衡量必须予以量化。信用度量分析模型概括起来有线性概率模型、Logit模型（Jerry，1984）、Probit模型（Butler，1982）和多元判别分析模型（Altman，1968）。

（1）多元判别分析模型。

多元判别分析模型就是汇总企业多个财务比率，然后求出一个总判别分值来预测企业财务危机的模型。应用多元判别法通常要符合三个条件：变量数据呈现正态分布；各组数据的协方差是相同的；每组数据的均值向量、协方差矩阵、先验概率和误判代价是已知的。对经济、财务变量的正态假设已成为惯例。由于线性判别函数（LDA）在实际使用中是最方便的，如在距离判别和贝叶斯判别中，在正态总体等协方差时，均导出一个线性判别函数，所以一般只研究线性判别函数。在满足上述 3 个假设的条件下，该判别函数使误判概率最小。下面介绍几个应用判别分析法建立的模型。

Z 评分模型。Altman（1968）的 Z 评分模型是根据数理统计中的辨别分析技术，对银行过去的贷款案例进行统计分析，选择一部分能够反映借款人的财务状况，对贷款质量影响最大、最具有预测或分析价值的比率，设计出一个能最大限度地区分贷款风险度的数学模型，也称为判断函数，对贷款申请人进行信用风险及资信评估。这里，Altman 确立的分辨函数为：

$$Z = 0.012x_1 + 0.014x_2 + 0.033x_3 + 0.006x_4 + 0.999x_5$$

式中，5 个变量分别是 x_1（流动资金/总资产）、x_2（留存收益/总资产）、x_3（息税前收入/总资产）、x_4（股市价值/总负债账面值）、x_5（销售收入/总资产）。Altman 经过统计分析和计算最后确定了借款人违约的临界值 $Z = 2.675$。如果 $Z < 2.675$，借款人被划入违约组，反之，如果 $Z > 2.675$，则借款人被划入非违约组。当 $1.81 < Z < 2.99$ 时，Altman 发现此时的判断失误较大，称该重叠区域为未知区或灰色区域。

ZETA 分析模型。Altman、Haldeman 和 Narayannan（1977）扩展 Z 评分模型，并建立 ZETA 模型：$ZETA = ax_1 + bx_2 + cx_3 + dx_4 + ex_5 + fx_6 + gx_7$，是继 Z 模型后的第二代信用评分模型，变量由原始模型的 5 个增加到了 7 个，适应范围更宽，对不良借款人的辨认精度也大大提高。该模型采用 7 个指标作为揭示企业失败或成功的变量，分别是资产收益率（x_1）、收益稳定性指标（x_2）、债务偿付能力指标（x_3）、累计盈利能力指标（x_4）、流动性指标（x_5）、资本化程度指标（x_6）、规模指标（x_7）。这些指标分别表示企业的盈利性、收益的保障、长期盈利性、流动性和规模等特征。

Bandyopadhyay（2006）使用 Z 评分模型预测新兴国家公司违约数据时发现，模型具有较高的分类能力以及预测能力。Scott（1981）从理论上比较了大量实证模型，他的结论是 ZETA 最接近他的破产理论。

（2）Logit 分析模型。

为了克服多元线性判别函数统计假设过于苛刻的不足，开始采用 Logit 模型以及非参数统计等方法来建立违约判别函数。Logit 采用一系列财务比率变量来分析公司破产或违约的概率，然后根据银行、投资者的风险偏好程度设定风险警戒线，以此对分析对象进行风险定位和决策。

Logit 分析与判别分析的本质差异在于不要求满足正态分布或等方差，其模型采用 Logit 函数：

$$p_i = E(y_i = 1 \mid x_i) = \frac{1}{1 + e^{-x_i}}, p_i \in (0,1)$$

式中，p_i 是累计概率密度，x_i 是第 i 个指标，y_i 为取值 0 或 1 的二分类变量，常被理解为属于某一类经济状况，如企业财务好或坏的状况。

Laitinen （1985） 将泰勒级数法应用于 Logit 回归分析中，发现现金比率、股东权益比率和现金流量比率是判断违约风险的重要指标。Charitou 和 Neophytou （2007） 实证研究发现，Logit 模型比其他违约风险方法具有更强的预测能力。

Martin （1977） 使用 Logistic 模型预测了企业的破产及违约概率情况。Press 和 Wilson （1978）、Sjur 和 Wijust （2001） 等基于 Logistic 函数建立了 Logit 信用评分模型。Smith 和 Lawrence （1995） 利用 Logistic 模型预测债务人到期不履约的概率，并得出最优值。Robert Deyoung （2005） 利用 Stacked -logit 模型分析各指标对小额贷款客户的信用得分的影响程度。

4. 人工神经网络模型

人工神经网络 （artificial neural network） 是由大量简单的处理单元通过神经线广泛连接所组成的复杂网络，用于模拟人类大脑神经网络的结构和功能行为。神经网络按传播方向分为正向传播和反向转播。其中正向传播是输入信号由输入层经隐层传给输出层，若输出层的值与到期望层一致，则算法终止，否则转至反向传播。反向传播就是将误差信号（样本输出与网络输出之差）按原连接通路反向计算，一般由梯度下降法调整各层神经元的权值和阈值，使误差信号逐步减小。标准的神经网络算法的神经网络模型由输入层、隐层和输出层三部分组成，其结构如图 2 - 1 所示。

神经网络方法克服了传统分析过程的复杂性及选择适当模型函数形式的困难，它是一种自然的非线性建模过程，无须分清何种线性关系，给建模与分析带来极大的方便。该方法用于企业财务状况研究时，一方面利用其映射能力；另一方面主要利用其泛化能力，即在经过一定数量的带噪声的样本的训练之后，网络可以抽取样本所隐含的特征关系，对新情况下的数据进行内

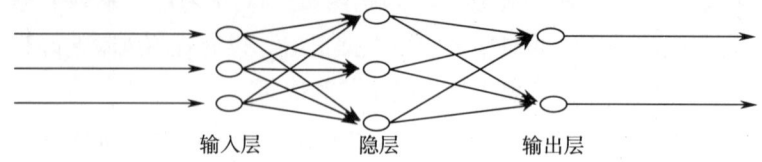

输入层   隐层   输出层

图 2 - 1 人工神经网络结构

插和外推以推断其属性。它在分类问题中的出现，最早是用于对银行破产的预测。

Dutta 和 Shekkar（1987）第一次提出用神经网络模型对债券进行信用评级，并分析研究了自变量个数的变化对评级结果的影响，以及网络结构的不同对其的影响。Odom（1990）首次应用 BP 神经网络构建应用模型，主要用来对企业的财务状况进行预测，并与判别分析模型测试的结果进行对比，神经网络模型结果与实际情况相符。Khashman（2010）使用建立在反向传播学习法基础上的监督神经网络系统测试德国 1 000 个样本数据，结果表明模型可以提供最佳的性能，能高效、快速自动处理信贷申请。Abdou（2008）在埃及银行个人信贷中用神经网络技术进行评分，结果表明正确分类比其他技术要高。Angelini（2008）开发两套神经网络系统测试意大利小企业的真实数据，结果表明神经网络技术在学习和评估借款者违约趋势方面很成功，同时数据分析、数据预处理及训练很好执行。Kumar（2003）应用 ANN 和判别分析法对 14 个变量进行分析，说明前者的性能比后者好。

二、现代信用风险评估方法

国际信用风险管理实践中应用最为广泛的主要有 KMV、Credit Metrics、Credit Risk、Credit Portfolio View 四个模型。

1. KMV 模型

KMV 模型是由 KMV 公司开发的一种违约预测模型（John Andrew，1993），是一种估计借款企业违约概率的方法。KMV 模型将股权视为企业资产的看涨期权，以股票的市场数据为基础，利用默顿的期权定价理论，估计企业资产的当前市值和波动率，再根据公司的负债计算出公司的违约点（为企业 1 年以下短期债务的价值加上未清偿长期债务账面价值的一半），然后计算借款人的违约距离（企业距离违约点的标准差数），最后根据企业的违约距离与预期违约率（ EDF）之间的对应关系，求出企业的预期违约率。

巴塞尔银行监管委员会在 2004 年通过的《巴塞尔新资本协议》中提倡使用内部评级法管理信用风险，并推荐使用 KMV 模型进行内部评级，可见 KMV 模型已经在国外得到了广泛的认可和使用。但该模型仍存在一定局限性：正态分布的假定可能不大符合现实；违约距离与预期违约率之间的关系映射方法还没有得到充分论证；对非上市公司评估存在困难，即在使用范围上受到一定的限制；未对长期债务结构进行区别。

相比其他方法，Ching - Chiang Yeh（2012）用 KMV 对基于市场的信息进行评级，结果表明能提供更加有价值的信息。Wo - Chiang Lee（2011）发现，GA - KMV 模型具有更高的拟合度，能预测上市公司的违约点。

2. Credit Metrics 模型

Credit Metrics（信用计量）模型是由 J. P. 摩根及美洲银行、KMV 公司等金融机构于 1997 年开发出的，用于对贷款和私募债券等非交易资产进行估价和风险计算。该模型认为，信用风险取决于债务人的信用状况，信用工具（包括债券和贷款等）的市场价值取决于债券发行企业的信用等级。通过借款人的信用评级、评级转移矩阵、违约贷款的回收率、债券市场上的信用风险价差计算出贷款的市场价值及其波动性，得出个别贷款和贷款组合的 VAR 值。

Nisso 和 Dan（1999）应用 Credit Metrics 方法评估新兴国家公司长期组合和主权债券信用风险，发现资产相关性和转移概率对组合信用损失有很大影响。Ani 和 Peter（2005）使用 Credit Metrics 评估农场的财务数据，结果表明，根据《巴塞尔新资本协议》，农业贷款者所需的资金很大程度上取决于投资组合的风险程度和力度。Frye（2000）开发了一个因素 Credit Metrics 模型的拓展，在该模型中，抵押品的价值与来自违约率的系统风险相关。

3. Credit Risk + 模型

Credit Risk + 模型是苏黎世信贷银行金融产品开发部于 1996 年开发的信用风险管理系统（Michel，2000），它应用保险经济学中的保险精算方法来计算债券或贷款组合的损失分布。该模型只考虑违约风险，不考虑评级下调风险，违约风险与债务人的资本结构无关，违约事件纯粹是一个统计现象，在此模型中，违约概率不再是离散的，而被模型化为具有一定概率分布的连续变量。每一笔贷款被视作小概率违约事件，并且每笔贷款的违约概率都独立于其他贷款，这样，贷款组合违约概率的分布接近泊松分布。该模型考虑违约概率的不确定性和损失大小的不确定性，并将损失的严重性和贷款的风险暴露数量划分频段，计量违约概率和损失大小可以得出不同频段损失的分布，对所有频段的损失求和即得贷款组合的损失分布。Antoine Vandendorpe 等人（2008）构建了基于 Credit Risk + 参数模型的组合贷款信用风险评估模型。

4. Credit Portfolio View 模型

同 Credit Metrics 一样，Credit Portfolio View（CPV）模型不仅关注违约风险，也关注联合的条件违约概率分布以及评级转移概率分布。由于系统性信用风险跟从信贷周期，而信贷周期又跟从经济周期，从信贷组合的角度看，经济状态是决定信用风险的共同因素。在 Credit Metrics 的基础上，CPV 模型对周期性因素进行了处理，将评级转移矩阵与经济增长率、失业率、利率、汇率、政府支出等宏观经济变量之间的关系模型化，并通过蒙特卡罗模拟技术模拟周期性因素的"冲击"来测定评级转移概率的变化。CPV 模型可以看成对 Credit Metrics 的补充，它克服了 Credit Metrics 中不同时期的评级转移矩阵固定不变的缺点。

Suan Hol（2007）根据信用模型 CPV 的思想，通过实证办法，把两个领域的违约预测研究应用到一个覆盖挪威所有有限责任公司的数据集，检测破产预测函数，然后根据财务报表分析和商业周期变动来评价非上市公司。结果显示，财务报表分析有利于改善违约预测效果。Wilson（2007）CPV 模型直接与周期性因素包括评级转移概率与宏观因素之间的关系。

三、国外信用风险评估方法适用性分析

上述模型在国外金融机构得到较好的应用。由于各国经济制度、金融发展水平等存在差异，应用这些模型对我国农村金融机构来说是挑战，以下对其适用性作进一步分析。

1. 传统信用风险评估方法适用性分析

以主观判断分析和传统的财务比率评分为主的传统信用风险评估方法，由于模型的指标参数约束比较弱，数据量要求不特别大，适合在我国农村金融机构中使用，如专家判断法、Logit 模型分析法、财务比率综合评价分析法、人工神经网络模型等使用比较多。

2. 现代信用风险评估方法适用性分析

现代信用风险评估方法约束条件比较多，以下从四个方面进行分析。

（1）评级机制。Credit Metrics 模型和 CPV 模型的建立直接依赖于信用评级机制，由于我国信用评级机制滞后，在很大程度上制约了这两个模型在我国的应用。

（2）实证数据。Credit Metrics 模型需要长期大量的企业历史违约数据、长期的跨行业数据组以及特殊行业指数等；CPV 模型不但需要历史违约等数据，同时要依赖于一国很多的宏观经济数据等数据；KMV 模型在应用时需要历史违约数据，建立违约距离 DD 和预期违约率 EDF 的映射关系。我国市场经济发展的时间比较短，缺乏国家和行业的大量长期历史数据资料。另外，我国农村金融还没有真正市场化，国有银行的贷款在很大程度上受到非经济因素的制约，积累的大量银行不良贷款都有国家信用体系作为支撑，这些因素导致银行对客户的违约行为存在着一种软监督。银行收集的有关客户违约的数据是非常贫乏的，数据资料的缺乏影响了信用风险度量模型在我国的应用。

（3）证券市场的弱有效性。KMV 模型、Credit Metrics 模型以及 CPV 模型在计算过程中都在不同程度上依赖于证券市场的数据，特别是 KMV 模型，其应用的主要对象是上市公司。我国证券市场投机气氛浓厚，对政府行为有很强的敏感性，上市公司信息披露不健全，这样导致了证券市场价格发现功能的失效，上市公司的股权价值常常会背离其真实价值。

（4）模型的假设不符。信用风险现代度量模型都存在着一些重要的假设前提，而这些假设可能与我国当前的实践不符，制约了模型在我国的应用。例如，在 Credit Metrics、Credit Risk + 模型中，债务的独立性是一个重要的假设前提，而我国银行贷款之间存在着相当大的关联性，这严重影响了这两种模型在我国信贷市场的直接应用。

第三节 信用评估指标研究

一、信用评估研究进展

国内外学者应用上述理论、方法对农户以及中小企业的信用进行过广泛研究，并取得了一定的成果，但是也存在一些不足。现从评估理论、评估方法、评估指标等视角对他们的研究情况进行探讨，具体情况如表 2-1 所示。

表 2 - 1　　　　　　　　　　　农户信用评估研究状况

作者	评估理论	评估方法	评估指标	优点	不足	借鉴
Morton (1975)	信用风险管理理论	判别函数法、分类函数法	赡养人数、职业、借款额度与住房价值之比、偿还收入比例、家庭财产	用分类函数法判断违约客户	选择指标集中在财务	分类函数可用来判别违约农户
Sharma (1997)	经济学、信用风险管理理论	Tidbit 方法	户主年龄、户主受教育程度、历史信用、讲究信誉、贷款规模、社会关系	引入非财务指标	缺少社会活动表现指标	评估农户信用需要农户的家庭信息
Bawa (2007)	生态学、经济学、信用风险管理理论	基于生态学视角	受教育程度、还款率、经济增长率、贷款额度、环境	引入环境指标	缺少农户品质指标	基于生态学视角研究贷款额度和经济增长的关系
Rubana (2008)	信用学、经济学、信用风险管理理论	一般均衡框架	贷款总额、贷款周期、贷款人拥有的耐用商品价值、家庭年综合收入、家庭年支出水平、贷款人的抵押品价值、成本费用利润率、资产收益率、家庭年纯收入	引入一般均衡理论分析	缺少品质指标	用一般均衡方法，从家庭财务视角评估农户信用，具有可行性
Schreiner (2004)	信用风险评估、经济学	Logit 方法	价格保障、生产投资规模、资金供给、竞争程度、经济条件影响	Logit 不要求变量正态分布	缺少品德指标	可用 Logit 方法来评估和预警农户风险
Opestake (2007)	信用学、社会绩效论	目标定制、问卷调查	性别、年龄、健康状况、受教育程度、贷款人家庭劳动力数量、家庭净资产	引入社会绩效指标	缺少环境条件指标	从绩效角度评估信用，这是全新的视角
Hartarask (2007)	信用风险评估、经济学	应用面板数据分析方法	贷款人的技术和能力、生产经营规模、价格保障、负债总额、家庭财产状况、有无担保、家庭年纯收入、产业政策、产品供给情况	应用面板数据分析方法分析财务和市场状况	缺少品质指标，缺少合规度指标	可用面板数据分析借款人的财务状况

续表

作者	评估理论	评估方法	评估指标	优点	不足	借鉴
Schreiner (1999)	信用评估理论、信用风险管理理论	Logit 方法、评分模型法、对比法	借款人经历、以前借款数量、自第一次借款到现在经历月份、最近借款拖欠、农户性别、所在部门、婚姻状况、支付额、担保、贷款官员、预测能力、家庭财产	对每个指标影响效果进行测试	缺少借款人品质指标；缺少指标相关性检验	用评分模型法评估农户信用等级，从而了解农户的风险
Sherrick (2000)	经济学、信用风险管理理论	保险池	贷款水平、池级特性损失分布概况、地区经济状况、生产经营规模、生产投资规模、现有负债总额、家庭财产状况、免赔额以及附加费	引入保险池、贷款池技术对风险评估	所选择的指标侧重于财务	用贷款池技术评估信用风险是一种新技术，值得探讨
LiXiumin (2011)	巴塞尔协议Ⅲ、风险评估理论	层次分析法、模糊综合评估模型	资本充足率、不良贷款、发展前景、成本费用率、资产收益率、家庭年综合收入、家庭年支出水平、最大农户贷款规模、存贷率	第一层指标来自《巴塞尔协议Ⅲ》，比较规范；方法恰当	选择指标不全面，偏重财务指标	层次分析法、模糊综合法，比较适合用于农户风险评估
Lane (1986)	比例风险分类理论、财务管理理论、信用风险管理理论	Cox 比例风险模型、骆驼评级法	现金流、资产质量、管理、流动率、盈利、发展前景、分类现金、利息收益率、存款变化率	使用 Cox 比例风险模型以及现金流信息预测银行破产，准确率高	侧重从财务指标评估银行风险，忽略其他因素	现金流信息是动态的，能实时反映个人或企业的真实情况，提高评估、预测的准确性
Julapa (2000)	财务管理理论、信用风险评估理论	Logit 模型和特征识别分析方法	资本充足率、成本费用率、资产收益率、市场供求、政策支持、经营管理、家庭财产状况、现有负债总额	用特征识别分析方法分析客户的特征，从中找到影响信用要素	侧重财务指标，忽略借款人的道德品质	针对具体的评估对象，从对象的特征入手进行评估值得肯定；可从农户特征入手构建评估指标

续表

作者	评估理论	评估方法	评估指标	优点	不足	借鉴
Ranjana（2000）	《巴塞尔协议》、信用风险管理理论、财务管理理论	综合银行评估系统、统计模型、银行监管评级体系	资本充足性、资产质量、管理能力、地区经济状况、盈利性、政策支持、流动性及企业因素、管理制度	单项评分与整体评分相结合、定性分析与定量分析相结合，适于评估银行风险	兼顾了非财务因素，但是赋予非财务指标过大的权重	在选择指标时，突出了企业或个人管理水平的决定性作用以及市场风险敏感度
Karacabey（2007）	偏差最小化理论和信用风险管理理论	偏差最小化模型、判别函数	资本充足率、与资产质量相关的比率、流动性比率、资本利润率、政策支持、经营管理、发展前景、收入支出比率	非参数判别模型预测银行风险	评估银行风险除了财务指标外，还要选择非财务指标	偏差最小化模型值得用于评估农户的风险
Xiaohong（2010）	信用风险管理理论	可调说明参数 KMV 模型、GARCH 模型	流动资金、资本充足率、地区经济状况、资产规模	建立可调参数的 KMV 模型，评估企业风险	数据量大，而且要符合正态分布	建立动态模型评估农户信用或者风险
Koyuncug（2012）	财务预警理论、信用风险管理理论	数据挖掘、财务风险预警系统	成本费用利润率、资产收益率、市场供求、税前利润、累积盈利能力比率、银行贷款与总资产、利息支出、净销售额	用数据挖掘方法寻找财务风险指标，可靠	以财务风险指标为主，且用的是历史数据，不够全面，不一定准确	在数据量比较大的情况下，用数据挖掘方法比较可靠
Tomasz（2013）	统计学、财务管理、风险管理理论	统计和软计算方法、判别分析法、决策树、人工神经网络	盈利能力比率、流动性比率、负债比率、活动比率、净收入/总资产、固定资产、销售利润/总资产、成本费用率、资产收益率	用判别分析法分析财务指标值的变化情况	指标不够全面。所选择的指标基本上来自财务视角	用统计和软计算得到的模型预测效果比较好，值得尝试
Shu－e（2005）	财务管理理论、信用风险评估理论	人工神经网络、主成分分析模型	流动比率、速动比率、现金比率、资产收益率、存货周转率、总资产周转率、净利润增长率	用人工神经网络方法预测企业财务风险	企业的风险来自多方面，但是指标只来自财务方面，不全	可构建人工神经网络模型对个人或企业的风险进行评估、预警

续表

作者	评估理论	评估方法	评估指标	优点	不足	借鉴
张渝 (2006)	模糊数学理论、信用风险管理理论	熵权选择方法	（营业额－销售成本）/营业额、EBIT/营业额、负债总额/资产总额、固定资产/净资产、资产收益率、利润率	用熵权选择方法选择评估指标，效果好	信用风险评估指标，来自财务领域，不全面	用模糊数学处理财务指标的值，比较真实
潘安娥 (2008)	金融机构风险管理理论和《巴塞尔新资本协议》	专家打分法、因子分析法	资本充足性风险、信贷风险、流动性风险、盈利性风险、操作风险、地区经济状况、政策支持、市场风险	因子分析法计算指标权重操作方便	专家打分法用于给定量型的财务指标评分不妥	用因子分析法计算指标权重可借鉴
杨宏玲 (2011)	信用风险管理理论	价值链风险分析与平衡计分卡方法	家庭年收入水平、收入结构、年支出水平、家庭总资产、生产经营规模、发展前景、生产投资规模、户主受教育程度、年龄	指标较全面；平衡计分卡方法选择指标易操作	未对所构建的指标相关性进行检验	可用价值链分析农户或企业的风险
温涛 (2004)	信用风险管理理论	神经网络模型	品质、人均年收入、家庭财产、技术和技能、年龄、户主受教育程度、居住地经济发展程度、产品竞争力	指标较全面；方法可行	未对评估指标进行相关性检验	构建 BP 神经网络方法评估农户信用，易操作
刘敏祥 (2004)	社会学、经济学、信用风险管理理论	"5C"法、分类法	农户品质、历史信用、文化程度、户主年龄、项目潜质、劳动力人数、尊老爱幼、文明礼貌、家庭财产、邻里关系、农村纠纷、经济纠纷、自然资源、经营管理能力	指标较全面，涉及农户品质、财务、项目等	在建模时没有对评估指标进行检验	根据农户的实际以及农户经营的项目确定农户信用评估指标

续表

作者	评估理论	评估方法	评估指标	优点	不足	借鉴
周振（2009）	社会学、经济学、信用风险管理理论	主成分分析法、人工神经网络	家庭年收入水平、劳动力人数、户主年龄、收入结构、年支出水平、家庭总资产、文明礼貌、邻里关系、经济纠纷、户主受教育程度、经营管理能力	用主成分分析法研究农户的评估指标	指标不够全面；建模时指标没有经过相关性检验	可用主成分分析法构建农户信用评估指标
李俊丽（2009）	社会学、经济学、信用风险管理理论	层次分析法、"4C"法	年龄结构、健康状况、生产经营服务历史、文化层次、项目潜质、生产经营规模、生产经营服务技术、发展前景	用层次分析法求各指标的权重，效果好	指标还不够全面；指标没有经过相关性检验	可用层次分析法求指标的权重
杨胜刚（2012）	社会学、经济学、信用风险管理理论	"5C"模型、层次分析法、神经网络模型	文化程度、信贷历史、邻里关系、户主年龄、自然资源、生产经营规模、生产投资规模、年平均收入水平、劳动力人数、经济发展状况、家庭负债	评估指标设计相当全面；指标权重计算方法较好	指标没有经过相关性检验直接用来建模，缺乏科学性	可结合使用层次分析法和神经网络模型对农户的信用进行评估
刘畅（2009）	社会学、经济学、信用风险管理理论	专家评估法、概率神经网络法	户主年龄、户主受教育程度、家庭资产负债率、家庭年纯收入、家庭年支出水平、家庭年综合收入、资产收益率、邻里关系、尊老爱幼、历史信用、地区经济发展状况、参保情况	用概率神经网络模型评估农户信用等级，效果好	指标全面，但是有重复；指标没有经过检验直接建模，缺乏科学性	概率神经网络法适用于评估农户的信用等级
王明春（2009）	社会学、经济学、信用风险管理理论	专家评价法、粗糙集和BP神经网络法	资产负债率、年支出水平、资金周转率、年综合收入、流动比率、年纯收入、利润率、所处行业、所处区域	粗糙集能识别评估数据间的依赖关系，能从经验数据中获取易于证实的规则知识	指标不全面，忽略客户的品质指标	构建基于粗糙集和BP神经网络法的信用风险模型评估客户的信用

续表

作者	评估理论	评估方法	评估指标	优点	不足	借鉴
庞素琳（2006）	经济学、财务管理理论、信用风险管理理论	Logistic 模型、类比法	每股收益、年纯收入、负债总额、每股净资产、资产收益率、利润率	用 Logistic 模型评估公司信用效果好	侧重财务指标，忽略其他	可构建 Logistic 模型评估农户信用
孙清（2006）	国家政策、经济学、公司财务管理理论、信用风险管理理论	Logit 模型	财产水平、户主年龄、负债状况、受教育程度、讲真话、不作假、尊老爱幼、历史信用、讲究信誉、资产收益率、借款用途	用 Logit 模型评估农户信用，准确率高	未能根据农户的特征以及影响因素构建评估指标	可构建 Logit 模型评估农户信用
李正波（2006）	社会学、经济学、公司财务管理理论、信用风险管理理论	社会调查法、Logit 模型	户主年龄、户主受教育程度、劳动力人数、邻里关系、历史信用、农业支出、贷款利率、经济纠纷、年收入、生产经营服务技术、社会信誉、地区经济发展状况、是否农信社员工、借款用途、婚姻状况	所构建的评估指标体系较全面	评估指标未进行相关性检验；评估农户风险不需要信用社因素	可构建 Logit 模型评估农户信用
蒋华（2007）	经济学、公司财务管理理论、信用风险管理理论	多元排序选择模型、因子分析法、聚类分析法、Logit 模型法	盈利能力、资产利润率、长期偿债能力、资产负债率、固定资产周转率	所选择的研究方法比较好	所构建的指标不全面，指标也没有进行相关性检验	在作农户信用评估研究时可考虑使用多种方法
马文勤（2009）	经济学、公司财务管理理论、信用风险管理理论	调查研究法、Logit 模型	户主年龄、生产经营规模、价格保障、家庭人口、家庭劳动力、市场供求、发展前景、年总支出、贷款用途	研究规范，对所选择的指标进行正态性检验、参数及非参数检验	指标不全面，缺少农户品质指标	可构建 Logit 模型对农户信用风险进行评估
崔学敏（2012）	经济学、公司财务管理理论、信用风险管理理论	调查研究法、Logistic 模型、PSO 算法	家庭纯收入、生产经营服务历史、生产经营规模、户主年龄、产品竞争力、历史信用、借款期限	对所设计的评估指标进行严格检验	指标不全面，评估结果可信度不高	要对建模的指标进行严格检验

续表

作者	评估理论	评估方法	评估指标	优点	不足	借鉴
谭民俊（2007）	经济学、公司财务管理理论、信用风险管理理论	不确定层次分析法、模糊数学	劳动力人数、生产经营服务历史、其他纠纷、户主年龄、户主受教育程度、乐于助人、年收入水平、年支出水平、讲真话、家庭拥有财产、不作假、地区经济状况、民事责任、历史信用、刑事责任、经营能力	用不确定层次分析法计算指标权重比较合适	指标不够全面，缺少财务指标	可用不确定层次分析法计算指标权重，用模糊识别法构建信用评估模型
胡愈（2007）	经济学、财务管理理论、信用风险管理理论	不确定层次分析法、模糊数学	劳动力人数、讲真话、户主年龄、户主受教育程度、不作假、家庭财产、乐于助人、经营能力、其他纠纷、历史信用、年收入	用不确定层次分析法计算指标权重比较合适	指标不够全面，缺少财务指标	不确定型层次分析法不需要专家作出精确判断，更加符合实际
戴立新（2008）	经济学、公司财务管理理论、信用风险管理理论	调查研究法、层次模糊综合法	家庭年收入、生产投资规模、家庭年支出、生产经营规模、教育法、计划生育法、其他行业法规、经营管理能力、产业导向、贷款期限、风险补偿机制	用层次模糊综合法评估农户信用可行	指标不全面；构建模型时没有经过检验	适宜用层次模糊综合法构建农户信用评估模型
王颖（2010）	经济学、公司财务管理理论、信用风险管理理论	层次分析法、专家意见法、模糊数学法	户主年龄、户主健康状况、户主文化程度、民事责任、劳动力人数、刑事责任、家庭固定财产、其他法规、历史信用、讲究信誉、流动资产状况	评估指标、指标权重以及评价标准都具有模糊性，适宜用模糊数学方法处理	突出的问题是没有对指标的相关性进行检验，指标的维度划分缺乏依据	在设计农户信用评估指标、计算指标权重时适用模糊数学方法进行处理，得到的结果更合理

续表

作者	评估理论	评估方法	评估指标	优点	不足	借鉴
姚潇、余乐安（2012）	信用风险管理理论、模糊数学	模糊近似支持向量机、对比分析法	澳大利亚个人信用数据集、英国公司信用数据集	模糊近似支持向量机鲁棒性更好，减少评估指标的噪声	对数据的要求比较高；模糊隶属度的获取比较难	模糊近似支持向量机能消除奇异点和噪声对评估结果的影响，适合作信用评估
陈良维（2008）	经济学、财务管理理论、信用风险管理理论、决策论	数据挖掘、决策树算法	户主年龄、户主文化程度、劳动力人数、家庭综合收入、现有负债总额、家庭财产状况、家庭年收入、历史信用、贷款历史	用信息增益方法计算各层的节点，可行	指标不全面；没有对指标的相关性进行检验	用数据挖掘技术挖掘农户的信用信息，从而找到相关的评估指标，可行
蔡丽艳（2011）	经济学、财务管理理论、信用风险管理理论、决策论	聚类、决策树算法	户主年龄、历史信用、劳动力人数、民事责任、家庭年收入、刑事责任、家庭收入来源、教育法、贷款用途、计划生育法、生产投资规模、还款历史	用信息增益方法计算各层的节点，比较合理	指标设计不规范，不全面	可用 C4、C5 分类算法分析农户信用的影响因素
陈永明（2012）	经济学、财务管理理论、信用风险管理理论、决策论	层次分析法、决策与试验评价实验室方法	文明户、信用村、信用户、现有负债总额、自然资源、贷款情况、价格保障、主营产业	用 DEMATEL 法计算指标之间的依存度，消除指标之间的影响	指标设计不规范，不全面	在构建农户信用评估指标模型时，可通过 DE-MATEL 法消除指标之间的噪声
王军栋（2013）	经济学、财务管理理论、信用风险管理理论	层次分析法、专家判断法、和积法	家庭财产状况、现有负债总额、担保情况、贷款用途、经营管理能力、历史信用	层次分析法适宜设计指标体系	评估指标不全面，未构建评估模型	在构建农户信用评估指标模型时，可使用层次分析法设计指标层次和计算指标权重

续表

作者	评估理论	评估方法	评估指标	优点	不足	借鉴
吴晶妹（2010）	三维信用论、经济学、财务管理理论、信用风险管理理论	调查研究法、Logistic	户主年龄、户主受教育程度、家庭劳动力人数、家庭健康状况、家庭年收入、农户所属地区、主要经济来源、居住状况、贷款发生类型	按照三维信用论设计指标比较规范，具有可行性	指标维度设计合理，但是在具体选择指标时不规范；指标权重的计算规范	可按三维信用理论设计农户信用评估指标；可用 Logistic 模型评估农户信用等级
孟庆福（2011）	多元自适应回归样条理论、信用风险管理理论	多元自适应回归样条模型、对比法	流动资产周转率、现有负债总额、总资产周转率、净资产收益率、成本费用利润率、流动比率、主营业务收入比率	所选择的财务指标比较全面，能反映客户的财务状况	所有评估指标集中在财务维度，忽略了客户其他影响因素，不科学	可构建多元自适应回归样条模型评估农户信用
王沫（2013）	博弈论、信用风险管理理论	博弈分析法	贷款额度、生产投资规模、违约成本、资产收益率、诚信价值、满足感、公众对诚实守信的赞许和尊重	用博弈论方法选择影响农户违约的因素具有可行性	所选择的指标以及所设计的博弈模型过于简单	博弈论可用于探讨影响农户信用的因素
吴冲（2004）	模糊数学、信用风险管理理论	模糊神经网络分析法	流动比率、资产负债率、资产收益率、销售净利率、销售渠道、成本费用利润率、流动资产周转率、贷款方式	模糊法则能根据实际问题自动调节，适合分析信用风险	所选择的评估指标侧重财务领域，不够全面	可构建模糊神经网络模型评估农户信用

二、信用评估指标研究述评

1. 评估理论

从表 2－1 可以看到，农户信用评估的理论主要包括信用风险管理理论、经济学理论、财务管理学理论、伦理学、社会学、信息论、博弈论、模糊数学、统计学等，前面 4 个领域的理论应用比较多，本书称这些理论是"主流"信用评估理论，其余称为"非主流"信用评估理论。它们在信用评估中所作出的贡献以及存在的不足如表 2－2 所示。

表 2 - 2　　　　　　　　　　　　农户信用评估理论应用分析

	评估理论	贡献	不足
主流	信用风险管理理论	从管理学视角解析农户信用产生的原因以及从技术层面探讨信用评估的解决办法	局限于技术层面的解决办法，忽略了农户信用的起源、影响因素
	经济学	从经济学视角解析农户信用问题产生的原因以及设计农户信用评估的指标	局限于经济领域，忽略了社会学、心理学等因素对农户信用的影响
	财务管理理论	从财务学视角解析农户信用问题产生的原因以及设计农户信用评估的指标	局限于财务领域，忽略了社会学、伦理学、心理学等因素对农户信用的影响
	社会学	从社会结构、社会文化、社会组织、社会建构等层面探讨信用问题以及设计信用评估指标	局限于社会因素，忽略了经济学、心理学等因素对农户信用的影响
非主流	信息论	农户信用问题是由于信息不对称产生的，应该通过"沟通"解决信息不对称问题	局限于农户与农村金融机构的信息，而忽略了心理学、社会学等因素对农户信用的影响
	博弈论	认为农户信用问题是农户与农村金融机构双方博弈的结果，应通过"环境"与"机制"解决	局限于农户与农村金融机构利益博弈结果，而忽略了社会学、心理学因素对农户信用的影响

　　从表 2 - 2 可以看到，不管是主流理论还是非主流理论，都专注于本理论对农户信用的影响而忽略其他因素，这是片面的做法，从策略上看是不可取的。因为随着社会的发展和农户需求的多元化，影响农户信用的因素，如经济、财务、社会等因素以及这些因素关联而衍生的因素必然复杂化。单个理论不能解析农户的信用问题，更不能对农户的信用状况作出判断。这意味着，要构建多维度理论才能对农户信用进行评估。

　　2. 评估方法

　　从表 2 - 1 可以看到，研究农户信用评估指标的方法主要包括"5C"法、层次分析法、Logit 模型法、专家打分法、模糊人工神经网络法、决策树算法、主成分分析法、数据挖掘以及聚类分析法等。前面几种方法较常用，而后面几种较少用。这些方法在设计农户信用评估指标过程中所起的作用与存在的不足如表 2 - 3 所示。

表 2-3　　　　　　　　　　　农户信用评估方法应用分析

评估方法	贡　献	不　足
"5C" 法	从品质、资本、能力、抵押、条件五个维度去评估农户信用的方法，开创了信用评估指标设计的先河	缺少社会学、心理学维度因素
层次分析法	将与决策有关的元素分解成目标、准则、方案等层次，在此基础之上进行定性和定量分析的决策方法	只是从纵向上分层，未能从横向上对要素划分维度
Logit 模型法	根据一系列变量来分析公司破产或违约的概率，然后根据投资者的风险偏好程度设定风险警戒线，以此对分析对象进行风险定位和决策	只适合对离散型变量进行评估，而且评估结果只有 "0" 和 "1"，有一定的局限性
专家打分法	由相关领域的专家对大量难以采用技术方法进行定量分析的因素作出合理估算的方法	专家根据自己的理解程度作出的判断，因此，受人为因素的影响较大
BP 人工神经网络法	具有大规模并行、分布式处理、自组织、自学习能力，广泛用来对研究对象进行分类、聚类、预测	局部极小化问题以及收敛速度慢等

从表 2-3 可以看到，这些评估方法比较成熟，经得起实践检验，只是由于每种方法有其使用范围和条件，因而表现出一定的局限性。"5C" 法是设计评估指标的基础，专注于从 "5C" 维度设计指标，但是不能用来评级；层次分析法、专家判断法是设计指标、计算指标权重的首选，但是不能设计指标维度；Logit 模型法是用来判断指标变量与因变量相关性的成熟方法，通过判断结果可以确定农户的信用情况；BP 人工神经网络用来预测农户风险。这告诉我们，在研究农户信用时，要综合使用多种方法。

3. 评估指标

对表 2-1 中的评估指标作进一步分析，现将指标按维度汇总在表 2-4 中。由表 2-4 可知，农户信用评估指标主要来自品质、经济、财务以及家庭特征四个维度。指标存在的主要问题有：（1）指标设计不规范，缺少指标设计的标准和流程；（2）所设计的指标不全面，不能全面反映农户的实际情况；（3）指标缺乏动态性，所设计的指标基本上是描述性的静态指标，显然不能反映农户的动态因素。

表 2-4　　　　　　　　　　　农户信用评估指标分类

维度	评估指标	贡献	不足
品质	历史信用 讲究信誉 文明礼貌	从伦理学视角衡量农户在过去一段时间与金融机构、其他社会成员交往时的表现，反映农户讲信用的趋势	在现有的指标中，缺少农户参与社会活动表现的指标。农户参与社会活动的表现也是农户品质的一个方面
经济	经济增长率 生产经营规模 价格保障	从经济学视角衡量农户获利能力的表现，是反映农户讲信用的关键	在现有的指标中，缺少反映农户项目信息、地区经济状况的指标
财务	资产收益率 负债比率 资产周转率	从财务视角分析农户财务状况和经营成果，对农户经济效益的优劣作出准确的判断和评价	在现有的指标中，缺少农户家庭财产、年支出水平、年收入水平等指标
家庭特征	农户年龄 农户受教育程度 劳动力人数	从社会学视角反映农户的自身素质与家庭情况，这是农户讲信用的基础	在现有的指标中，缺少农户健康状况指标

综上可知，国内外学者围绕农户信用评估这一主题已进行了卓有成效的探索性研究工作，并取得了一系列的研究成果。本书与已有文献的不同主要体现在：第一，构建"五维"农户信用评估理论，评估农户信用。随着社会的发展，影响农户信用的因素也在演变，而现有的理论体系不能完全解析农户信用影响因素，因此，本书以系统论为基础，以伦理学、社会学、经济学、财务管理学、心理学理论为主体，构建"五维"农户信用评估理论。在此基础上，构建农户信用评估系统的结构模型。第二，以"5C"信用要素为基础，以伦理学、社会学、心理学、经济学、财务学为维度，设计农户信用评估指标。第三，针对现有农户风险预警机制不健全，构建基于管理层面、信息层面以及技术层面的农户风险预警机制（Donwu，2014）。

第四节　本章小结

本章主要介绍了农户信用评估理论、评估方法以及评估指标研究情况，主要做了以下工作。

首先，对农户信用评估理论文献进行梳理，发现国外在这个领域已经取得了不错的研究成果，已经形成了伦理学流派、经济学流派、财务管理学、信息论、博弈论、社会学流派，各流派对农户信用评估作出了应有的贡献。我们还发现，由于农户信用影响因素变得更加复杂，单个理论不能解析农户信用变化发展情况。

其次，对农户信用评估方法进行综述。传统信用风险评估方法主要包括专家判断法以及财务比率综合评价分析方法等，这些方法以定性描述为主，附加条件比较弱，数据易收集且数据量要求不大，适合用来评估我国农户的信用。现代信用风险评估方法主要包括 KMV、Credit Metrics、Credit Risk 、Credit Portfolio View 等模型，这些方法以定量描述为主，且由于其适用条件比较严格，加上目前农村金融机构还不具备这些条件，因此这些方法不能用来评估我国农户的信用。

最后，对国内外农户信用评估研究现状进行综述。研究发现，国内外学者主要从品质、经济、财务、家庭特征四个维度设计指标评估农户信用。此外，我们还对这四个维度的指标对农户信用评估的贡献以及存在的不足作了进一步的分析。

第三章　农户信用评估的理论框架

在第二章，我们发现专门针对农户信用评估的理论、方法、评估指标以及评估模型等还不完善。本章将以系统论为基础，以伦理学、社会学、经济学、财务管理学、心理学以及信用风险管理理论为主体，构建农户信用评估理论，设计农户信用评估指标及其结构模型，构建农户信用评估模型框架。

第一节　基于系统论的农户信用评估理论

系统一词最早出现在古希腊，原意是指复杂事物的总体。近代一些科学家和哲学家常用系统一词来表示关系复杂的、具有一定结构的、能实现特定功能的研究对象。现在普遍认为系统是由一定部分（要素）组成的具有一定层次和结构并与环境发生关系的实现特定功能的有机整体。自然界、人类社会、思维领域甚至微观世界的诸种事物都可以看做系统，系统范畴具有普遍性。

系统具有整体性、综合性、层次性、结构性、环境关联性以及功能性六大特征。要正确认识一个系统，应该把握上述六大特征。

一、"五维"农户信用评估理论

在第二章，我们发现，很多学者使用单个学科的理论研究农户信用影响因素，注重在本学科领域内探讨影响因素，而忽略了其他学科领域影响因素，导致所设计的指标不全面、缺乏科学性以及不实用，所以目前的做法以及所引用的理论都不完善。我们将吸取这一教训，构建复合理论研究农户信用。另外，我们还发现，目前所涉及的影响因素没有包含农户的心理因素，这是不全面、不科学的表现。根据心理动机理论，动机是驱使人从事各种活动的内部原因。也就是说，在某个时刻，农户守约与否，除了与农户的偿债能力有关外，还与农户在该时刻的心理动机有关，即农户的心理动机因素也是影响农户信用的要素。依据系统论，农户信用评估理论是一个系统，具有整体性、系统内部不可分割性。因此，我们可构建由伦理学、社会学、经济学、财务管理学、心理学以及信用风险管理理论组成的农户信用评估理论系统，这五部分不可分割，其结构如图 3 – 1 所示。

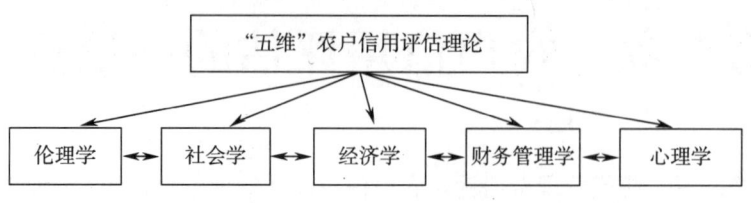

图 3 – 1　农户信用评估理论

　　在系统内，伦理学是研究道德问题的，因此，通过伦理学理论探索农户的道德品质影响因素，设计相关的评估指标；社会学是研究社会结构和社会行为的，可通过社会学理论，分析农户在社会活动中的表现情况，设计评估指标；经济学是研究价值的生产、流通的，通过经济学理论，分析农户创造价值的能力及其影响因素，设计评估指标；财务管理学是研究资金运动、提高资金效益的，通过财务管理学理论分析农户资金运作情况，设计评估农户资金管理能力的指标；心理学是研究人类心理现象、精神功能和行为的，通过心理学理论，分析农户借款动机，设计评估农户动机指标。

　　"五维"农户信用评估理论，为研究农户信用问题奠定理论基础。

二、农户信用评估系统结构理论

　　在第二章，我们发现，农户信用评估指标差别很大，这是否会对评估结果产生影响？如果有，有怎样的影响呢？在本小节，我们基于系统论构建农户信用评估结构理论，从微观层面探讨评估指标的变更对评级结果的影响。

　　依据一般系统结构理论，构建农户信用评估系统结构理论。

1. 基本概念

　　定义1　农户信用评估系统 $Z(n)$ 是指由 n 个相互关联的部分 $e(1)$，$e(2)$，$\cdots$，$e(n)$ 构成且能够评估农户信用的有机整体，记为 $Z(n) = \{(e,r)\}$。$e = \{e_i \mid e_i \in H_d, i = 1,2,\cdots,n; n \geq 2\}$，表示农户信用评估系统元素的集合。这里的评估系统元素是指具有一定功能的所有组织水平上的评估实体。$r = \{r_{ij} \mid r_{ij}$ 表示 $e(i)$、$e(j)$ 关系，$i = 1,2,\cdots,n\}$，表示评估元之间的评估关系，见定义3。

　　定义2　农户信用评估系统环境 $E(S)$ 是指与农户信用存在关联的制度环境、生活环境、人文环境、生产环境以及经营环境等外部部分的集合，其中 $S \in B = \{a_1, a_2 \cdots, a_n\}$，$S$、$B$ 分别表示环境 $E(S)$ 的状态及状态空间。

定义 3　农户信用评估系统关系 $r_{ij}(t)$ 是指 t 时刻系统部分 $e(i)$ 对另一部分 $e(j)$ 产生作用，使得 $e(i)$ 和 $e(j)$ 产生关联，如图 3-2 所示，存在关系方程：$f(s_i(t), r_{ij}(t), s_j(t)) = 0)$，其中 $s_i(t)$、$s_j(t)$ 分别表示在 t 时刻 $e(i)$ 和 $e(j)$ 的状态。

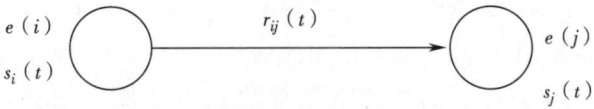

图 3-2　$e(i)$ 部分与 $e(j)$ 部分的关系

定义 4　农户信用评估系统层 H_d 是指构成系统的指标在纵向上的不同质态及其排列次序。H_d 包含关系和指标，它形成系统的纵向结构。

定义 5　农户信用评估指标维度又称维数，是农户信用评估系统中每层独立指标的数目。它形成系统的横向结构。

定义 6　农户信用评估指标权重 w_{ij} 是农户信用各个考察指标 x_{ij} 在整体评价中价值的高低和相对重要的程度以及所占比例的大小量化值。

定义 7　农户信用评估系统行为 H_z 是指系统 $Z(n)$ 的某种外部活动或表现。

定义 8　设在环境 $E(S)$ 中，系统 $Z(n)$ 在 t 时刻具有关系 $R_{ij}(t)(1 \leqslant i, j \leqslant n; n \geqslant 2)$，则所有关系的集合 $R_z(t) = \{R_{ij} \mid R_{ij} \in H_d, 1 \leqslant i, j \leqslant n; n \geqslant 2\}$ 称为农户信用评估系统结构。

2. 农户信用评估系统结构方程模型

（1）设 S 表示农户信用评估系统 $Z(n)$ 所处环境 $E(S)$ 的状态。在 t 时刻，存在系统结构 $R_z(t)$、系统状态 $S_z(t)$ 和系统行为 $H_z(t)$，则如下关系恒成立，关系如图 3-3 所示。

$$\begin{cases} \psi_1(S(t), R(t), R_z(t)) = 0 \\ \psi_2(S(t), R_z(t), S_z(t)) = 0 \\ \psi_3(S(t), R_z(t), H_z(t)) = 0 \end{cases} \tag{3.1}$$

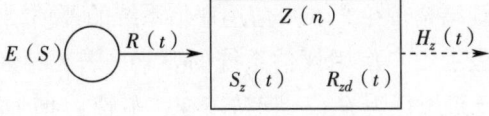

图 3-3　系统结构方程模型

　　即 t 时刻，农户信用评估系统环境的状态 S 不变的情况下，满足下列关系：①农户信用评估系统环境的状态 S、系统与环境的关系 $R(t)$ 以及系统结构 $R_z(t)$，满足关系 ψ_1；②农户信用评估系统环境的状态 S、系统结构 $R_z(t)$ 以及系统状态 $S_z(t)$，满足关系 ψ_2；③农户信用评估系统环境的状态 S、系统结构 $R_z(t)$ 以及系统行为 $H_z(t)$ 满足关系 ψ_3。

　　（2）设在环境 $E(S)$ 中，农户信用评估系统 $Z(n)$ 在 t 时刻具有支配层次 H_d 上的系统结构 $R_{zd}(t)$，并且其关系环数 $\theta_d = 0$ 时，那么对于任一关系 $R_{ij}(t) \in R_{zd}(t)$，恒有以下关系成立。

$$R_{ij}(t) = h_j(S(t)) \tag{3.2}$$

$$R(t) = Z(S(t)) \tag{3.3}$$

　　即 t 时刻，在农户信用评估系统环境状态不变的情况下，存在以下关系：①农户信用评估系统 $Z(n)$ 支配层次 H_d 上部分 $e(i)$ 对 $e(j)$ 的作用因子 $R_{ij}(t)$ 是系统环境的状态 $S(t)$ 的函数；②农户信用评估系统的系统环境与系统的关系 $R(t)$ 是系统环境状态 $S_{(t)}$ 的函数。

　　式（3.1）、式（3.2）以及式（3.3）描述了农户信用评估系统的系统环境状态、系统关系、系统结构、系统行为以及系统支配层上的系统部分作用因子、系统关系等的固有关系，这是农户信用评估系统的一般结构方程模型。

　　根据上述结构模型得到以下推论。

　　推论 1　用 N_E 表示农户信用评估系统的层数。若 t 时刻系统环境 $E(S)$、系统状态 $S_z(t)$ 以及系统行为 $H_z(t)$ 保持不变，不管 N_E 增加还是减少，农户信用评估的结果发生改变。

　　证明：不妨设系统的层数增加。现设系统层数由 N_E 增加 m 层到 $N_E + m$ 层，组成一个新系统 $E(N)$。由于系统增加了 m 层，按照一般系统理论，这 m 层与原来的 N_E 层发生作用，故有，系统现在的关系 $R_{ij}^*(t) = \{(e_i, e_j) \mid 1 \le i, j \le N_E + m, m \ge 1\}$，又因为系统的结构 $R_z^*(t) = \{R_{ij}^* \mid 1 \le i, j \le N_E + m\}$ 比原来的结构增加至少 m 个关系，也就是由于层数的增加，系统的结构发生了改变，根据一般系统结构理论，农户信用评估系统的评估结果发生改变。

　　推论 2　用 x_i 表示农户信用评估系统的要素。若 t 时刻系统环境 $E(S)$、系统状态 $S_z(t)$ 以及系统行为 $H_z(t)$ 保持不变，不管 x_i 增加还是减少，农户信用评估的结果发生改变。

　　推论 3　用 w_{ij} 表示农户信用评估系统的权重。若 t 时刻系统环境 $E(S)$、

系统状态 $S_z(t)$、系统要素 x_i 以及系统行为 $H_z(t)$ 保持不变，不管 w_{ij} 增加还是减少，农户信用评估的结果发生改变。

推论 4　用 R_{ij} 表示农户信用评估系统不同部分的作用因子。若 t 时刻系统环境 $E(S)$、系统状态 $S_z(t)$、系统要素 x_i 以及系统行为 $H_z(t)$ 保持不变，不管 R_{ij} 增加还是减少，农户信用评估的结果发生改变。

3. 系统行为

任何系统，有输入也有输出，在给定的系统环境中，系统行为由系统基层次上的系统结构决定和支配。

第二节　农户信用评估方法

在第二章，我们看到，农户信用评估方法主要包括 "5C" 法、层次分析法、Logit 模型法、专家打分法、模糊人工神经网络法、决策树算法、主成分分析法、数据挖掘以及聚类分析法等。由于这些方法有很强的针对性，单个方法不能解决全部问题，我们构建新的方法体系，研究农户信用评估问题和农户风险。

第一，本书的研究主题是当前金融学前沿领域的一个热点。我们通过文献分析法、对比分析法、扎根理论法，探究农户信用评估中存在的问题。文献分析方法就是详细阅读古今中外文献，分析文献对农户信用评估所作的贡献和存在不足的一种方法。通过这种方法，能发现农户信用评估常见的技术、方法以及模型。对比分析法是通过横向比较前人的学术贡献，找到研究农户信用评估合适的理论、方法以及模型。扎根理论研究法是由哥伦比亚大学的 Anselm Strauss 和 Barney Glaser 两位学者共同发明出来的一种研究方法，是运用系统化的程序，针对某一现象来发展并归纳式地引导出扎根的理论的一种定性研究方法。研究者在研究开始之前一般没有理论假设，直接从实际观察入手，从原始资料中归纳出经验概括，然后上升到系统的理论。这是一种从下往上建立实质理论的方法，即在系统性收集资料的基础上寻找反映事物现象本质的核心概念，然后通过这些概念之间的联系建构相关的社会理论。扎根理论一定要有经验证据的支持，但是它的主要特点不在其经验性，而在于它从经验事实中抽象出了新的概念和思想。在哲学思想上，扎根理论方法基于的是后实证主义的范式，强调对已经建构的理论进行证伪。

第二，通过逻辑推理法构建农户信用评估理论以及农户信用评估系统结构理论。逻辑推理一般指演绎推理。所谓演绎推理，就是从一般性的前提出发，通过推导即"演绎"，得出具体陈述或个别结论的过程。演绎推理的逻辑形式对理性的重要意义在于，它对人的思维保持严密性、一贯性有着不可替代的校正作用。用这种方法来构建农户信用评估理论是最合适的。

第三，以系统论为基础，用层次分析法构建农户信用评估指标结构模型。系统论是研究系统的一般模式、结构和规律的学问，它研究各种系统的共同特征，用数学方法定量地描述其功能，寻求并确立适用于一切系统的原理、原则和数学模型，是具有逻辑和数学性质的一门科学。层次分析法（Analytic Hierarchy Process，AHP）是将与决策总是有关的元素分解成目标、准则、方案等层次，在此基础之上进行定性和定量分析的决策方法。该方法是美国运筹学家、匹兹堡大学教授萨蒂于20世纪70年代初，在为美国国防部研究"根据各个工业部门对国家福利的贡献大小而进行电力分配"课题时，应用网络系统理论和多目标综合评价方法，提出的一种层次权重决策分析方法。本书把农户信用评估看做一个系统，用系统的一般结构理论和层次分析方法，构建农户信用评估指标结构模型。

第四，以"5C"法为基础，结合文献分析法、层次分析法、定性分析法以及定量分析法，设计农户信用评估指标。"5C"法是以品德、能力、资本、抵押以及条件领域的表现来评估信用。但是，由于目前农户信用影响因素多元化，需要结合文献分析法、层次分析法等方法来确定评估指标。

第五，以社会调查法、统计分析法、Pearson实证检验法、Logit法，验证评估指标模型。社会调查法是有目的、有计划、有系统地搜集有关研究对象社会现实状况或历史状况材料的方法。社会调查方法是研究性学习专题研究中常用的基本研究方法，它综合运用历史研究法、观察研究法等方法以及谈话、问卷、个案研究、测验或实验等科学方式，对有关社会现象进行有计划的、周密的、系统的了解，并对调查搜集到的大量资料进行分析、综合、比较、归纳，借以发现存在的社会问题，探索有关规律的研究方法。研究农户信用要掌握农户的表现，这要靠社会调查。对调查得到的数据，进行统计分析，并通过Pearson检验变量间的关系，然后建立Logit模型。

第六，以专家判断法构建指标区间判断矩阵，计算指标权重。专家判断法是指由专家来进行预测的一种方法，可分为两种方式：（1）组织有关专家进行调查研究，然后通过座谈讨论得出预测的结论。（2）德尔斐法。运用这种方法时，由协调者以函件形式，向互相不见面的有关专家发出问题表，要求专家对问题表所列示的问题作明确回答，收回的答卷经协调者归纳整理和分析后，再将结果以函件形式发送给有关专家。如此反复几次。在此期间，专家可以根据上轮归纳的结果，修改或坚持自己的意见，并提出坚持或修改的理由。采用这种方法须运用特制的调查表格和综合、归纳、整理的科学方法。农户信用评估指标的权重，是通过专家构建判断矩阵后计算出来的。

第七，以模式识别法、专家评判法验证农户信用评级结果。模式识别是指对表征事物或现象的各种形式的（数值的、文字的和逻辑关系的）信息进行处理和分析，以对事物或现象进行描述、辨认、分类和解释的过程。它是信息科学和人工智能的重要组成部分。在对农户信用进行评级时，不是仅仅依靠计算结果，还要依靠基期结果，这样算出来的结果更加客观，这主要靠模式识别法进行计算。

第八，以 BP 人工神经网络法预测农户风险。BP（Back Propagation）人工神经网络算法是 1986 年由 Rumelhart 和 McCelland 为首的科学家小组提出的，是一种按误差逆传播算法训练的多层前馈网络，是目前应用最广泛的神经网络模型之一。BP 网络能学习和存储大量的输入—输出模式映射关系，而无须事前揭示描述这种映射关系的数学方程。它的学习规则是使用最速下降法，通过反向传播来不断调整网络的权值和阈值，使网络的误差平方和最小。BP 神经网络模型拓扑结构包括输入层（input）、隐层（hide layer）和输出层（output layer）。这种方法能对农户风险数据进行分析，预测农户风险的变化趋势。

第三节 农户信用评估指标设计

一、农户信用评估指标结构模型

假设 1 农户是理性人。

假设 2 凡是贷款用于非农生产的农户，均被看做"农户企业"。

假设 3 不管农户守约还是违约，都是受动机驱动的。

1. 系统层次

面对复杂的决策问题，从利于进行决策分析的角度出发，运用层次分析法进行系统分析时，处理的方法是先对问题所涉及的因素进行分类，即把系统所包含的因素进行分组，每组作为一个层次，按照最高层、若干有关的中间层和最底层的形式排列起来，构成一个各因素之间相互联结的层次结构模型。依据一般系统结构理论以及层的定义，结合现实中农户固有的特征，将影响评估系统问题的因素按其性质分为四个不同的逻辑层次：第一层是目标层，是农户信用评估指标设计系统。第二层是策略层，是实现总目标的策略路径，即子目标。子目标的个数，由上一层的总目标确定。第三层是准则层，是策略层的细分，是策略层的子目标，其维度数由策略层决定。第四层是指标要素层，所有直接描述农户信用的指标要素安排在这一层，其维度由上一层决定。其层次结构如图3-4所示。

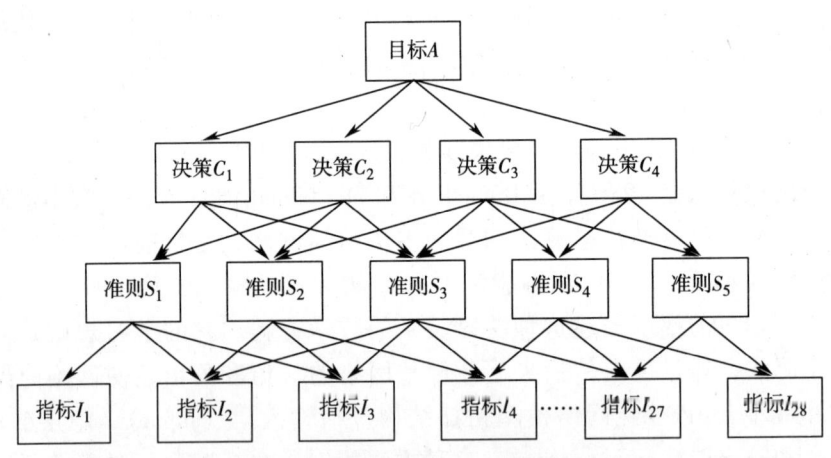

图3-4 农户信用评估指标结构模型

2. 各层维度及指标

根据系统论原理，每一层可由一个或多个不同的模块组成，这些模块可实现不同的功能。这里所说的模块，就是每层的"维度"。

（1）目标层维度。构建农户信用评估指标设计模型是本系统的唯一目标，因此，只有1个维度。

（2）策略层维度及指标。根据银行家Edward F. Gee的"5C"信用要素，任一个信用评估系统，可分为5个子目标，即品德、能力、资本、抵押以及条件。但是，由于农户信用指标与外国企业信用指标有差别，不能直接用"5C"来做策略层的维度。结合农户的实际以及国内吴晶妹"三维信用"论，本书选取农户的诚信度、合规度反映"5C"的品德要素，选取农户的践约度反映"5C"的能力、资本要素。另外，在"5C"之外选择农户动机做1个维度，反映农户偿还贷款的决策是受农户当时的心理动机驱动的。根据马斯洛的动机理论，动机是驱使人从事各种活动的内部原因。也就是说，在 t 时刻，农户还款的决策是由农户在该时刻的动机决定的。用 f 表示农户动机，用 f_1 表示守约动机，用 f_2 表示违约动机，t 时刻，当 $f_1 > f_2$ 时，$f = f_1$，即农户动机表现为守约动机，农户按时还款可能性大。反之，$f = f_2$，农户动机表现为违约动机，农户赖账可能性大。农户法律意识相对淡薄，制度约束作用不大，他们的还款决策主要受动机驱使。综合上述分析，本层次设置农户诚信度、农户合规度、农户践约度以及农户动机度 4 个维度。策略层结构模型如图 3 - 5 所示。

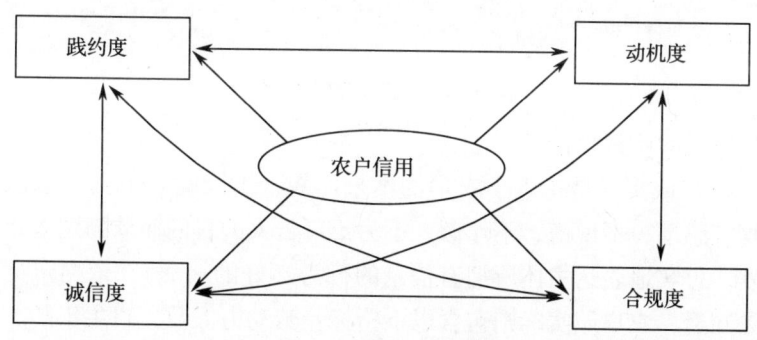

图 3 - 5　策略层结构模型

（3）准则层维度。根据诚信的概念可知，诚信是指诚实守信。任沁新、胡蓓（2010）从伦理学的角度分析，认为诚信是与诚实守信相对应的。因此，可把诚信度分解为 2 维：诚实、守信。合规度，是指遵守法规、规范的能力，是信用主体在社会活动中遵守社会行政管理规定、行业规则、民间惯例的水平与能力（吴晶妹，2010）。因此，合规度可分为 3 维：遵纪守法、行业法规、社会纠纷。践约度，是指履行已签订协议的能力，主要指信用主体在信用交易活动中的成交能力与履约能力。履约能力与农户的发展基础、盈利能力以及偿债能力有关，因此，践约度可分为 3 维。动机度，是指由特定需要引起的、欲满足各种需要的特殊心理状态和意愿的能力。动机度根据倾向不同可分为守约动机和违约动机两种。综上可知，准则层分为 10 维，其结构模型如图 3 - 6 所示。

（4）指标层维度。指标层维度在下一节设计指标时介绍。

二、农户信用评估指标设计

指标层在逻辑上是第四层。该层列出实现准则层目标的各项指标，也就是

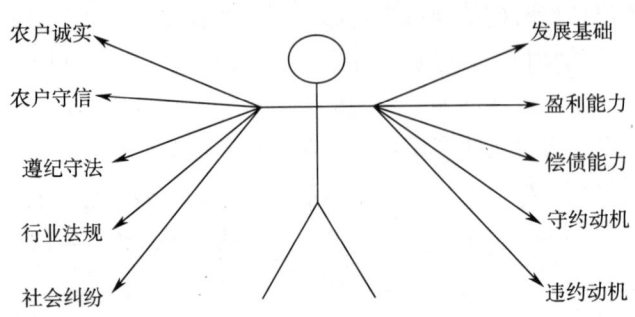

图 3-6　准则层结构模型

评估农户信用的要素指标。

(1) 农户诚实，是指忠于农户的本来面貌，不隐瞒农户真实思想，不掩饰农户真实感情，不说谎，不作假，不为不可告人的目的而欺瞒别人，从个人视角出发，忠实地表达主体所拥有信息的行为（好的一面）。依据定义和已有研究成果知道，农户诚实准则包含以下指标：劳动力人数、户主年龄、户主受教育程度、讲真话、不作假。农户诚实指标如表 3-1 所示，结构模型如图 3-7 所示。

表 3-1　　　　　　　　　　　　　农户诚实指标

策略层	准则层	指标	指标来源
诚信度	农户诚实	户主年龄	[59]，[62]，[79]，[80]，[81]，[85]，[86]，[87]，[100]
		户主受教育程度	[59]，[62]，[73]，[76]，[80]，[90]，[91]，[92]，[100]
		劳动力人数	[59]，[65]，[79]，[80]，[81]，[83]，[85]
		讲真话	[70]，[76]，[83]，[86]
		不作假	[73]，[75]，[78]，[84]

(2) 农户守信，就是指信守承诺，答应了别人的事一定要去做，忠诚地履行自己应承担的义务的职业品质。从双方视角出发，体现出一种交互关系。对方要求做的事一定要做，一定能做。依据上述概念和已有研究成果可知，农户守信准则指标包括尊老爱幼、文明礼貌、邻里关系、乐于助人、历史信用、讲究信誉。农户守信指标如表 3-2 所示，结构模型如图 3-8 所示。

表 3 – 2　　　　　　　　　　　　农户守信指标

策略层	准则层	指标	指标来源
诚信度	农户守信	尊老爱幼	[60]，[64]，[76]，[78]，[82]
		文明礼貌	[60]，[68]，[69]，[77]，[78]，[82]
		邻里关系	[65]，[66]，[86]，[88]，[89]，[90]
		乐于助人	[78]，[79]，[84]，[85]
		历史信用	[69]，[72]，[76]，[79]，[78]，[87]，[88]，[93]
		讲究信誉	[69]，[72]，[76]，[79]，[82]，[84]，[90]

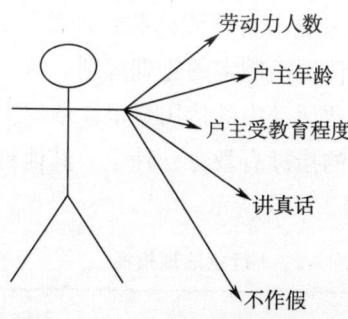

图 3 – 7　农户诚实结构模型

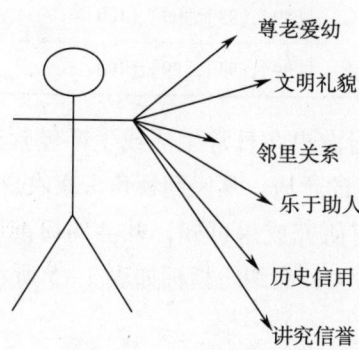

图 3 – 8　农户守信结构模型

（3）遵纪守法，是指农户在参与社会活动中，在国家法律、法规以及公共管理等层面的表现情况，包括民事责任、刑事责任、社会治安、社会公约、社会责任、劳动纪律、依法办事以及其他违法违规行为等要素。从社会管理视角衡量农户及个人的守法情况，评估农户在社会活动中的诚信意识。依据上述概念和已有研究成果可知，遵纪守法准则包含的指标有刑法、民法、其他法规。遵纪守法指标如表3-3所示，结构模型如图3-9所示。

表3-3 遵纪守法指标

策略层	准则层	指标	指标来源
合规度	遵纪守法	民事责任	[87],[90],[99]
		刑事责任	[87],[90],[99]
		其他法规	[66],[87],[90],[93],[99]

（4）行业法规，是指社会各行业或公共管理部门为了维护本行业的利益，依据法律和本行业的实际情况而制定的管理规则。从行业管理视角考察农户的守纪情况，反映农户在行业活动中的信用意识。依据上述概念和已有研究成果可知，行业法规准则包含的指标有教育、计生、其他行业。行业法规指标如表3-4所示，结构模型如图3-10所示。

表3-4 行业法规指标

策略层	准则层	指标	指标来源
合规度	行业法规	教育法	[89],[93],[99],[100],[102]
		计划生育法	[89],[93],[99],[100]
		其他行业法规	[89],[93],[99],[100]

（5）社会纠纷，是指农户在日常生活或生产经营活动过程中，因为与他人有利益上的冲突而产生的矛盾。从民间视角考察农户非正式交往中的诚信意识。依据上述概念和已有研究成果可知，社会纠纷准则包含的指标有经济纠纷、农村纠纷、其他纠纷。社会纠纷指标如表3-5所示，结构模型如图3-11所示。

表3-5 社会纠纷指标

策略层	准则层	指标	指标来源
合规度	社会纠纷	经济纠纷	[76],[78],[79],[81],[83]
		农村纠纷	[76],[78],[79],[81],[83]
		其他纠纷	[76],[78],[81],[83],[87],[88]

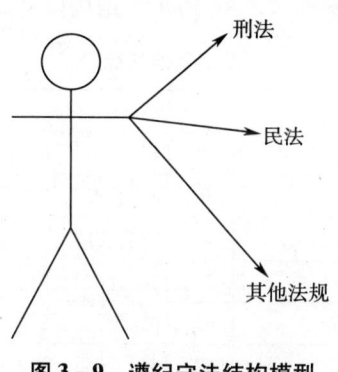

图 3 – 9 遵纪守法结构模型

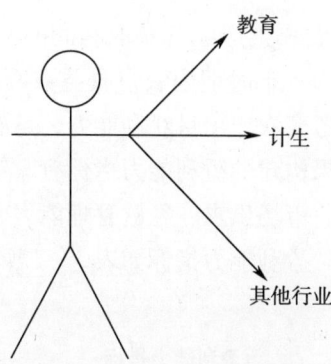

图 3 – 10 行业法规结构模型

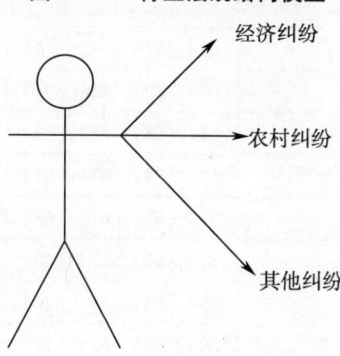

图 3 – 11 社会纠纷结构模型

（6）发展基础，是指农户生产经营的资源，是农户赖以生存和发展的前提条件。从农户项目发展基础视角考察农户履约的可能性。依据上述概念和已有研究成果构建的发展基础指标有地区经济状况（胡秋灵，2010）、自然资源（徐康宁，2006）、生产经营服务技术、生产经营服务历史、生产经营规模、生产投资规模等要素。发展基础指标如表 3 - 6 所示，结构模型如图 3 - 12 所示。

表 3 - 6　　　　　　　　　　　　发展基础指标

策略层	准则层	指标	指标来源
践约度	发展基础	地区经济状况	[62]，[65]，[66]，[69]，[71]，[74]，[77]，[81]
		自然资源	[66]，[89]，[92]，[93]，[94]，[96]
		生产经营服务技术	[76]，[78]，[81]，[84]，[86]，[89]
		生产经营服务历史	[77]，[78]，[82]，[83]，[86]，[87]
		生产经营规模	[63]，[65]，[77]，[81]，[82]，[85]，[86]，[89]
		生产投资规模	[62]，[64]，[65]，[77]，[82]，[92]，[93]，[94]，[96]

（7）盈利能力，是指农户生产经营获取利润的能力，也称农户的资金或资本增值能力，通常表现为一定时期内农户收益数额的多少及其水平的高低。从农户项目发展潜力视角考察农户项目获利能力，是农户履约的有力保证。依据上述概念和已有研究成果构建的盈利能力指标有政策支持、销售渠道、价格保障、产品或服务竞争力、市场供求、经营管理能力、发展前景、成本费用利润率、资产收益率等要素。盈利能力指标如表 3 - 7 所示，结构模型如图3 - 13 所示。

表 3 - 7　　　　　　　　　　　　盈利能力指标

策略层	准则层	指标	指标来源
践约度	盈利能力	政策支持	[62]，[67]，[69]，[70]，[76]，[79]，[84]，[87]
		销售渠道	[66]，[80]，[85]，[94]，[95]
		价格保障	[63]，[64]，[85]，[89]，[95]，[97]，[98]
		产品或服务竞争力	[62]，[78]，[81]，[87]，[90]
		市场供求	[57]，[62]，[67]，[68]，[72]，[75]，[76]，[77]
		经营管理能力	[59]，[62]，[67]，[70]，[77]，[79]，[83]，[96]
		发展前景	[65]，[66]，[68]，[70]，[77]，[81]，[85]，[89]，[94]
		成本费用利润率	[60]，[66]，[67]，[72]，[83]，[85]，[86]，[96]
		资产收益率	[60]，[66]，[67]，[72]，[83]，[85]，[86]，[96]

（8）偿债能力，是农户用其资产偿还长期债务与短期债务的能力。从农户经济实力视角反映农户履约能力的大小。偿债能力指标主要包括家庭年综合收入水平、年支出水平、家庭年纯收入、现有负债总额、家庭财产状况等要素，如表 3 - 8 所示，结构模型如图 3 - 14 所示。

表 3 – 8 　　　　　　　　　　　　　　　偿债能力指标

策略层	准则层	指标	指标来源
践约度	偿债能力	家庭年综合收入	[61], [63], [64], [67], [68], [73], [74], [75], [76], [78], [83]
		家庭年支出水平	[61], [63], [64], [67], [68], [73], [74], [75], [76], [78], [83]
		家庭年纯收入	[61], [63], [64], [68], [73], [84], [85], [86], [88], [93], [96]
		现有负债总额	[63], [64], [66], [68], [73], [84], [86], [87], [97], [100], [102]
		家庭财产状况	[63], [64], [66], [68], [73], [84], [86], [87], [97], [100]

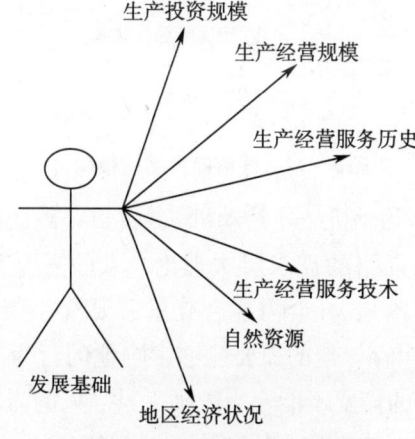

图 3 – 12　发展基础结构模型

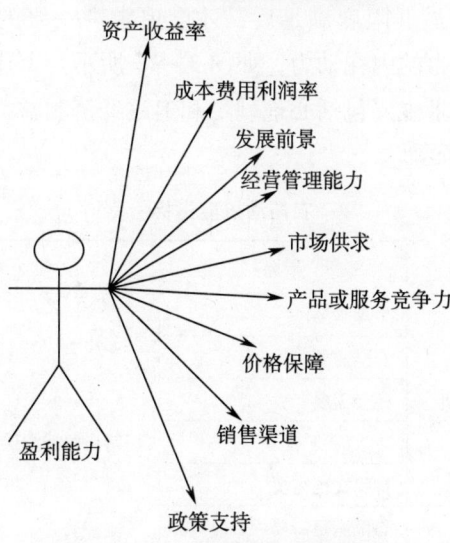

图 3 – 13　盈利能力结构模型

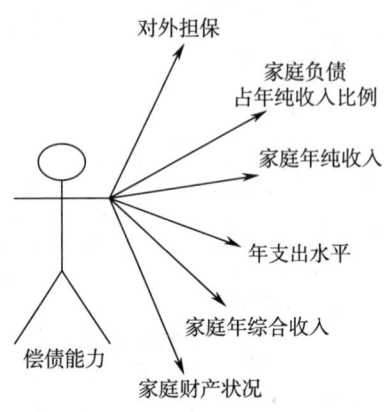

图 3 – 14　偿债能力结构模型

（9）农户动机（守约动机、违约动机），农户守约或违约动机由农户 t 时刻的需求决定。根据马斯洛的需求层次理论，人的需要有五个层次：生理需要、安全需要（温饱阶段）；社会需要、尊重需要（小康阶段）；自我实现需要（富裕阶段）。人要生存，他的需要能够影响他的行为。只有未满足的需要能够影响行为，满足了的需要不能充当激励工具。人的需要按重要性和层次性排成一定的次序，从基本的（如食物和住房）到复杂的（如自我实现）。当人的某一级的需要得到最低限度满足后，才会追求高一级的需要，如此逐级上升，成为推动继续努力的内在动力，如图 3 – 15 所示。上述五个层次的需求是守约需求，而违约需求主要包括心理满足和追逐经济利益。综上所述，农户动机度指标如表 3 – 9 所示。

表 3 – 9　　　　　　　　　　　　农户动机度指标

策略层	准则层	指标	指标来源
动机度	守约动机	生理需要	马斯洛的需求层次理论
		安全需要	
		社会需要	
		尊重需要	
		自我实现需要	
	违约动机	心里满足需要	
		追逐经济利益需要	

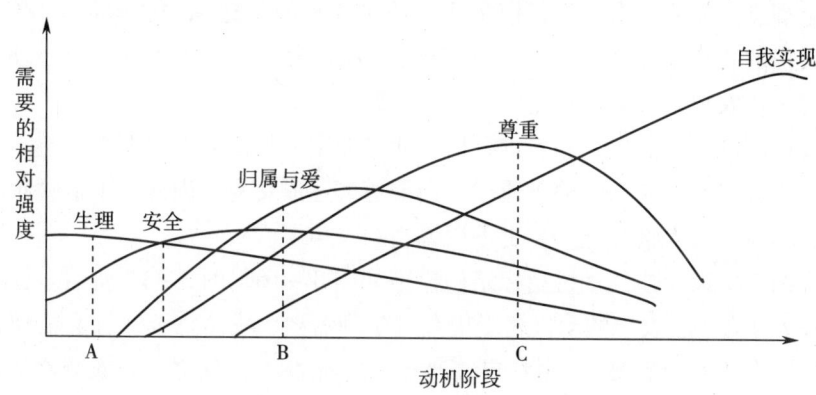

图3-15　人的需要发展趋势

生理需要，这是人类维持自身生存的最基本要求，包括对食物、水、空气、睡眠等的需要。在人的一切需要之中，生理需要是最优先的。

安全需要，这是人类要求保障自身安全、稳定、受到保护、能免除恐惧和焦虑等方面的需要。如果生理需要相对满足了，就会出现一组新的需要，我们可以概称为安全需要。

归属与爱的需要，假如生理需要和安全需要都很好地满足了，就会产生归属与爱的需要。这一层次的需要包括两方面的内容：一是归属的需要，即人都有一种归属于一个群体的愿望，希望成为群体中的一员，并相互关心和照顾；二是爱的需要，即一方面人人都需要伙伴之间、同事之间的关系融洽，保持友谊和忠诚，另一方面人人都希望得到爱情，渴望别人爱自己，也希望爱别人。

尊重需要，人人都希望自己有稳定的社会地位，要求个人的能力和成就得到社会的承认。这种需要可以分成两类：一是自尊，在面临的环境中，希望有实力、有成就、有信心，以及要求独立和自由等；二是受到别人的尊重，要求有名誉或威望、受到赏识，以及得到关心、重视或高度评价等。马斯洛认为，尊重需要得到满足，能使人对自己充满信心，对社会满腔热情，体验到自己活着的用处和价值。

自我实现的需要，这是最高层次的需要，它是指实现个人理想、抱负，使个人的潜在能力得以实现，完成与自己的能力相称的一切事情的需要。也就是说，是什么样的角色就应该干什么样的事。马斯洛认为，为满足自我实现的需要所采取的途径是因人而异的。自我实现需要的产生有赖于上述四种需要的满足。

　　心理满足需要，农户进行信用活动的主要目的是达到心理满足。现实中，违约失信的农户抛开一切"正义"，以侵害别人为荣，从而获得一种心理上的满足感。从农户心理满足角度探讨农户违约的可能性。

　　追逐经济利益需要，农户进行信用活动的主要目的是追逐经济利益。受到主观、客观因素的制约，缺乏通过正当渠道去达成交易，因此，不惜触犯法律法规，不惜丧失人格和尊严，更不用说违约失信了。

　　守约动机以及违约动机指标结构模型如图 3 – 16、图 3 – 17 所示。也就是说，在 t 时刻，若农户的动机属于集合 {生理需要，安全需要，社会需要，尊重需要，自我实现需要}，则农户按时还款可能性大；反之，若农户在 t 时刻的动机属于集合 {心理满足，追逐经济利益}，则农户最终会选择违约。

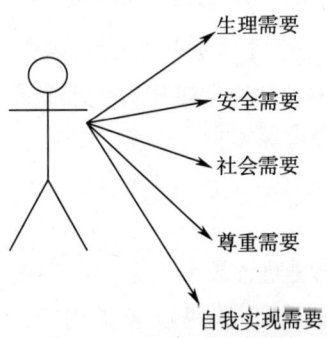

图 3 – 16　守约动机结构模型

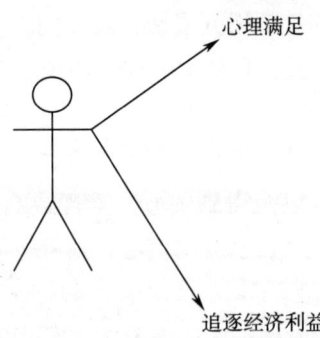

图 3 – 17　违约动机结构模型

第四节 基于系统论的农户信用评估结构模型

　　根据系统属性，综合上文中因素指标的结构模型，构建基于系统论的农户信用评估系统的结构模型，如图 3 – 18 所示。模型共有 6 层，分别是目标层、维度层、准则层、指标层、数据处理层以及输出层。目标层，是指本研究要实现的目标，也就是构建农户信用评估指标体系；维度层，是指选择评估指标的维度，本研究从四个维度选择指标评估农户的信用，也就是诚信度、合规度、践约度以及动机度；准则层，是指选择指标的具体领域和方向，包括农户诚实、农户守信、遵纪守法、行业法规、社会纠纷、发展基础、盈利能力、偿债能力、守约动机以及违约动机；指标层，是指评估农户信用的指标变量；数据处理层，是指根据指标的重要性构建权重矩阵以及区间判断矩阵，然后依据这些数据计算各指标的权重，再根据权重值和指标构建基于模式识别的农户信用评估模型；最后是输出层，显示农户信用评估的等级。

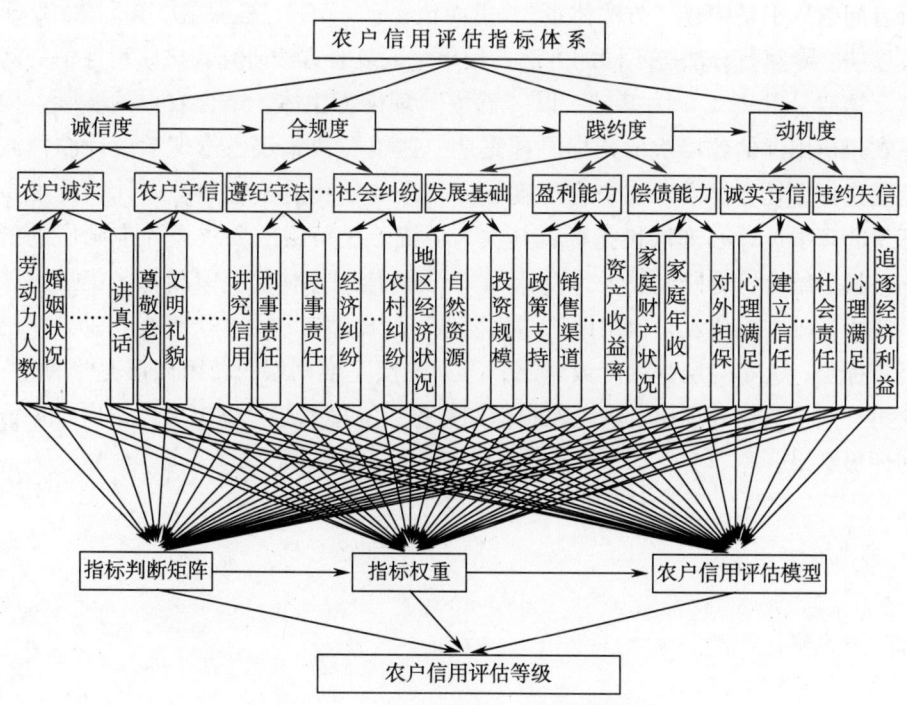

图 3 –18　农户信用评估系统结构模型

第五节　本章小结

在本章中，我们基于第二章分析文献时发现的问题，从三大方面构建了农户信用评估的理论框架。第一，构建"五维"农户信用评估理论。由于影响农户信用的因素日趋复杂化，原先单个信用评估理论不能解析和反映这种变化趋势，本书提出以系统论为基础，以伦理学、社会学、经济学、财务管理学、心理学五大学科为主体，构建农户信用评估理论系统，其中，伦理学设计农户的诚实守信指标，社会学设计合规度指标，经济学和财务管理学设计践约度指标，心理学设计动机度指标。农户信用评估理论系统为农户信用评估的发展奠定了理论基础。第二，构建了农户信用评估系统结构理论。从微观层面解释了农户信用评估系统的关系、层、结构与系统环境的关系，进而探讨了层、关系的变更对农户信用评级结果的影响。最后得到重要结论：农户信用评估系统的功能是由系统的结构决定的。第三，在分析文献时发现，不能用一种方法解决所有问题。于是构建"方法体系"，里面包含有"5C"法、层次分析法、Logit模型法、专家打分法等不同的方法，用单个或复合方法研究农户信用评估的问题。第四，以"5C"为基础，以"五维"理论为主体，结合农户的实际，构建农户信用评估各层次的指标。首先是"四维"决策层，伦理学设计农户诚信度指标，社会学设计农户合规度指标，经济学和财务管理学设计践约度指标，心理学设计心理动机指标；其次，再按照决策层的要求设计准则层的指标；最后结合已有研究成果，设计 51 个农户信用评估的要素指标。第五，以系统为基础，构建农户信用评估结构模型。该模型通常由 6 层组成：①第一层是目标层；②第二层是维度策略层；③第三层是准则层；④第四层是指标层；⑤第五层是数据处理层，输入农户信用数据；⑥第六层是输出层，输出农户信用评级结果。

第四章　农户信用评估调查研究

调查是指通过各种途径，运用各种方式方法，有计划、有目的地了解事物真实情况。研究则是指对调查材料进行去粗取精、去伪存真、由此及彼、由表及里的思维加工，以获得对客观事物本质和规律的认识。为了摸清农户信用的现状，了解农户的生活现状，初步验证本书构建的农户评估指标是否合理，收集农户在相关领域的数据，进一步评估农户的信用以及农户生产经营风险，课题组在撰写本书前对茂名市的部分农村地区进行了实地调查。

第一节　调查设计

1. 调查目的

在第三章，我们在其他学者研究的基础上，构建了农户信用评估指标结构模型。这些指标的可信度、可操作性、科学性以及规范性怎么样，以及这些指标是否有利于评估农户信用状况，还未知。因此，本章通过调查，了解农户的生活情况、借款需求，了解农村发展情况，采集农户家庭情况、农户诚信度、合规度、践约度、动机度等领域的数据以及农户风险预警要素数据，分析农户信用评估指标与农户借款偿还性的关系，从而确定指标的可靠性，为农户信用评级奠定基础。

2. 调查地点、调查范围、调查对象

在进行正式调查之前，课题组还通过"熟人关系"，对茂名市电白县沙琅镇、霞洞镇、观珠镇的10个村庄进行预调查，这10个村庄分别是沙琅镇的观澜村、河角村、潭鱼村以及水花村，观珠镇的石寮村、洞尾村、长坡村，霞洞镇的边角村、河口村、上花岗村。调查发现这些村庄有以下特点：（1）这几年村子里去外地打工的人不算多。据反映，70%以上的家庭，户主留在家里，且劳动力有3个左右。这确保课题组到村子里能找到人，有希望了解到农户的生活情况。（2）这些村子以种植业、养殖业和经商为主。电白素有"老板之乡"的美誉，有"水果之乡"的美称。所选择的这些村庄有相当一部分家庭

承包山头种植荔枝、龙眼等水果，且在树底下放养鸡、鸭、鹅等家禽，或承包农田养鱼、养虾，在池塘边养猪等。另外，有一部分农户经商或经营手工业等，而真正以传统种粮为主的农户不多。这确保课题组能了解足够多的农户生产经营信息，为探讨农户借款和农业生产、经济发展的内生关系奠定了基础。（3）这些村子治安比较好，村民比较朴实、务实，村民的综合素质不错。据统计，在电白这 10 个村子里，社会治安良好，很少发生刑事案件以及偷窃、诈骗事件。村民勤劳、质朴，是中国劳动人民的典范。这为课题组能获取真实的数据奠定了基础。基于上述理由，课题组最终选择了电白县这 10 个村子作为调查地点和范围。调查对象则主要是 28 岁至 60 岁的户主或家庭主要成员，因为这些人已经成为家庭顶梁柱，在家庭有话语权和话事权，掌握的信息比较多，通过他们能了解到比较多的信息。

3. 调查方法和方式

首先，我们组建了由课题组成员、当地镇农村信用社员工、村委会干部以及村民代表组成的联合调查组，约 10 人，分成两个小组，对茂名市电白县沙琅镇、霞洞镇、观珠镇的 10 个村庄的农户进行实地调查和问卷调查。之所以要组建这样的调查组是考虑到便于开展工作和提高工作的实效性。其次，对他们进行明确的分工：课题组成员是发起人，负责小组组织和统筹工作；银行员工，负责提问，由于其熟识业务，而且由于工作上的原因经常和这些农户打交道，已经比较熟识，构成"熟人关系"，便于沟通，便于获取所需信息；村委会干部，负责联络，村委会干部是农民的父母官，有他们在可以让这些农户感到这是一项正规工作，会认真对待，且村干部与当地的农户比较熟识，也便于开展工作；村民代表，负责带路，他们最熟悉本村的情况，由他们带队参与调查，没有农户会拒绝，有他们在同样便于与村民交流，村民也不会说假话，有利于获取真实的数据。

4. 调查内容

调查内容来源于第三章的农户信用评估指标所涉及的领域，主要包括：①农户诚信度，包括农户诚实指标和农户守信指标；②农户合规度，包括遵纪守法指标、行业法规指标、社会关系指标；③农户践约度，包括发展基础指标、盈利能力指标、偿债能力指标；④农户动机度，包括守约动机指标以及违约动机指标；⑤农户贷款信息，包括曾经贷款可得性、贷款需求缺口、贷款额度、贷款用途、贷款是否违约以及违约的主要原因；⑥借款后，农户面临的风险主要来源。

5. 调查表设计

有关农户基本信息、农户诚信度信息、农户合规度信息等的调查表，参见附录1。

6. 调查时间

本次调查，始于2013年5月2日，终于2013年9月28日，历时5个月。

第二节　统计分析

本次共调查了电白县360户家庭，涉及村民420人，发放问卷360份，收回336份，回收率达到93.3%，说明村民比较合作。在336份问卷中，剔除有关本书中关键变量缺失的8个样本，最后得到328个有效样本。现对样本数据从受教育情况、收入情况、资金需求情况等14个方面进行统计分析。

1. 农户接受教育情况

我们对农户受教育情况进行统计，发现家庭劳动力中最高文化程度为小学的占10.2%，初中占54.5%，高中（含中专）占29%，大专及以上文化程度占6.3%，如表4-1所示。这些数据和《2013中国农村统计年鉴》公布的数据比较接近，具有一定的客观性和权威性，也说明了电白县农户接受教育程度和全国其他地区农户接受教育程度基本相当，具有一定的代表性。

表4-1　　　　　　　　　　农户接受教育情况

文化程度	小学	初中	高中（含中专）	大专及以上
人数	33	179	95	21
比例	10.2%	54.5%	29%	6.3%

2. 农户总收入情况

我们对328户家庭总收入情况进行统计，发现2012年农户平均总收入约25 890元，其中，总收入在1万元以下的占10.36%，在1万~2万元之间的占28.6%，在2万~3万元之间的占31.09%，在3万~4万元之间的占15.24%，在4万~5万元之间的占8.5%，5万元以上的占6.09%，如表4-2所示。这些数据比《2013中国农村统计年鉴》公布的数据稍高，但是比广东省农村居民家庭收入的数据稍低，总体上还算接近，具有一定的客观性和权威性。

表4-2　　　　　　　　　　　　2012年农户总收入情况

年总收入	1万元以下	1万~2万元	2万~3万元	3万~4万元	4万~5万元	5万元以上
人数	36	94	102	50	28	20
比例	10.36%	28.6%	31.09%	15.24%	8.5%	6.09%

3. 农户资金需求情况

我们对328户家庭资金需求分析显示，需要从信用社或其他亲戚朋友渠道借款的农户占调查总户数的比重为48.8%，不需要从信用社或其他亲戚朋友渠道借款的农户占52.2%。

4. 农户从正规金融机构筹集资金情况

在需要借款的农户中，从农村信用社、农业银行、邮政储蓄或其他银行得到过贷款的占32.1%，未从信用社、邮政储蓄或其他银行得到贷款的占67.9%。

5. 农户未从正规金融机构得到贷款的原因

农户未从信用社、邮政储蓄或其他银行得到贷款的原因主要有两个，没有申请过贷款的占82.5%，申请过但没有贷到的占17.5%。

（1）农户未向金融机构申请贷款的原因。我们对没有向农村金融机构申请贷款的农户进行统计，没有申请贷款的原因分布如下：认为利息或其他成本太高的占41.5%，担心即使申请也贷不到的占22.3%，担心还不起的占12.1%，其他原因占24.1%，如表4-3所示。

表4-3　　　　　　　农户未向金融机构申请贷款的原因

原因	成本太高	担心即使申请也贷不到	担心还不起	其他原因
人数	59	31	17	34
比例	41.5%	22.3%	12.1%	24.1%

（2）农户向正规金融机构申请但没有得到贷款的原因。农户向正规金融机构申请但没有得到贷款的原因主要有五种，其中，没有人缘关系贷不到款的占40.6%，无抵押担保贷不到的占25.3%，旧债未还贷不到的占5.4%，太穷贷不到的占8.5%，其他方面原因的占20.2%，如表4-4所示。

表4-4　　　　　　农户向正规金融机构申请但没有得到贷款的原因

原因	没有人缘	无抵押担保	旧债未还	太穷	其他方面
人数	12	8	2	3	6
比例	40.6%	25.3%	5.4%	8.5%	20.2%

6. 农户不需要借款的原因

在不需要借款的农户中，自有资金能够满足现在生产生活需要的占66.8%，没有借钱习惯的占15%，没有好的发展项目的占9.6%，打工有钱不用借的占8.6%，如表4－5所示。

表4－5　　　　　　　　　　农户不需要借款的原因

原因	自有资金充足	没有借钱习惯	没有好的发展项目	打工有钱
人数	94	21	14	12
比例	66.8%	15%	9.6%	8.6%

7. 农户违约原因

在我们调查的328个农户中，有222户次曾经借款可得，其中，15户有过3次借款，26户有过2次借款，125户有过1次借款。在所有借过款的农户中，有38户出现过违约。违约的主要原因是投资失败（包括种植业、养殖业、农产品加工、贸易等）（23户）、个人逃债（4户）、家庭开支大（11户），分别占59.2%、12.1%、28.7%，如表4－6所示。

表4－6　　　　　　　　　　农户违约原因

原因	投资失败	个人逃债	家庭开支大
人数	23	4	11
比例	59.2%	12.1%	28.7%

8. 农户在合规度层面的表现

我们统计了328户家庭，发现犯罪的有5人、违法的有21人、违反计划生育政策的有25人、违反义务教育法规的有13人、有经济纠纷的有16人、有农村纠纷的有28人，分别占1.5%、6.3%、7.4%、3.9%、4.8%、8.3%，如表4－7所示。

表4－7　　　　　　　　　　农户诚信度表现

表现	犯罪	违法	违反计划生育条例	违反义务教育法规	经济纠纷	农村纠纷
人数	5	21	25	13	16	28
比例	1.5%	6.3%	7.4%	3.9%	4.8%	8.3%

9. 农户在诚实守信层面的表现

我们统计了328户家庭在诚实守信层面的表现，发现尊老爱幼312户、文明礼貌 301 户、邻里关系和谐 283 户、乐于助人 290 户、历史信用较好 286 户、讲究信誉 269 户，分别占 92.9%、89.6%、84.2%、86.3%、85.1%、80.1%，如表 4-8 所示。

表 4-8 农户诚实守信表现

表现	尊老爱幼	文明礼貌	邻里关系	乐于助人	历史信用	讲究信誉
人数	312	301	283	290	286	269
比例	92.9%	89.6%	84.20%	86.3%	85.1%	80.1%

10. 农户在偿债能力层面的表现

我们统计了 328 户家庭在偿债能力层面的表现，发现平均家庭拥有财产值 9 200 元、平均家庭年综合收入 25 890 元、平均家庭年支出约 12 480 元、平均家庭年纯收入 12 410 元、家庭负债占家庭年纯收入比例 7.3%。

11. 农户还款决策与农户诚信度相关性分析

我们调查了 328 户家庭，发现农户还款决策与农户诚信度指标存在一定的相关性，具体情况如表 4-9 所示。

表 4-9 农户还款决策与农户诚信度指标相关性

指标	户主年龄	户主受教育程度	讲真话	不作假	尊老爱幼	文明礼貌	邻里关系	乐于助人	历史信用	讲究信誉	其他
人数	280	296	284	296	271	286	261	249	307	304	119
比例	85.5%	90.3%	86.7%	90.3%	82.5%	87.3%	79.6%	75.8%	93.6%	92.6%	36.2%

12. 农户还款决策与农户合规度指标相关性分析

我们调查了 328 户农户家庭，发现农户还款决策与农户合规度指标存在一定的相关性，具体情况如表 4-10 所示。

表 4-10 农户还款决策与农户合规度指标相关性

指标	民法	刑法	其他法规	教育	计生	其他行业	经济纠纷	农村纠纷	其他纠纷
人数	248	283	214	279	251	227	283	232	228
比例	75.6%	86.3%	65.3%	85.2%	76.5%	69.3%	86.3%	70.6%	69.6%

13. 农户还款决策与农户践约度指标相关性分析

我们调查了 328 户家庭，发现农户还款决策与农户践约度指标存在一定相关性，具体情况如表 4-11 所示。

表 4 –11　　　　　　　　农户还款决策与农户践约度指标相关性

指标	地区经济状况	自然资源	生产经营服务技术	生产经营服务历史	生产经营规模	生产投资规模	政策支持	销售渠道	价格保障性	产品或服务竞争力	
人数	260	238	271	231	227	248	274	294	248	295	
比例	79.3%	72.5%	82.6%	70.3%	69.2%	75.6%	83.6%	89.6%	75.6%	89.9%	
指标	市场供求	经营管理能力	发展前景	成本费用利润率	资产收益率	家庭年综合收入水平	年支出水平	家庭年纯收入	现有负债总额	家庭财产状况	其他
人数	263	297	279	294	297	303	292	314	294	298	120
比例	80.3%	90.6%	85.2%	89.6%	90.6%	92.4%	89.1%	95.7%	89.5%	90.8%	36.6%

14. 农户还款决策与农户动机度指标相关性分析

我们调查了 328 户家庭，发现农户还款决策与农户动机度指标存在一定相关性，其中，生理需求与还款相关性最大，其他需求最小，具体情况如表4 – 12所示。

表 4 – 12　　　　　　农户还款决策与农户动机度指标相关性

指标	生理需要	安全需要	社会需要	尊重需要	自我实现需要	心理满足需要	追逐经济利益需要	其他
人数	293	263	261	247	231	225	283	153
比例	89.3%	80.2%	79.6%	75.2%	70.4%	68.7%	86.3%	46.6%

综上可知，在农村已成家的农户中，接受教育程度还是普遍偏低，初中及以下文化程度占大多数，中国的教育任重道远。2012 年所调查农户年收入比全国平均水平稍高，比广东平均水平稍低，这符合当地实际，但是也看到了一个普遍存在的问题就是农村地区的贫富差距越来越大了。有接近一半的农户有资金需求，由此观之，中国的农村信贷市场有多大。市场虽大，但是由于存在很多政策以及技术障碍，很多农户虽有资金需求，但是并没有向正规金融机构申请，这种情况占 67.9%，这要引起金融主管部门高度重视。另外，我们还发现，农户的还款决策，与农户的诚信度、践约度、合规度、动机度存在一定的关系。

第三节　农户诚信度案例研究

上文从统计学视角分析了农户还款决策受农户诚信度、农户合规度、农户践约度以及农户动机度等因素影响。下面通过案例对农户还款决策与农户诚信度的关系作进一步探讨。

一、案例背景信息

我们以电白县观珠镇洞尾村张 A 家为代表说明农户还款决策与农户诚信度的相关性。选择张 A 的首要原因是他家是整个村子里出了名的"好人"，这是我们在调查时村民告诉我们的；其次是张 A 家勤劳、勤奋，张 A 夫妇勤勤恳恳在家创业，而他们的小孩在校勤奋读书，也在村子里出名，再次是他家不富有，在村子里属于中等水平。这样的家庭，有助于研究还款决策与农户诚信度的关系。

（1）家庭结构特征。张 A 夫妇年龄分别是 45 岁、43 岁，文化程度初中，全家共 6 人，当然不包括双方的父母。他们共生育了 4 个小孩，老大 21 岁，现在是重点大学三年级学生；老二 19 岁，在老大的学校读一年级；老三 17 岁，在县城重点中学读高三；老四 15 岁，在老二的学校读高一；老三、老四的成绩优秀。

（2）家庭财产。一栋 300 平方米二层小楼房，建于 2009 年，普通装修，没有值钱的家用电器，总价值不超过 8 万元；银行存款不足 2 万元；30 头生猪，不是同一批的，平均每头约 1 300 元，共 3.9 万元；250 只鸡，平均每只 25 元，共 6 250 元。此外，再没有其他值钱的财产。

（3）家庭收入。张 A 家种植 400 多棵荔枝树，每年收入约 8 万元；荔枝树下饲养 500 多只鸡（分两批）以及所产的鸡蛋一批，收入约 2 万元。总收入约 10 万元。除了生产资料成本和人工工资（请一个工人），纯收入约 3 万~4 万元。

（4）家庭负债。主要是一年期的 2 万元的银行贷款，到期时共需支付本息约 21 600 元。没有其他欠款。

（5）家庭支出及盈余。家庭支出包括小孩的学费、生活费等约 3 万元。从收支两条线看，基本上没有盈余。由于再生产所需的小鸡是自产的，可以不算成本，所以贷款的 2 万元，并不需要全部投入生产中去，故每年的盈余 1 万元左右。

（6）家庭美德。据村民反映，张 A 夫妇从来没有吵过架，比较恩爱，俩人意见有分歧时，摊开来讨论，最终没有办法统一就放弃，他们是典型的"好夫妻"和"好同事"。他们没有打骂过孩子，孩子做错事时，善于讲道理，告诉孩子应该怎样做，不应该怎样做，有好吃的，先让给孩子，而他们填饱肚子就行了，典型的"好爸妈"。他们与本村人关系好，没有和本村人吵过架，也没有任何纠纷，经常帮助有需要的村民。大家都知道他们家出了"四个才子"，很多夫妇，尤其是年轻的夫妇，常向他们讨育儿经，他们总是乐于介绍自己的经验，并帮助个别家长教育小孩。此外，他们还常会给别人物质帮助。村民说，每隔一段时间，他们都会给村里的空巢老人送上自家母鸡生的鸡蛋，让这些老人无比高兴，他们说张 A 夫妇比自己的儿子还要好，典型的"好邻居"。2009 年他们小孩开始上大学，家庭开支变大，开始向银行申请贷款并获批，至今已连续贷款 3 年。

二、案例风险判断

本书依据集群规模（Pietrobelli，2005）和集群效益（周雪光，2003）的思想，从两方面对农户的整体风险进行定量分析。张 A 在最近 3 年的总收入以及年纯收入的情况如表 4-13 所示，收入变化趋势如图 4-1 所示。从集群规模视角看，张 A 家的年总收入先降后升，也就是从 2010 年的 9.8 万元降到 2011 年的 8.6 万元，2012 年又升高到 12 万元。从集群效应视角看，纯收入先从 2010 年的 4.5 万元降到 2011 年的 3.2 万元，2012 年又升到 4.8 万元。农户 3 年都盈利，除了家庭开支后，还有盈余，直观看上去，张 A 的生产经营不存在任何风险。但是必须看到，这是一个农业项目，受天气变化、市场以及瘟疫等因素影响非常大。2011 年的收入下降，就是由于台风把部分还没有卖出去的荔枝摧毁所造成的。调研时常听到一句话——我们老百姓是"看天吃饭"的，这也印证了自然灾害是最大的风险。因此，可以判断张 A 家潜在的风险是比较大的。

表 4-13　　　　　　张 A 家近 3 年总收入、纯收入　　　　单位：万元

年份	2010	2011	2012
年总收入	9.8	8.6	12
年纯收入	4.5	3.2	4.8

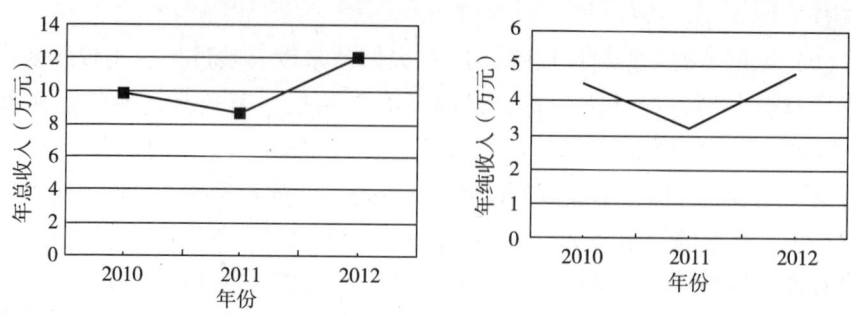

图 4 - 1　　张 A 家年收入变化趋势

三、案例解析

从财务视角看，张 A 家在"风调雨顺"的日子里，收支刚好平衡，但是若遭遇"狂风暴雨"，将出现收入小于支出，有违约的倾向。由此可以看出张 A 家财务上没有优势，但是什么原因推动银行连续 3 年时间给予他家 2 万元以上的贷款？我们从农户诚信度视角探讨这个问题。

我们调查张 A 家在诚信度维度得到的数据，如表 4 - 14 所示。

表 4 - 14　　　　　　　　　　张 A 家诚信度维度的表现

指标	户主年龄	户主受教育程度	讲真话	不作假	尊老爱幼	文明礼貌	邻里关系	乐于助人	历史信用	讲究信誉
评价	良好	中等	优	优	优	优	优	良好	优	优

从表 4 - 14 可以看到，除了农户受教育程度是"中等"之外，其他都在"良好"以上，而且评为"优秀"的有 7 项，"好人"真是名副其实。从这些看，张 A 家其实很"富裕"，有充足的社会资本。Biggart and Castanias（2001）认为，在金融交易中，社会资本具有类似抵押品的功能。Madajewicz（2010）以银企关系、亲戚关系、朋友关系、农户声誉及社会关系网络等为基础的社会资本被引入了信贷领域，发挥着"社会关系抵押"作用，解决了抵押品缺乏情况下的逆向选择、道德风险、经营风险、高监管成本、合约的执行等问题，同时还保持了较高还款率。

农户的诚信度，一方面在信贷中充当"抵押品"，有助于农户获得银行贷款，另一方面，作为一种"资本"，有助于农户按时还款。农户诚信度与农户还款决策有关，也就是诚信度高的农户总是选择按时还款。

第四节　本章小结

本章以第三章的农户信用评估指标为内容设计调查表，对电白县 3 个镇的 10 个村庄的 360 个农户进行实地调查和问卷调查，并对调查得到的数据进行统计分析，得到以下结论：

（1）调查中发现，接近半数的农户有借款需求，但是大多数农户没有向正规金融机构提出贷款申请，主要是因为成本高、手续烦琐以及贷款的附加条件多。

（2）农户向正规金融机构申请贷款，没有通过的主要原因是没有好的人缘关系。人缘属于农户的社会资本，拥有较多的社会资本的农户更容易获得银行贷款。

（3）农户违约的主要原因是投资失败。在农村，出现恶意欠款的农户比较少，农户如果有钱都会按时还款，这也反映了村民比较淳朴。

（4）农户诚信度、农户合规度、农户的践约度以及农户的动机度与农户的还款决策有关。这说明我们选择的评估指标具有可靠性和可操作性。

（5）农户诚信度案例进一步说明了农户诚信度其实是一种社会资本，既可以在借贷市场中起到抵押品的作用，又有助于农户还贷。

第五章　农户信用评估的程序与内容

本章按照第三章的思想，介绍农户信用评估的实现流程，包括构建农户信用评估指标体系、确定指标评分方法、给指标打分以及应用层次分析法计算确定指标的权重，最后，根据权重建立信用评估模型，评估农户的信用情况。

第一节　农户信用评估指标体系的建立

依据农户信用评估结构理论，农户信用评估指标是评估农户的微观要素，也是评估农户信用的前提和基础。

一、农户信用评估指标设计原则

从文献分析知道，农户信用评估指标具有区域性、偏好性，导致设计出的指标具有多样性、冗余性、不规范性，评估结果不可靠。因此，指标设计必须遵循固有的原则，即使指标是多样的，但是原则是唯一的，通过原则来约束指标，使设计出的指标是规范的、科学的、可操作的。

（1）全面性原则。指标是权重分配的载体，是构建模型的基础，是影响评估结果的重要因素。因此，农户信用评估指标的选取要尽可能地覆盖评估农户的"四维"信用因素。从每一维信用中选取关键因素作为农户的评估指标，如考察农户信用意识的诚信度指标、考察农户社会活动表现的合规度指标、考察农户经济交易水平的践约度指标等，这样才能够对农户的信用进行客观的、公正的评价。

（2）重点性原则。影响农户信用的因素非常多，如果将所有的因素包括进去，既会出现重复、冗余现象，也会提高管理成本。因此，在满足全面性的基础上，所选择的指标要有代表性、重点性，做到既全面反映，又重点突出。

（3）科学性原则。农户信用评估指标必须来源于农户的"四维"信用，并且能反映农户的客观实际。

（4）可操作性原则。农户信用评价指标要选择那些可以直接观察、测量的指标。虽然一些指标非常合适，但是无法量化，缺乏可操作性。因此，在建立评价指标时，要充分地考虑指标的可行性。

（5）动态性原则。农户信用是发展变化着的，客观上需要动态性地评估指标体系。指标体系必须具有一定的弹性，能够适应不同时期不同农户，在动态过程中较为灵活地反映农户风险情况，不仅能反映农户的经营现状，还能对其未来的变化情况作出预测。

（6）定量与定性相结合原则。影响农户信用的因素中，既有定量方面的指标，如农户的家庭年收入、农户的财产总额、家庭耕地面积、林地面积等指标，也有定性方面的指标，如农户的社会资本状况、信誉状况等。在建立农户信用评价体系时，不仅要考虑到定量方面的指标，还要适当地引入一些定性方面的指标，通过标准化等方面使得指标具有可比性，从而使得评价更加全面、合理。

二、农户信用评估指标设计

1. 指标设计思路

指标是农户真实情况的反映，是构建评估模型的基础，对评估结果产生重要的影响，指标设计是一项重要的工作。因此，设计评估指标必须遵循固有的流程，使设计工作规范化、流程化、科学化，这样才能使设计出来的指标具有规范性、科学性、可操作性。依据指标取值的维度、指标设计的原则以及指标输出的结果，构建如图 5-1 所示指标设计流程。

（1）数据采集。采集农户基本素质、社会活动、经济活动三大领域的数据。此时得到的指标是比较分散的，没有可读性，是原始数据。

（2）"四维度"指标数据规范化处理。从诚信度、合规度、践约度以及动机度对数据进行处理。具体做法是，所有指标数据首先与"诚信"契约比较，符合要求的指标就保存在"诚信度"集合。把余下的指标再与其他维度的指标比较，最后得到规范的指标。在此过程中，如发现某一维度的指标缺失，说明采集到的指标数据不全，需要补充。

（3）"六原则"指标数据科学化、可操作化处理。符合（2）的数据还不能使用，因为还有很多数据是不可操作的，必须用"六原则"对规范指标进行处理，把不符合的指标去掉，最后得到规范的、科学的、可操作的

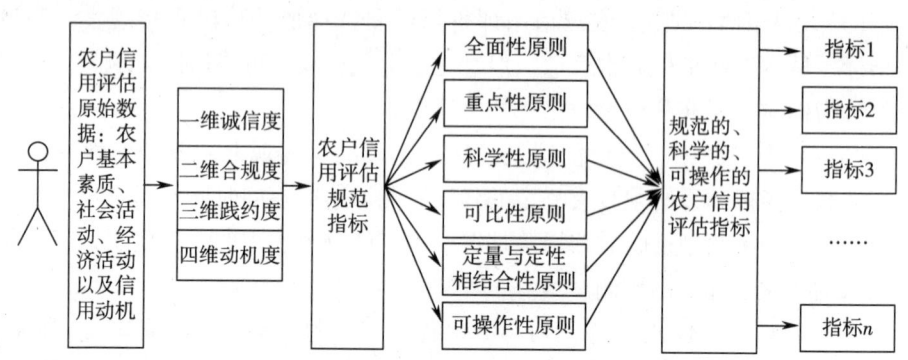

图5-1　农户信用评估指标设计过程

指标。

（4）"十聚类"指标数据分类处理。剩下的所有指标与农户诚实、农户守信、遵纪守法、行业法规、社会纠纷、发展基础、盈利能力、偿还能力、守约动机以及违约动机进行比较，把符合要求的指标列入相应的集合，最后得到所需的一级指标以及对应的二级指标。

2. 农户信用评估指标设计模型框架、算法

根据上面指标数据处理流程，构建基于"四维信用+六原则+十聚类"信用评估指标设计模型框架（FST），如图5-2所示。模型由三大核心模块组成："四维信用"指标数据处理算法、"六原则"指标数据处理算法、"十聚类"指标数据处理算法（吴东武，2014），其算法如图5-3所示。原始指标数据依次经过这三大模块处理后最终得到一级指标以及对应的二级指标。

（1）"四维信用"指标数据处理算法。假设所有指标不重复。第一，输入原始数据。把原始指标数据 $x_1, x_2, \cdots, x_m$ 输入对应模块中。第二，识别比较。指标识别后，分别与诚信度、合规度、践约度以及动机度比较，符合其中之一，则该指标保存在对应的子数据库中；若该指标不属于其中任何一类，则把该指标删除。第三，检查子数据库。检查三个子数据库是否为空，若三个都为空，则说明所有指标不符合要求，提前结束。第四，输出指标。最后输出规范的四维信用指标数据：$x_1, x_2, \cdots, x_p (p \leq m)$。

（2）"六原则"指标数据处理算法。①输入。把规范的四维信用指标数据 $x_1, x_2, \cdots, x_p$ 输入对应模块中。②识别审核。用"六原则"对输入的指标进行

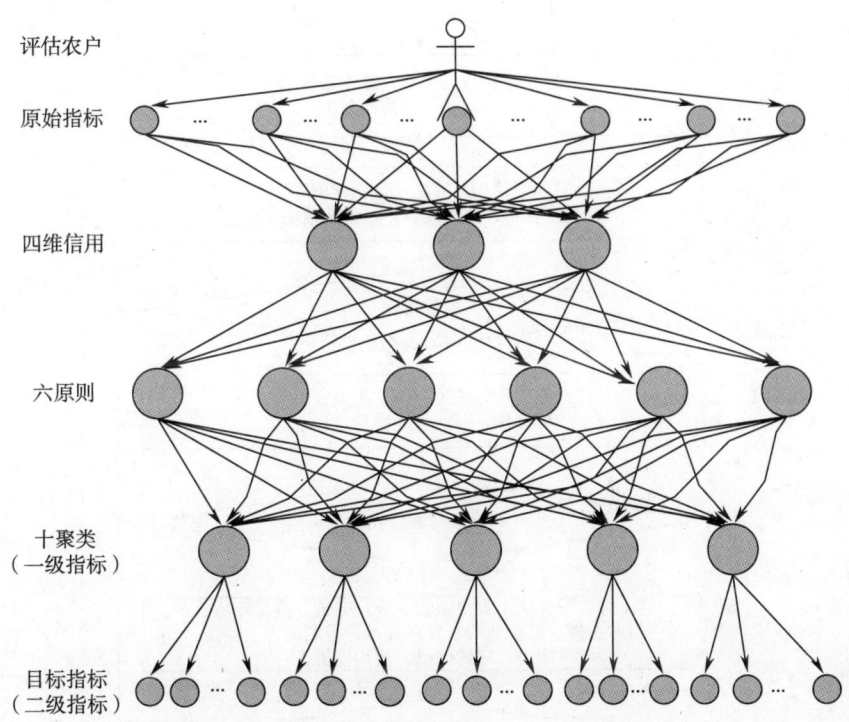

评估农户

原始指标

四维信用

六原则

十聚类
（一级指标）

目标指标
（二级指标）

图 5 - 2 FST 农户信用评估指标设计模型框架

审核（识别、比较、衡量、推理），符合原则的，保存下来，否则删除。③检查。若没有符合"六原则"的指标，结束，否则进入下一步。④输出。具有一定科学性的农户信用评估指标数据 $x_1, x_2, \cdots, x_p$。

（3）"十聚类"指标数据处理算法。①输入。把科学的农户信用评估指标数据 $x_1, x_2, \cdots, x_p$ 输入模块中。②识别分类。对输入的指标数据进行识别，并与农户诚实、农户守信、遵纪守法、行业法规、社会纠纷、发展基础、盈利能力、偿债能力、守约动机以及违约动机指标进行比较，符合条件的保存在对应的子数据库中，否则删除。③检查。检查所有子数据库是否为空。若存在空的子数据库，则重新补充，否则进入下一步。④输出。规范的、科学的、可操作的农户信用评估指标数据 $x_1, x_2, \cdots, x_p$。

3. 农户信用评估指标

按照上述方法，设计出农户信用评估指标，如表 5 - 1 所示。

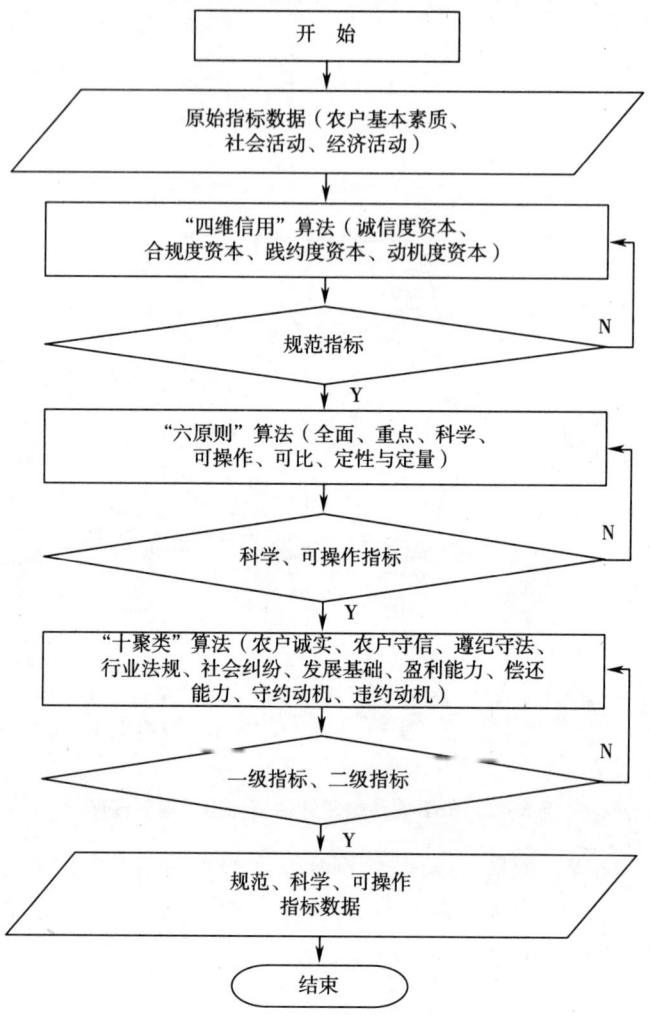

图5－3　FST模型算法

表5－1　　　　　　　　　农户信用评估主要指标模型

维度	一级指标	二级指标
诚信度	农户诚实	劳动力人数、户主年龄、户主受教育程度、讲真话、不作假
	农户守信	尊老爱幼、文明礼貌、邻里关系、乐于助人、历史信用、讲究信誉
合规度	遵纪守法	刑法、民法、其他法规
	行业法规	教育、计生、其他行业
	社会纠纷	经济纠纷、农村纠纷、其他纠纷

维度	一级指标	二级指标
践约度	发展基础	地区经济状况；自然资源；生产经营服务技术；生产经营服务历史；生产经营规模；生产投资规模
	盈利能力	政策支持；销售渠道；价格保障性；产品或服务竞争力；市场供求；经营管理能力；发展前景；成本费用利润率；资产收益率
	偿债能力	家庭财产状况；家庭年综合收入；年支出水平；家庭年纯收入；家庭负债占家庭年纯收入比例；对外担保
动机度	守约动机	生理需要、安全需要（温饱阶段）；社会需要、尊重需要（小康阶段）；自我实现需要（富裕阶段）
	违约动机	心理满足、追逐经济利益

第二节　农户信用评估指标评分

农户信用评估指标，既有定量指标也有定性指标，两类指标评分方法是不同的。为了避免评出的分数受到评价者主观因素的影响，对两类指标分开评分。利用模糊隶属度评分法对定量指标评分，通过对定性指标制定评分标准，得到定性指标的评分。

一、定量指标评分

1. 定量指标评分的目的

通过指标评分，可消除指标单位和量纲对遴选指标的影响。由于评估因素来自不同领域，指标原始数据在单位和量纲上是不统一的，对原始数据进行评分处理，将其转化为统一的评分形式。如将指标原始数据转化为在区间 [0，1] 的数，可消除由于原始指标数据在单位和量纲上存在差异对指标遴选所带来的影响。

2. 定量指标评分方法

根据指标对信用评估影响的方向不同，可将定量指标分为正向指标和负向指标。正向指标是指分值越大，农户评估等级越高，分值与等级是正相关。同理，负向指标是指分值越大，等级越低，指标与等级负相关。

（1）正向指标评分。设 x_{ij} 是第 j 个农户第 i 个指标评分后的值；V_{ij} 为第 j 个农户第 i 个指标的值；n 为评估农户的数量。根据正向指标评分公式，有：

$$x_{ij} = \frac{V_{ij} - \min_{1 \leqslant j \leqslant n}(V_{ij})}{\max_{1 \leqslant j \leqslant n}(V_{ij}) - \min_{1 \leqslant j \leqslant n}(V_{ij})} \tag{5.1}$$

式（5.1）表示的含义是农户第 j 个指标值与最小指标值的偏差相对于最大值与最小值偏差的相对距离。偏差越大，距离越大，评分后的指标值越高。

（2）负向指标评分。设 x_{ij} 是第 j 个农户第 i 个指标评分后的值；V_{ij} 为第 j 个农户第 i 个指标的值；n 为评估农户的数量。根据负向指标评分公式，有：

$$x_{ij} = \frac{\max_{1 \leqslant j \leqslant n}(V_{ij}) - V_{ij}}{\max_{1 \leqslant j \leqslant n}(V_{ij}) - \min_{1 \leqslant j \leqslant n}(V_{ij})} \tag{5.2}$$

式（5.2）表示的含义是指标最大值与农户第 j 个指标值的偏差相对于最大值与最小值偏差的相对距离。偏差越大，距离越大，评分后的指标值越高。

（3）指标评分极差 k。当正向指标数值增加 1% 时，正向指标的评分将增加 k%，当负向指标增加 1% 时，负向指标的评分相应减少 k%。

二、定性指标评分

定性指标是指无法直接通过数据量化，需要对评价对象进行客观描述来反映评估得分的指标。定性指标评分一般需要分两步走。首先，制定定性指标的评价因素；其次，设定定性指标评分标准，使得评分具有可操作性。

第三节　农户信用评估指标体系的赋权

由于每个评价指标对农户信用水平的贡献率有较大的差异，因此，客观公正的指标权重是农户信用等级评价的关键。确定指标权重的常见方法有 Delphi 法、层次分析法（AHP）等。为了尽量降低各指标权重确定的主观性，使判断尽可能科学、合理和易于操作，本书利用不确定型层次分析法（UTAHP）来确定指标的权重。不确定型层次分析法不需要专家对各因素的相对重要性作出精确判断而只需要估计其在某一个区间内即可，因此，判断矩阵元素由传统层次分析法的精确数转换成不确定层次分析法中的区间数。它是处理具有多因素、多层次的复杂问题之决策分析与综合评价的一种简单、有效且实用的方法，利用这一方法建立起来的判断矩阵和计算出指标权重（区间数）更具科学性、合理性、可操作性。

一、一级指标权重

（1）建立农户信用等级评估指标体系的层次结构（如表 5 - 1 所示）。

（2）确定判断矩阵。相对于总目标而言，根据各指标的相互重要性，根据表 5 - 2 标度的含义，按照许先云（1998）方法构造出一级指标的区间数判断矩阵：

$$A = (a_{ij})_{n×n}, a_{ij} = [a_{ij}^-, a_{ij}^+] = \{t \mid 1/9 \leq a_{ij}^- \leq t \leq a_{ij}^+ \leq 9\}$$ 为区间数，表示 i 指标对 j 指标的相对重要性程度，且满足：$a_{ij} = 1/a_{ji}$。现设 $A^- = (a_{ij}^-)_{n×n}$，$A^+ = (a_{ij}^+)_{n×n}$，则 $A = [A^-, A^+]$。

表 5 - 2　　　　　　　　　　　　标度含义

标度	含义
1	i 指标（因素）与 j 指标（因素）同样重要
3	i 指标（因素）比 j 指标（因素）稍重要
5	i 指标（因素）比 j 指标（因素）明显重要
7	i 指标（因素）比 j 指标（因素）强烈重要
9	i 指标（因素）比 j 指标（因素）极端重要
2, 4, 6, 8	i 指标（因素）比 j 指标（因素）重要性介于以上结果之间，取相邻判断的中间值
倒数	若 i 指标与 j 指标（因素）重要性之比为 a，则 j 指标（因素）与 i 指标（因素）重要性之比为 $1/a$

（3）权重向量。现利用某一排序方法（例如特征根法、对数最小二乘法、最小偏差法等）对矩阵 A^-, A^+ 求得权重向量分别为：$x^- = (x_1^-, x_2^-, x_3^-, \cdots, x_n^-)$，$x^+ = (x_1^+, x_2^+, x_3^+, \cdots, x_n^+)$。取：

$$k = \sqrt{\sum_{j=1}^{n} \frac{1}{\sum_{i=1}^{n} a_{ij}^+}}, \quad m = \sqrt{\sum_{j=1}^{n} \frac{1}{\sum_{i=1}^{n} a_{ij}^-}}$$

区间数权重向量：$W^A = [kx^-, mx^+] = (w_1^A, w_2^A, \cdots, w_n^A)^T$，$w_i^A = [kx_i^-, mx_i^+](i = 1, 2, \cdots, n)$。若 $k > 1$ 或 $m < 1$，则说明区间数判断矩阵 A 的一致性较差，需反馈给专家重新判断。

（4）一级指标权重。根据可能度的定义，对所有区间数 $w_i^A(i = 1, 2, \cdots, n)$ 进行两两比较，建立可能度矩阵 $P = (p_{ij})_{n×n}$，其中 $p_{ij} = p(w_i^A \geq w_j^A)$。由

于可能度矩阵 p 是一个互补判断矩阵，采用徐泽水（2001）提到的模型互补判断矩阵排序向量的计算公式，求得一级各指标的权重：

$$w_i = \frac{\sum_{i=1}^{n} p_{ij} + \frac{n}{2} - 1}{n(n-1)}, i = 1, 2, \cdots, n$$

二、二级指标权重

重复上述步骤，可以分别得到相对于一级指标的各类二级指标、三级指标以及四级指标的权重：

$$a_i = a_{ij}(j = 1, 2, \cdots, n'), i = 1, 2, \cdots, n$$

式中，a_i 表示 U_i 类指标下二级指标的权向量，n 表示一级指标的个数，n' 表示第 i 类指标下二级指标的个数。

则各二级指标相对于 U（总目标）而言的权重为：$w_{ij} = w_i a_{ij}(i = 1, 2, \cdots, n; j = 1, 2, \cdots, n')$。

第四节　基于模式识别的农户信用等级评估模型

模式识别就是已知事物的各种类别，然后对事物或现象进行描述、辨认、分类和解释，最后判断给定的对象所属类别。农信社可按照农户的家庭信誉、偿债能力、经营状况和遵纪守法、社会关系等特征来分级，建立标准模型库。标准模型库中模型级别是模糊的，而具有模糊模式的模式识别问题可以用模糊模式识别方法来处理，这就很好地解决了农户的信用评级问题。

1. 模糊状态向量的建立

定义1（状态变量）　假定完全描述一个农户在某时刻的状态需要 n 个变量：$x_1, x_2, \cdots, x_n$，则这 n 个变量就是一组状态变量。

定义2（状态向量）　如果完全描述一个给定的农户的行为需要 n 个状态变量，那么这 n 个状态变量可以看做向量 X 的 n 个分量，该向量就称为状态向量。当 $t = t_0$ 的状态给定，并且给出输入量 $U(t)$，则任意时间 t 时的系统状态 $X(t)$ 便可以唯一确定。

专家能根据描述农户的状态变量确定农户小额信贷信用等级及相应的标准模糊状态向量，用于描述农户小额信用贷款信用状态的类型。为了使农户信用等级与国际上的"正常、关注、次级、可疑和损失"五个级别相吻合，本书采用 A 级（优秀）、B 级（良好）、C 级（较好）、D 级（一般）、E 级（较差）表示。

现假定多位参评专家能依据长期实践经验对表 5 – 1 中 10 个一级指标，按 42 个评价指标自然顺序分别给予不同的取值范围并取其中间值，这样反复交叉和修改，最后对给出的数据标准化处理。这样，在某个时刻，可以得到 5 个 42 维标准模糊状态向量如下：

$$A : N^{(1)}(N_1^{(1)}, N_2^{(1)}, \cdots, N_{42}^{(1)})$$

$$B : N^{(2)}(N_1^{(2)}, N_2^{(2)}, \cdots, N_{42}^{(2)})$$

$$C : N^{(3)}(N_1^{(3)}, N_2^{(3)}, \cdots, N_{42}^{(3)})$$

$$D : N^{(4)}(N_1^{(4)}, N_2^{(4)}, \cdots, N_{42}^{(4)})$$

$$E : N^{(5)}(N_1^{(5)}, N_2^{(5)}, \cdots, N_{42}^{(5)})$$

2. 农户信用等级的模式识别

（1）定义 3（贴近度）　设待评农户的信用状态标准化向量为 $U = (\hat{u}_1, \hat{u}_2, \cdots, \hat{u}_{42})$，其中 $\hat{u}_k (k = 1, 2, \cdots, 42)$ 为反映农户信用水平的标准化特性指标值。将 5 个标准模糊状态向量 A、B、C、D、E 和 U 视为 6 个模糊子集，定义 U 与标准模糊状态向量之间的贴近度分别为：

$$\sigma(U, N_i) = 1 - \frac{d(U, N_i)}{M}$$

式中，$d(U, N_i) = \sqrt{\sum_{k=1}^{42} w_k |\hat{u}_k - N_{ik}|}$，$M = \max_i (d(U, N_i))$

（2）定理 1　已知 U 和 N_i 的贴近度 $\sigma(U, N_i)(i = 1, 2, \cdots, 5)$，现令 $\sigma(U, N^*) = \max\{\sigma(U, N_i)\}$，则待评农户信用等级的模糊识别结果为与 N^* 相对应的级别。

证明：若对 $i \leq 5$ 存在另一个 N'，使 $\sigma(U, N') = \max\{\sigma(U, N_i)\} = \sigma(U, N^*)$ 成立，则有 $N' = N^*$。故定理成立。通过 N^* 可以找到对应的 N_i，从而确定农户的等级。

第五节　本章小结

本章依据第三章理论体系，从工程视角，按照评估农户信用等级的流程，提出解决方案。主要做了以下工作：

（1）构建农户信用评估指标设计原则。我们构建了指标设计的六大原则，规范指标的设计，设计出来的指标具有科学性、实用性以及可操作性。

（2）构建评估指标设计算法。设计指标是一项复杂的系统工程。本书构建指标设计算法，对采集到的数据进行聚类和分类，最后得到目标指标。

（3）农户信用评估指标评分方法。评估农户的指标既有定量的，也有定性的，而且量纲是不统一的，必须经过技术处理才能进行统一计算。

（4）用不确定型层次分析法计算指标的权重。不确定型层次分析法不需要专家对各因素的相对重要性作出精确判断，而只需要估计其在某一个区间内即可，因此，判断矩阵元素由传统 AHP 法的精确数转换成 UTAHP 法中的区间数。它是处理具有多因素、多层次的复杂问题之决策分析与综合评价的一种简单、有效且实用的方法，利用这一方法建立起来的判断矩阵和计算出来的指标权重（区间数）更具科学性、合理性、可操作性。

（5）构建基于模式识别的农户信用评估模型。农信社可按照农户的家庭信誉、偿债能力、经营状况和遵纪守法、社会关系等特征来分级，建立标准模型库。标准模型库中模型级别是模糊的，而具有模糊模式的模式识别问题可以用模糊模式识别方法来处理，这就很好地解决了农户的信用评级问题。

第六章 农户信用评估模型实证研究

在第五章中，我们给出了农户信用评估实现的步骤，构建了农户信用评估指标设计模型、农户信用评估模型，而模型的适用性、实用性还有待检验。本章，我们用实地调查采集到的数据对上述模型进行实证研究。

第一节 数据来源以及农户信用评估指标变量

1. 数据来源

指标模型实证数据以及农户信用评级实证数据均来源于 2013 年 5 月至 9 月对电白县 3 个镇所属 10 个村庄实地调查所采集到的数据，详细介绍参见第四章。

2. 指标变量

为了验证所设计的指标对农户信用评估的贡献，本书选择农户贷款偿还性做因变量，各指标做自变量。因变量 y 取值 0 或 1，前者表示没有守约（违约），后者表示守约。自变量用到所有的指标：劳动力人数、户主年龄、户主受教育程度、讲真话、不作假、尊老爱幼、文明礼貌、邻里关系、乐于助人、历史信用、讲究信誉；刑法、民法、其他法规、教育、计生、其他行业、经济纠纷、农村纠纷、其他纠纷；地区经济状况、生产经营服务技术、生产经营服务历史、生产经营规模、生产投资规模、销售渠道、产品或服务竞争力、宏观经济政策、市场供求、经营管理能力、成本费用利润率、资产收益率；家庭财产状况、家庭年综合收入、年支出水平、家庭年纯收入、家庭负债占家庭年纯收入比例；贷款可得性、贷款需求缺口、贷款额度、贷款用途、贷款是否违约、违约的主要原因、不需要从金融机构借款的主要原因；生理需要、安全需要、归属和爱的需要、尊重需要、自我实现需要、追逐经济利益需要、获得心理满足需要。上述自变量分别用 x_1、x_2、x_3、…，x_{51} 表示，则指标模型表示为：$y = f(x_1, x_2, x_3 \cdots x_{51})$。

第二节　农户信用评估指标模型实证分析

一、农户信用评估指标模型验证方法选择

验证指标变量与农户偿还贷款的相关性有两种方法：一是用 Logistc 模型作回归分析，找到影响农户信用的显著因素。这种方法的不足是看不出自变量之间是否存在共线性问题，如果存在，对结果准确性会产生影响。二是作 Pearson 变量相关性分析。这种方法既能发现因变量和自变量间的相关情况，又能看出自变量之间的共线性问题，这正是本书所需要的。因此，本书采用第二种验证方法。

二、农户诚信度指标与农户借款偿还性实证分析

依据第三章可知，农户诚信指标主要包括：劳动力人数、婚姻状况、户主年龄、受教育程度、健康状况；讲真话、不作假、尊老爱幼、文明礼貌、邻里关系；乐于助人、热心公益；历史信用、讲究信誉。其取值如表 6－1 所示。

表 6－1　　　　　　　　　　诚信度指标含义及其取值

变量类型	指标变量	变量含义及其取值
诚信度指标	劳动力人数 x_1	家庭成员中有劳动能力的人数，用 labor 表示。0 个，labor ＝0；1 个，labor ＝1，依此类推。
	婚姻状况 x_2	户主婚姻状态，用 marry 表示。离婚、未婚，marry ＝0；已婚，marry ＝1。
	户主年龄 x_3	户主的年龄，用 age 表示。28 岁以下，age ＝0；28 岁至 40 岁，age ＝1；41 岁至 60 岁，age ＝2。
	户主受教育程度 x_4	户主接受教育的程度，用 education 表示。小学以下，education ＝0；初中，education ＝1；高中，education ＝2；大专，education ＝3；本科及以上，education ＝4。
	健康状况 x_5	户主的健康状况，用 health 表示。不健康，health ＝0，否则，health ＝1。
	讲真话 x_6	户主平时讲话的表现，用 saying 表示。常说假话，saying ＝0；常说真话，saying ＝1。
	不作假 x_7	户主做事的态度，用 doing 表示。常弄虚作假，doing ＝0；常做实事，doing ＝1。

续表

变量类型	指标变量	变量含义及其取值
诚信度指标	尊老爱幼 x_8	户主尊老爱幼的表现，用 respecting 表示。不尊重老人，respecting $= 0$；尊重，respecting $= 1$。
	文明礼貌 x_9	户主平时文明礼貌的表现，用 courtesy 表示。不讲礼貌，courtesy $= 0$，否则，courtesy $= 1$。
	邻里关系 x_{10}	户主与邻居之间的关系，用 relation 表示。关系不好，relation $= 0$；关系好，则 relation $= 1$。
	乐于助人 x_{11}	户主平时帮助别人的表现，用 helping 表示。很少帮别人，helping $= 0$；常帮助别人，helping $= 1$。
	热心公益 x_{12}	热心公益从社会责任视角度量农户的诚信度，用 charity 表示。不热心公益事业，charity $= 0$，否则，charity $= 1$。
	历史信用 x_{13}	从农户过去向银行借贷行为视角衡量农户的诚信度，用 credit 表示。没有信用，credit $= 0$；有信用，credit $= 1$。
	讲究信誉 x_{14}	从社会评价视角度量农户的诚信度，用 reputation 表示。不讲究信誉，reputation $= 0$，否则，reputation $= 1$。

假设 1　如果影响农户偿还银行贷款的其他因素是一个常数 ξ，那么农户诚信度指标与借款偿还性显著相关。

（1）首先作农户诚信度指标与农户借款偿还相关性分析。用农户借款偿还性做被解析变量，农户诚信度指标变量做解析变量，用 SPSS 软件调用 222 个已经贷过款农户的诚信度指标数据，作 Pearson 相关性分析，结果如表 6 - 2 所示。表 6 - 2 结果显示，户主年龄变量与农户借款偿还性不显著；户主最高受教育程度、户主健康状况与农户借款偿还性在 0.05 水平上显著；其他变量与农户借款偿还性在 0.01 水平上显著。

表 6 - 2　解析变量与被解析变量农户借款偿还性的 Pearson 相关性

农户诚信度指标	相关系数	显著性
劳动力人数 x_1	0.465 **	0.000
户主年龄 x_2	0.094	0.090
婚姻状况 x_3	0.139 *	0.012
户主最高受教育程度 x_4	0.128 *	0.020
户主健康状况 x_5	0.113 *	0.040
讲真话 x_6	0.263 **	0.000

农户诚信度指标	相关系数	显著性
不作假 x_7	0.263**	0.000
尊老爱幼 x_8	0.145**	0.008
文明礼貌 x_9	0.227**	0.000
邻里关系 x_{10}	0.225**	0.000
乐于助人 x_{11}	0.279**	0.000
热心公益 x_{12}	0.232**	0.000
历史信用 x_{13}	0.332**	0.000
讲究信誉 x_{14}	0.164**	0.003

注：* 在 0.05 水平上显著。** 在 0.01 水平上显著。

（2）其次，作解析变量之间共线性问题分析。为了探讨解析变量之间可能存在的共线性问题，需要考察各解析变量之间的 Pearson 相关系数，结果如表 6 - 3 所示。

表 6 - 3　　　　　　　　解析变量之间的 Pearson 相关性

		X_1	X_2	X_3	X_4	…	X_{13}	X_{14}
X_1	相关性	1	0.276	0.019	0.136	…	0.171	0.065
	显著性		0.120	0.730	0.034	…	0.102	0.243
X_2	相关性	0.276	1	0.113	0.085	…	0.092	0.061
	显著性	0.120		0.141	0.126	…	0.095	0.268
X_3	相关性	0.019	0.113	1	−0.011	…	0.239	0.137
	显著性	0.730	0.141		0.846	…	0.420	0.113
X_4	相关性	0.136	0.085	−0.011	1	…	0.541**	0.099
	显著性	0.034	0.126	0.846		…	0.000	0.072
X_5	相关性	0.102	0.024	0.056	−0.015	…	−0.086	−0.078
	显著性	0.064	0.670	0.312	0.781	…	0.122	0.157
X_6	相关性	0.052	0.064	0.353*	0.034	…	0.241	0.193
	显著性	0.345	0.244	0.02	0.543	…	0.410	0.313

续表

		X_1	X_2	X_3	X_4	...	X_{13}	X_{14}
X_7	相关性	0.077	0.086	0.016	0.053	...	0.225	0.158
	显著性	0.164	0.121	0.766	0.337	...	0.236	0.504
X_8	相关性	0.077	-0.040	-0.043	-0.011	...	0.149	0.021
	显著性	0.166	0.472	0.433	0.845	...	0.207	0.703
X_9	相关性	0.067	-0.046	0.015	0.045	...	0.155	0.186*
	显著性	0.227	0.406	0.792	0.417	...	0.105	0.011
X_{10}	相关性	0.145	-0.102	-0.006	0.048	...	0.251*	0.149
	显著性	0.209	0.064	0.919	0.382	...	0.103	0.207
X_{11}	相关性	0.093	0.023	0.030	0.042	...	0.260	0.176
	显著性	0.093	0.679	0.584	0.450	...	0.310	0.532
X_{12}	相关性	0.144	0.025	0.015	0.009	...	0.020	-0.060
	显著性	0.109	0.657	0.789	0.877	...	0.715	0.280
X_{13}	相关性	0.171	0.092	0.239	0.541**	...	1	0.287
	显著性	0.102	0.095	0.420	0.000	...		0.302
X_{14}	相关性	0.065	0.061	0.137	0.099	...	0.287	1
	显著性	0.243	0.268	0.113	0.072	...	0.302	

注：* 在 0.05 水平上显著。* * 在 0.01 水平上显著。

表 6-3 结果显示，户主最高受教育程度与历史信用变量的 Pearson 相关系数较高且在 0.01 水平上显著，可能存在较强的共线性；讲真话与婚姻状况变量的 Pearson 相关系数是 0.353，且在 0.05 水平上显著，可能存在共线性；邻里关系与历史信用变量的 Pearson 相关系数是 0.251，且在 0.05 水平上显著，可能存在共线性；其他变量的相关系数不大，在 0.5 以下，存在共线性问题的可能性不大，即使存在，共线性也不明显。

综合以上分析可知，农户诚信度指标与农户借款偿还性显著相关，农户诚信度指标设计总体上合理，假设 1 成立。

三、农户合规度指标与农户借款偿还性实证分析

依据第三章可知，农户合规度指标主要包括：刑法、民法、其他法规；教育、水电；计生、其他行业；经济纠纷、农村纠纷、其他纠纷。其取值如表6－4所示。

表6－4　　　　　　　　　　　　合规度指标含义及其取值

变量类型		指标变量	变量含义及其取值
合规度指标	遵纪守法	刑法	刑法从国家法律层面衡量农户合规度的表现，用 criminal_ law 表示。没有触犯刑法，criminal_ law = 0，否则，criminal_ law = 1。
		民法	民法从国家法律层面衡量农户的合规度表现，用 civil_ law 表示。没有触犯刑法，civil_ law = 0，否则，civil_ law = 1。
		其他法规	其他法规从国家法律层面衡量农户合规度的表现，用 other_ law 表示。没有触犯刑法，other_ law = 0，否则，other_ law = 1。
	行业法规	教育	从农户履行教育法的表现来衡量农户的合规度，用 education 表示。没有违反教育法，education = 0，否则，education = 1。
		水电	从农户履行缴纳水电费的表现来衡量农户的合规度，用 water_ fee 表示。没有违反规定，water_ fee = 0，否则，water_ fee = 1。
		计生	从农户执行国家计生政策的表现来衡量农户的合规度，用 birth_ control 表示。没有违反规定，birth_ control = 0，否则，birth_ control = 1。
		其他行业	从农户执行上述以外的行业的法规表现衡量农户的合规，用 other_ industry 表示。没有违反规定，other_ industry = 0，否则，other_ industry = 1。
	社会纠纷	经济纠纷	从农户与其他人、团体、企业开展经济活动的表现来衡量农户的合规度，用 economy_ disputes 表示。没有经济纠纷，economy_ disputes = 0，否则，economy_ disputes = 1。
		农村纠纷	从农户处理与其他村民因民事而产生的纠纷的表现来衡量农户的合规度，用 rural_ disputes 表示。没有纠纷，rural_ disputes = 0，否则，rural_ disputes = 1。
		其他纠纷	从农户处理上述以外纠纷的表现来衡量农户的合规度，用 other_ disputes 表示。没有纠纷，other_ disputes = 0，否则，other_ disputes = 1。

假设 2 如果影响农户偿还银行贷款的其他因素是一个常数 ξ，那么农户合规度指标与借款偿还性显著相关。

（1）首先作农户合规度指标与农户借款偿还相关性分析。用农户借款偿还性做被解析变量，农户合规度指标做解析变量，用 SPSS 软件调用 222 个已经贷过款农户的诚信度指标数据，作 Pearson 相关性分析，结果如表 6 - 5 所示。

表 6 - 5 合规度指标与借款偿还性的 Pearson 相关性

合规度指标	相关性系数	显著性
刑法	0.059 *	0.0285
民法	0.074 *	0.0180
其他法规	0.125 *	0.024
教育	0.179 *	0.0154
水电	0.074	0.180
计生	0.263 **	0.000
其他行业	0.137 *	0.013
经济纠纷	- 0.691 **	0.000
农村纠纷	- 0.5014 **	0.000
其他纠纷	- 0.170 *	0.016

注：* 在 0.05 水平上显著。** 在 0.01 水平上显著。

表 6 - 5 结果显示，水电变量与农户借款偿还性不显著；刑法、民法、其他法规、其他纠纷与农户借款偿还性在 0.05 水平上显著；其他变量与农户借款偿还性在 0.01 水平上显著。在农村，用水是自给自足，而农村用电量少，价格便宜，农户不会欠费，因此，对农户借款偿还性影响不显著。

（2）其次，作解析变量之间共线性问题分析。为了探讨解析变量之间可能存在的共线性问题，需要考察各解析变量之间的 Pearson 相关系数。各变量之间的相关系数如表 6 - 6 所示。

表 6 - 6 结果显示，经济纠纷与计生、其他纠纷变量的 Pearson 相关系数较低且在 0.01 水平上显著，可能存在较强的共线性；经济纠纷与其他行业变量 Pearson 相关系数较低，达到 - 0.139 且在 0.05 水平上显著，可能存在共线性。

综合上述分析可知，农户合规度指标与农户借款偿还性显著相关，农户合规度指标设计总体上合理，假设 2 成立。

表 6 - 6　　　　　　　　合规度指标变量之间相关性分析

合规度 指标		刑法	民法	其他 法规	教育	水电	计生	其他 行业	经济 纠纷	农村 纠纷	其他 纠纷
相关性	相关性	1	− 0.017	− 0.026	0.020	− 0.017	0.027	− 0.036	0.010	0.005	− 0.045
	显著性		0.759	0.635	0.716	0.759	0.629	0.519	0.860	0.928	0.414
民法	相关性	− 0.017	1	− 0.029	0.009	− 0.019	0.084	0.047	− 0.017	0.017	− 0.028
	显著性	0.759		0.603	0.869	0.737	0.130	0.401	0.762	0.766	0.608
其他 法规	相关性	− 0.026	− 0.029	1	− 0.043	0.084	0.145 **	− 0.061	− 0.087	0.001	− 0.161 **
	显著性	0.635	0.603		0.434	0.130	0.009	0.273	0.117	0.984	0.003
教育	相关性	0.020	0.009	− 0.043	1	− 0.056	− 0.027	0.079	− 0.077	− 0.039	0.050
	显著性	0.716	0.869	0.434		0.313	0.632	0.152	0.167	0.486	0.368
水电	相关性	− 0.017	− 0.019	0.084	− 0.056	1	0.016	− 0.039	− 0.017	0.017	− 0.187 **
	显著性	0.759	0.737	0.130	0.313		0.776	0.479	0.762	0.766	0.001
计生	相关性	0.027	0.084	0.145 **	− 0.027	0.016	1	0.027	− 0.213 **	− 0.197 **	− 0.101
	显著性	0.629	0.130	0.009	0.632	0.776		0.620	0.000	0.000	0.068
其他 行业	相关性	− 0.036	0.047	− 0.061	0.079	− 0.039	0.027	1	− 0.139 *	− 0.100	− 0.104
	显著性	0.319	0.401	0.273	0.152	0.479	0.620		0.011	0.070	0.059
经济 纠纷	相关性	0.010	− 0.017	− 0.087	− 0.077	− 0.017	− 0.213	− 0.139	1	− 0.062	0.270 **
	显著性	0.860	0.762	0.117	0.167	0.762	0.000	0.011		0.261	0.000
农村 纠纷	相关性	0.005	0.017	0.001	− 0.039	0.017	− 0.197	− 0.100	− 0.062	1	− 0.092
	显著性	0.928	0.766	0.984	0.486	0.766	0.000	0.070	0.261		0.097
其他 纠纷	相关性	− 0.045	− 0.028	− 0.161 **	0.050	− 0.187	− 0.101	− 0.104	0.270 **	− 0.092	1
	显著性	0.414	0.608	0.003	0.368	0.001	0.068	0.059	0.000	0.097	

　　注：＊在 0.05 水平上显著。＊＊在 0.01 水平上显著。

四、农户践约度指标与农户借款偿还性实证分析

依据第三章可知，农户践约度指标主要包括：地区经济状况、自然资源、生产经营服务技术、生产经营服务历史、生产经营规模、生产投资规模；政策支持、销售渠道、价格保障性、产品或服务竞争力、市场供求、经营管理能力、成本费用利润率、资产收益率、家庭财产状况、家庭年综合收入、年支出水平、家庭年纯收入、家庭负债占家庭年纯收入比例、对外担保。其取值如

表 6 – 7 所示。

表 6 – 7　　　　　　　　　农户践约度指标变量含义及其取值

变量类型		指标变量	变量含义及取值
践约度指标	发展基础	地区经济状况	从当地宏观经济环境视角考察农户投资项目的发展基础和前景，进而衡量农户践约度的表现，用 local_ economy 表示。经济状况差，local_ e-conomy = 0；经济状况一般，local_ economy = 1；经济状况较好，local_ economy = 2。
		自然资源	从当地自然资源的发展现状考察农户投资项目的发展基础和前景，从而衡量农户践约度的表现，用 local_ resources 表示。资源贫乏，local_ resources = 0；资源一般，local_ resources = 1；资源较好，local_ resources = 2。
		生产经营服务技术	从农户所掌握的生产经营服务技术微观视角考察农户投资项目的发展基础和前景，进而衡量农户践约度的表现，用 production_ services 表示。没有技术，production_ services = 0；技术一般，production_ services = 1；技术较好，production_ services = 2。
		生产经营服务历史	从农户从事生产经营服务时间考察农户现阶段投资项目的发展基础和发展前景，进而衡量农户践约度的表现，用 past_ production 表示。生产经营服务不到 1 年，past_ production = 0；生产经营服务 1 ~ 3 年，past_ production = 1；生产经营服务超过 3 年，past_ production = 2。
		生产经营规模	从农户经营规模视角考察农户投资项目的基础和发展前景，进而衡量农户践约度的表现，用 production_ scale 表示。经营规模小，production_ scale = 0；经营规模一般，production_ scale = 1；经营规模大，production_ scale = 2。
		生产投资规模	从农户投资规模考察农户投资项目的基础和发展前景，进而衡量农户践约度的表现，用 investment_ scale 表示。投资较小，investment_ scale = 0；投资一般，investment_ scale = 1；投资较大，investment_ scale = 2。
	盈利能力	政策支持	从宏观政策层面考察农户投资项目的发展前景和盈利能力，进而衡量农户践约度的表现，用 policy_ support 表示。没有支持，policy_ support = 0；支持一般，policy_ support = 1；支持大，policy_ support = 2。
		销售渠道	从产品销售渠道层面考察农户投资项目的发展前景和盈利能力，进而衡量农户践约度的表现，用 sales_ channels 表示。没有渠道，sales_ channels = 0；渠道一般，sales_ channels = 1；渠道多，sales_ channels = 2。
		价格保障性	从产品销售价格稳定性考察农户投资项目的发展前景和盈利能力，进而衡量农户践约度的表现，用 price_ protection 表示。没有保障，price_ protection = 0；保障一般，price_ protection = 1；保障性强，price_ protection = 2。

变量类型	指标变量	变量含义及取值
践约度指标	**盈利能力** 产品或服务竞争力	从产品竞争力层面考察农户投资项目的发展前景和盈利能力，进而衡量农户践约度的表现，用 product_ competitiveness 表示。没有竞争力，product_ competitiveness = 0；竞争力一般，product_ competitiveness = 1；竞争力较强，product_ competitiveness = 2。
	市场供求	从产品的市场供求情况考察农户投资项目的发展前景和盈利能力，进而衡量农户践约度的表现，用 supply_ demand 表示。需求不大，supply_ demand = 0；需求一般，supply_ demand = 1；需求大，supply_ demand = 2。
	经营管理能力	从农户经营管理项目的能力层面考察农户投资项目的发展前景和盈利能力，进而衡量农户践约度的表现，用 management_ capacity 表示。能力差，management_ capacity = 0；能力一般，management_ capacity = 1；能力强，management_ capacity = 2。
	成本费用利润率	从项目利润总额与项目生产成本总额的比率层面考察农户投资项目的发展前景和盈利能力，进而衡量农户践约度的表现，用 cost_ profit 表示。没有利润，cost_ profit = 0；利润率介于 0～20% 之间，cost_ profit = 1；利润率超过 20%，cost_ profit = 2。
	资产收益率	从每单位资产创造的净利润来考察农户投资项目的发展前景和盈利能力，进而衡量农户践约度的表现，用 assets_ return 表示。收益低，assets_ return = 0；收益一般，assets_ return = 1；收益率高，assets_ return = 2。
	偿债能力 家庭财产状况	从农户现阶段累积的财产层面考察农户的偿债能力，进而衡量农户践约度的表现，用 family_ property 表示。财产较少，family_ property = 0；财产一般，family_ property = 1；积累财产较多，family_ property = 2。
	家庭年综合收入	从农户年总收入层面考察农户投资项目的偿债能力，进而衡量农户践约度的表现，用 total_ revenue 表示。家庭年收入少于 5 000 元，total_ revenue = 0；年收入大于 5 000 元小于 20 000 元，total_ revenue = 1；年收入大于 20 000 元，total_ revenue = 2。
	年支出水平	从农户年支出情况考察农户投资项目的偿债能力，进而衡量农户践约度的表现，用 spending_ levels 表示。支出较少，spending_ levels = 0；支出一般，spending_ levels = 1；支出多，spending_ levels = 2。
	家庭年纯收入	从农户年纯收入层面考察农户投资项目的偿债能力，进而衡量农户践约度的表现，用 net_ income 表示。收入较少，net_ income = 0；收入一般，net_ income = 1；收入多，net_ income = 2。

续表

变量类型	指标变量	变量含义及取值
践约度指标	偿债能力 家庭负债占家庭年纯收入比例	从农户负债与总收入的比率层面考察农户投资项目的偿债能力，进而衡量农户践约度的表现，用 debt_ revenue 表示。比率比较小，debt_ revenue = 0；比率一般，debt_ revenue = 1；比率比较大，debt_ revenue = 2。
	对外担保	从农户对外担保层面考察农户投资项目的偿债能力，进而衡量农户践约度的表现，用 foreign_ guarantee 表示。没有担保，foreign_ guarantee = 0；有担保，foreign_ guarantee = 1。

假设 3　如果影响农户偿还银行贷款的其他因素是一个常数 ξ，那么农户践约度指标与借款偿还性显著相关。

（1）首先作农户践约度指标与农户借款偿还相关性分析。用农户借款偿还性做被解析变量，农户合规度指标做解析变量，用 SPSS 软件调用 222 个已经贷过款农户的践约度指标数据，作 Pearson 相关性分析，结果如表 6 - 8 所示。

表 6 - 8　　　践约度指标变量与农户借款偿还性的 Pearson 相关性

践约度指标	相关系数	显著性
地区经济状况	0.172 *	0.025
自然资源	0.236	0.513
生产经营服务技术	0.320 **	0.000
生产经营服务历史	0.300 **	0.000
生产经营规模	0.376 **	0.000
生产投资规模	0.321 **	0.000
政策支持	0.476 **	0.000
销售渠道	0.180 **	0.001
价格保障	0.290 **	0.000
产品或服务竞争力	0.368 **	0.000
市场供求	0.348 **	0.000
经营管理能力	0.567 **	0.000
成本费用利润率	0.534 **	0.000
资产收益率	0.570 **	0
家庭财产状况	0.641 **	0.000
家庭年综合收入	0.671 **	0.000

续表

践约度指标	相关系数	显著性
年支出水平	0.486**	0.000
家庭年纯收入	0.602**	0.000
家庭负债占家庭年纯收入比例	−0.546**	0.000
对外担保	−0.709**	0.000

注: *在 0.05 水平上显著。* *在 0.01 水平上显著。

表 6-8 结果显示, 自然资源变量与农户借款偿还性不显著; 地区经济状况与农户借款偿还性在 0.05 水平上显著; 其他变量与农户借款偿还性在 0.01 水平上显著。农业项目通常不需要自然资源做生产要素, 自然资源丰富与否对其影响不大。其他变量与农户借款偿还性显著相关。

(2) 其次, 作解析变量之间共线性问题分析。为了探讨解析变量之间可能存在的共线性问题, 现考察各解析变量之间的 Pearson 相关系数, 结果如表 6-9 所示。

表 6-9 　　　　　　　　　　**解析变量之间的 Pearson 相关性**

践约度指标		地区经济状况	生产经营服务技术	生产经营服务历史	生产经营规模	生产投资规模	政策支持	…	家庭负债占家庭年纯收入比例
地区经济状况	相关性	1	−0.018	−0.007	−0.030	−0.029	0.029	…	−0.058
	显著性		0.741	0.894	0.585	0.606	0.602	…	0.295
自然资源	相关性	0.306*	−0.018	−0.007	−0.030	0.062	0.029	…	0.040
	显著性	0.012	0.741	0.894	0.585	0.266	0.602	…	0.470
生产经营服务技术	相关性	−0.018	1	0.116*	0.121*	0.085	0.081	…	0.227
	显著性	0.741		0.035	0.029	0.123	0.141	…	0.261
生产经营服务历史	相关性	−0.007	0.116*	1	0.016	0.028	0.170	…	−0.162
	显著性	0.894	0.035		0.772	0.618	0.202	…	0.403
生产经营规模	相关性	−0.030	0.121	0.016	1	−0.004	0.168	…	−0.201
	显著性	0.585	0.069	0.772		0.940	0.202	…	0.235
生产投资规模	相关性	−0.029	0.085	0.028	−0.004	1	0.005	…	−0.183
	显著性	0.606	0.123	0.618	0.940		0.930	…	0.051
政策支持	相关性	0.029	0.081	0.170	0.168	0.005	1	…	−0.272
	显著性	0.602	0.141	0.202	0.202	0.930		…	0.420

续表

践约度指标		地区经济状况	生产经营服务技术	生产经营服务历史	生产经营规模	生产投资规模	政策支持	…	家庭负债占家庭年纯收入比例
经营管理能力	相关性	−0.056	0.197*	0.177	0.175	0.151	0.282	…	0.287
	显著性	0.310	0.056	0.061	0.601	0.506	0.363	…	0.402
成本费用利润率	相关性	−0.035	0.147	0.205	0.265	0.173	0.252*	…	0.323*
	显著性	0.533	0.308	0.331	0.523	0.522	0.024	…	0.031
资产收益率	相关性	−0.115	0.219*	0.104	0.182	0.186	0.283	…	0.319
	显著性	0.137	0.042	0.060	0.501	0.641	0.380	…	0.283
家庭财产状况	相关性	−0.039	0.207	0.150	0.242	0.137*	0.264	…	−0.318*
	显著性	0.479	0.314	0.037	0.403	0.013	0.512	…	0.013
家庭年综合收入	相关性	0.019	0.200	0.153	0.224	0.146	0.330	…	0.127
	显著性	0.729	0.073	0.205	0.225	0.208	0.614	…	0.440
……									
家庭负债占家庭年纯收入比例	相关性	−0.058	0.227	−0.162	−0.201	−0.183	−0.272	…	1
	显著性	0.295	0.261	0.403	0.235	0.111	0.216	…	

注：*在0.05水平上显著。**在0.01水平上显著。

表6-9结果显示，自然资源变量与地区经济状况变量在0.05水平上显著；生产经营服务技术与生产经营服务历史、生产经营规模变量在0.05水平上显著；地区经济状况与农户借款偿还性在0.05水平上显著；经营管理能力与生产经营服务技术变量在0.05水平上显著；资产收益率与生产经营服务技术变量在0.05水平上显著；家庭财产状况与家庭负债占家庭年纯收入比例变量在0.05水平上显著；其他变量与农户借款偿还性在0.01水平上显著。其他变量之间共线性不显著。

综上分析可知，自然资源与地区经济变量相关系数达0.306，可能存在共线性，因此可考虑去掉自然资源指标。从总的情况看，农户践约度指标变量之间存在共线性问题不大，农户践约度指标与农户借款偿还性显著相关，假设3成立。

五、农户动机度指标与农户借款偿还性实证分析

依据第三章可知，农户动机度指标主要包括生理需要、安全需要、归属与

爱的需要、尊重需要、自我实现需要、追逐经济需要以及心理满足需要。在 t 时刻，农户的需要是由农户的家庭财产状况、家庭年综合收入以及家庭生活水平等确定。而农户的守约动机及违约动机的取值是由农户的需要取值所决定，也就是由农户的家庭生活水平情况等间接决定。其取值如表 6 – 10 所示。

表 6 – 10　　　　　　　　　　动机度指标变量及其取值

变量类型		指标变量	变量含义及取值
动机度指标	守约动机需要	生理需要	从农户出于满足自身生理需要、获得自我安慰的动机进行投资项目层面考察农户的守约动机，进而衡量农户动机度的表现，用 psychological_ satisfaction 表示。没有生理需要，psychological_ satisfaction = 0，否则，psychological_ satisfaction = 1。
		安全需要	从农户出于建立安全需要的动机进行投资项目层面考察农户的守约动机，进而衡量农户动机度的表现，用 build_ trust 表示。没有安全需要，build_ trustr = 0，否则，build_ trust = 1。
		归属与爱的需要	从农户出于树立信用形象的动机进行投资项目层面考察农户的守约动机，进而衡量农户动机度的表现，用 credit_ image 表示。没有树立形象，credit_ image = 0，否则，credit_ image = 1。
		尊重需要	从农户为了追逐经济利益的动机进行投资项目层面考察农户的守约动机，进而衡量农户动机度的表现，用 economy_ interests 表示。没有追逐经济利益，economy_ interests = 0，否则，economy_ interests = 1。
		自我实现需要	从农户出于社会责任感的动机进行投资项目层面考察农户的守约动机，进而衡量农户动机度的表现，用 social_ responsibility 表示。没有责任感，social_ responsibility = 0，否则，social_ responsibility = 1。
	违约动机需要	心理满足	从农户出于以侵害别人为荣，获得心理上的满足感为动机，考察农户投资项目的失约动机，进而衡量农户动机度的表现，用 mental_ satisfaction 表示。心理得不到满足，mental_ satisfaction = 0，否则，mental_ satisfaction = 1。
		追逐经济利益	从农户不顾道德约束、外部制约，而以追逐经济利益为动机，考察农户投资项目的失约动机，进而衡量农户动机度的表现，用 default_ economy_ interests 表示。没有追逐经济利益，default_ economy_ interests = 0，否则，default_ economy_ interests = 1。

假设4　如果影响农户偿还银行贷款的其他因素是一个常数ξ，那么农户守约动机越强，偿还借款的可能性越大；反之，农户的违约动机越强，则违约的可能性越大。

（1）首先，作农户动机度指标与农户借款偿还相关性分析。用农户借款偿还性做被解析变量，农户动机度指标做解析变量，用SPSS软件调用222个已经贷过款农户的动机度指标数据，作Pearson相关性分析，结果如表6-11所示。

表 6-11　　　　　　　　农户动机度指标与农户借款偿还相关性

动机度指标	相关系数	显著性
生理需要	0.059**	0.001
安全需要	0.074*	0.012
归属与爱的需要	0.125*	0.024
追逐经济利益	0.083**	0.000
尊重需要	0.074*	0.023
追逐经济利益	0.263**	0.000
心理满足	0.137*	0.013

注：* 在0.05水平上显著。** 在0.01水平上显著。

表6-11结果显示，农户生理需要、追逐经济利益（守约动机）、追逐经济利益（违约动机）与农户借款偿还相关性在0.01水平上显著，而安全需要、归属与爱的需要、尊重需要、心理满足与农户借款偿还性在0.05水平上显著。

（2）其次，作解析变量之间共线性问题分析。为了探讨解析变量之间可能存在的共线性问题，现考察各解析变量之间的Pearson相关系数，结果如表6-12所示。

表 6-12　　　　　　　　解析指标变量之间的相关性

动机度指标		生理需要	安全需要	归属与爱的需要	追逐经济利益	尊重需要	心理满足	追逐经济利益
心理满足	相关性	1	-0.017	-0.026	0.131	-0.017	0.027	-0.036
	显著性		0.759	0.635	0.027	0.759	0.629	0.519
建立信任	相关性	-0.017	1	-0.029	0.116*	-0.019	0.084	0.047
	显著性	0.759		0.603	0.035	0.737	0.130	0.401
树立信用形象	相关性	-0.026	-0.029	1	-0.035	0.084	0.145	-0.061
	显著性	0.635	0.603		0.522	0.130	0.029	0.273

续表

动机度指标		生理需要	安全需要	归属与爱的需要	追逐经济利益	尊重需要	心理满足	追逐经济利益
追逐经济利益	相关性	0.131	0.116 *	− 0.035	1	− 0.023	0.103	0.092
	显著性	0.017	0.035	0.522		0.679	0.062	0.095
社会责任感	相关性	− 0.017	− 0.019	0.084	− 0.023	1	0.016	− 0.039
	显著性	0.759	0.737	0.130	0.679		0.776	0.479
获得心理满足	相关性	0.027	0.084	0.145	0.103	0.016	1	0.027
	显著性	0.629	0.130	0.029	0.062	0.776		0.620
追逐经济利益	相关性	− 0.036	0.047	− 0.061	0.092	− 0.039	0.027	1
	显著性	0.519	0.401	0.273	0.095	0.479	0.620	

注: * 在 0.05 水平上显著。

表 6 – 12 结果显示,建立信任与追逐经济利益变量在 0.05 水平上显著,可能存在共线性问题;其他变量之间不存在共线性问题。其他变量之间共线性不显著。

综上分析可知,农户动机度指标变量之间存在共线性问题不大,农户动机度指标与农户借款偿还性总体上显著相关,假设 4 成立。

六、农户信用评估指标优化

从上面的实证研究可以看到,有些指标变量对农户借款的偿还性不显著,有些指标变量之间存在共线性,这些指标变量都不适合用来评估农户的信用。现对农户信用评估指标进行优化。

(1)农户诚信度评估指标实证结果显示,在中国的农村,农户户主年龄通常超过 25 岁,且都已经结婚,离婚率相对比较低,也就是说,户主几乎 100% 处在已婚状态,这个变量对被解析变量的影响是同等的,因此,把这个指标从模型中删除。

(2)农户合规度评估指标的实证以及调查结果显示,在农村,农户用水基本上是自己打井供水,自给自足,不产生费用,因此,这个变量也可看做同等变量;而用电,月平均每户约 35 度,不超过 20 元,农户完全有能力支付,几乎不存在欠费的情况,也可把这个变量看做同等变量。因此,可把这个指标变量从模型中删除。

(3)根据调查,国家对支农项目的政策具有阶段性,也就是在特定阶段才会出台,而且持续的时间不长,因而该指标对农户贷款的可得性影响不大,可删除。

（4）一般情况下，只有有经济实力的中小企业家以及农户才会对公益事业感兴趣，一般农户不会，况且乐于助人这个变量也包含做公益事业的元素，只不过后者更加具体，因此将乐于助人这个变量删除对被解析变量影响不大。

（5）针对某个阶段出现"价贱伤农"现象，国家会及时出台价格保障措施，保护农户的利益，但是持续时间不长，如曾经出现过生猪价格跌破成本价，农户亏损严重，国家通过财政补贴方式收购农户的生猪，减少农户损失，总体来看，对农户的收益影响不大，因而对农户贷款偿还性影响不大。

（6）根据调查数据以及对农户践约度评估指标的实证可知，在农村，农户本身资源有限，基本上没有农户承担对外担保，因此，把这项指标从模型中删除。优化后的农户信用评估指标如表 6 - 13 所示。

表 6 - 13　　　　　　　　农户信用评估指标

维度指标	一级指标	二级指标	指标性质	"5C" 要素
农户诚信度（伦理学）	农户诚实（X_1）	劳动力人数 1	正向	道德品质
		户主年龄 2	正向	
		户主受教育程度 3	正向	
		讲真话 4	正向	
		不作假 5	正向	
	农户守信（X_2）	尊老爱幼 6	正向	
		文明礼貌 7	正向	
		邻里关系 8	正向	
		乐于助人 9	正向	
		历史信用 10	正向	
		讲究信誉 11	正向	
农户合规度（社会学）	遵纪守法（X_3）	刑法 12	正向	
		民法 13	正向	
		其他法规 14	正向	
	行业法规（X_4）	教育 15	正向	
		计生 16	正向	
		其他行业 17	正向	
	社会纠纷（X_5）	经济纠纷 18	负向	
		农村纠纷 19	负向	
		其他纠纷 20	负向	

续表

维度指标	一级指标	二级指标	指标性质	"5C"要素
农户践约度 （经济学、 财务管理学）	发展基础（X_6）	生产经营服务技术 21	正向	资本实力 还款能力 宏观经济环境
		生产经营服务历史 22	正向	
		生产经营规模 23	正向	
		生产投资规模 24	正向	
	盈利能力（X_7）	销售渠道 25	正向	
		产品或服务竞争力 26	正向	
		市场供求 27	正向	
		经营管理能力 28	正向	
		成本费用利润率 29	正向	
		资产收益率 30	正向	
	偿债能力（X_8）	家庭财产状况 31	正向	
		家庭年综合收入 32	正向	
		年支出水平 33	负向	
		家庭年纯收入 34	正向	
		家庭负债占家庭年纯收入比例 35	正向	
农户动机度 （心理学）	守约动机（X_9）	生理需要 36	负向	马斯洛的需求 层次理论
		安全需要 37	负向	
		归属与爱的需要 38	正向	
		尊重需要 39	正向	
		自我实现需要 40	正向	
	违约动机（X_{10}）	追逐经济利益需要 41	负向	
		获得心理满足需要 42	负向	

第三节　农户信用评级实证分析

本节将运用第五章第二节、第三节、第四节介绍的方法，分别计算农户信用评估的一级指标、二级指标的判断矩阵和权重，构建农户信用评估模型，评估农户信用等级。

一、一级指标判断矩阵和权重计算

第一步，构建指标区间判断矩阵

聘请 6 个专家（由农业银行、信用社信贷工作的负责人组成）参加评判，分成三组，每组 2 人。任取两个判断因素，让每个小组的专家在充分讨论的基础上，判断因素 x_i 与 x_j 的相对重要性程度区间数。3 个小组构建的指标区间判断矩阵如表 6–14，表 6–15，表 6–16 所示。

表 6–14　　　　　　　第一小组区间判断矩阵

	X_1	X_2	……	X_8	X_9	X_{10}
X_1	[1,1]	[1/2,2/3]	……	[1/8,1/6]	[1/4,1/3]	[1/2.5,1/1.5]
X_2	[3/2,2]	[1,1]	……	[1/7.5,1/6.5]	[1/4.5,1/3.5]	[1/3.5,1/2]
X_3	[4.5,5]	[6,6.5]	……	[1/6.5,1/5.5]	[1/3.5,1/2.5]	[1/2.5,1/2]
X_4	[3.5,4]	[3.5,4.5]	……	[1/7,1/6]	[1/4,1/3]	[1/2,1/1.5]
X_5	[2.5,3]	[2,3]	……	[1/8,1/7]	[1/5.5,1/5]	[1/1.5,1]
X_6	[3,5.5]	[4,5]	……	[1/5.5,1/4.5]	[1/2.5,1/2]	[3,4.5]
X_7	[5,6]	[6,7]	……	[1/3.5,1/2.5]	[1.5,2.5]	[5,6.5]
X_8	[6,8]	[6.5,7.5]	……	[1,1]	[4,5.5]	[7,8]
X_9	[3,4]	[3.5,4.5]	……	[1/5.5,1/4]	[1,1]	[4,5.5]
X_{10}	[1.5,2.5]	[1.5,2.5]	……	[1/8,1/7]	[1/5.5,1/4]	[1,1]

表 6–15　　　　　　　第二小组区间判断矩阵

	X_1	X_2	……	X_8	X_9	X_{10}
X_1	[1,1]	[1/2.5,3/4]	……	[1/8.5,1/6]	[1/3.5,1/3]	[1/2.5,1]
X_2	[4/3,2.5]	[1,1]	……	[1/7,1/6.5]	[2/3.5,2/2.5]	[1/2.5,2/3]
X_3	[4,5.5]	[2.5,4.5]	……	[1/5,1/4]	[2/3,3/4]	[0.6,0.8]
X_4	[4.5,5]	[2.5,3.5]	……	[0.2,0.8]	[0.3,0.7]	[0.5,0.6]
X_5	[2,3.5]	[1,2]	……	[0.2,0.3]	[0.6,0.8]	[0.4,0.5]
X_6	[3,4.5]	[4/3,3/2]	……	[0.4,0.6]	[0.5,0.7]	[0.8,0.9]
X_7	[4.8,5.5]	[5,6]	……	[3/10,4/10]	[2,2.8]	[3,3.5]
X_8	[6,8.5]	[6.5,7]	……	[1,1]	[3.5,4.2]	[5.5,6.5]
X_9	[3,3.5]	[2.5/2,3.5/2]	……	[1/4.2,1/3.5]	[1,1]	[3,4]
X_{10}	[1,2.5]	[3/2,2.5]	……	[1/6.5,1/5.5]	[1/4,1/3]	[1,1]

表 6 – 16　　　　　　　　　第三小组区间判断矩阵

	X_1	X_2	……	X_8	X_9	X_{10}
X_1	[1,1]	[0.8,0.9]	……	[0.2,0.3]	[0.3,0.5]	[0.65,0.8]
X_2	[10/9,10/8]	[1,1]	……	[1/10,0.15]	[2/3,3/4]	[0.8,0.85]
X_3	[10/3,5]	[1/0.35,1/0.25]	……	[1/5,1/4]	[2/3,3/4]	[0.6,0.8]
X_4	[2,2.5]	[2,2.5]	……	[3/10,5/10]	[4/10,6/10]	[7/10,8/10]
X_5	[10/9,10/8]	[1/0.7,1/0.65]	……	[0.35,0.4]	[0.4,0.45]	[0.6,0.65]
X_6	[10/7,10/6]	[1/0.75,1/0.7]	……	[0.25,0.35]	[0.6,0.75]	[0.8,0.85]
X_7	[1/0.55,2]	[5,6]	……	[0.35,0.45]	[3,4.5]	[5,5.5]
X_8	[10/3,5]	[1/0.15,10]	……	[1,1]	[4,5.5]	[6,6.5]
X_9	[2,10/3]	[4/3,3/2]	……	[1/5.5,1/4]	[1,1]	[4.5,5]
X_{10}	[10/8,1/0.65]	[1/0.85,1/0.8]	……	[1/6.5,1/6]	[1/5,1/4.5]	[1,1]

第二步，求出矩阵的左区间平均值和右区间平均值

综合 3 个专家小组评出的区间判断矩阵，分别求出矩阵左、右区间的平均值，命名为 A^-、A^+ 矩阵，见表 6 – 17、表 6 – 18。

表 6 – 17　　　　　　　　一级指标左区间数判断矩阵 A^-

	X_1	X_2	X_3	X_4	X_5	X_6	X_7	X_8	X_9	X_{10}
X_1	1.00	0.57	0.19	0.28	0.47	0.33	0.28	0.15	0.28	0.48
X_2	1.04	1.00	0.21	0.30	0.49	0.52	0.30	0.13	0.49	0.50
X_3	3.94	3.79	1.00	3.00	3.67	1.27	0.36	0.18	0.54	0.53
X_4	3.17	2.67	0.29	1.00	1.27	1.41	0.42	0.21	0.32	0.57
X_5	1.87	1.48	0.22	0.47	1.00	0.97	0.33	0.23	0.39	0.56
X_6	2.48	2.22	1.60	1.42	0.97	1.00	0.48	0.28	0.50	1.53
X_7	3.87	5.33	2.83	2.62	3.35	1.51	1.00	0.31	2.17	4.33
X_8	5.11	6.56	4.50	3.08	4.28	3.01	2.41	1.00	3.83	6.17
X_9	2.67	2.03	1.68	2.03	2.82	1.59	0.33	0.20	1.00	3.83
X_{10}	1.25	1.39	1.50	1.47	1.51	0.84	0.21	0.14	0.21	1.00

表 6 – 18　　　　　　　　　一级指标右区间数判断矩阵 A^+

	X_1	X_2	X_3	X_4	X_5	X_6	X_7	X_8	X_9	X_{10}
X_1	1.00	1.05	0.26	0.35	0.70	0.45	0.32	0.21	0.39	0.82
X_2	1.92	1.00	0.31	0.53	0.73	0.58	0.29	0.15	0.61	0.67
X_3	5.17	5.00	1.00	3.67	4.67	1.75	0.45	0.23	0.66	0.70
X_4	3.83	3.50	0.35	1.00	2.17	1.86	0.63	0.49	0.54	0.69
X_5	2.58	2.18	0.29	0.81	1.00	1.67	0.43	0.28	0.48	0.72
X_6	3.89	2.64	1.87	1.86	1.39	1.00	0.70	0.39	0.65	2.08
X_7	4.50	6.33	3.33	3.39	4.05	2.22	1.00	0.42	3.27	5.17
X_8	7.17	8.17	5.50	5.11	5.29	4.00	3.23	1.00	5.07	7.00
X_9	3.61	2.58	2.11	3.17	3.22	2.06	0.50	0.26	1.00	4.83
X_{10}	2.18	2.08	1.94	1.81	1.89	0.94	0.24	0.16	0.27	1.00

第三步，求一级指标区间数判断矩阵

根据上述左右区间数判断矩阵 A^-、A^+，构建一级指标区间数判断矩阵 A，如表 6 – 19 所示。

表 6 – 19　　　　　　　　一级指标区间数判断矩阵（平均值）

	X_1	X_2	……	X_8	X_9	X_{10}
X_1	[1,1]	[0.57,1.05]	……	[0.15,0.21]	[0.28,0.39]	[0.48,0.82]
X_2	[1.04,1.92]	[1,1]	……	[0.13,0.15]	[0.49,0.61]	[0.5,0.67]
X_3	[3.94,5.17]	[3.79,5]	……	[0.18,0.23]	[0.54,0.66]	[0.53,0.7]
X_4	[3.17,3.83]	[2.67,3.5]	……	[0.21,0.49]	[0.32,0.54]	[0.57,0.69]
X_5	[1.87,2.58]	[1.48,2.18]	……	[0.23,0.28]	[0.39,0.48]	[0.56,0.72]
X_6	[2.48,3.89]	[2.22,2.64]	……	[0.28,0.39]	[0.5,0.65]	[1.53,2.08]
X_7	[3.87,4.5]	[5.33,6.33]	……	[0.31,0.42]	[2.17,3.27]	[4.33,5.17]
X_8	[5.11,7.17]	[6.56,8.17]	……	[1,1]	[3.83,5.07]	[6.17,7]
X_9	[2.67,3.61]	[2.03,2.58]	……	[0.2,0.26]	[1,1]	[3.83,4.83]
X_{10}	[1.25,2.18]	[1.39,2.08]	……	[0.14,0.16]	[0.21,0.27]	[1,1]

第四步，求矩阵 A^- 和 A^+ 最大特征值和对应的特征向量

设 A^- 的特征向量和特征值组成的矩阵分别为 B_1 和 V_1。通过 matlab 求得最大特征值 $\lambda_1 = 10.2430$，对应的特征向量 $v_1 = (1.0000\ \ 1.0400\ \ 3.9400\ \ 3.1700\ \ 1.8700\ \ 2.4800\ \ 3.8700\ \ 5.1100\ \ 2.6700\ \ 1.2500)$；同理，设 A^+

的特征向量和特征值组成的矩阵分别为 B_2 和 V_2，通过 matlab 求得最大特征值以及对应的特征向量分别为：$\lambda_2 = 13.3646$，$v_2 = (1.0000\ \ 1.9200\ \ 5.1700$ $3.8300\ \ 2.5800\ \ 3.8900\ \ 4.5000\ \ 7.1700\ \ 3.6100\ \ 2.1800)'$。

第五步，求 v_1 及 v_2 的归一化的权重向量

现设 v_1、v_2 归一化的权重向量为 v^-、v^+，用特征根法，求得 $v^- = $ $(0.0282\ \ 0.0339\ \ 0.0996\ \ 0.0640\ \ 0.0475\ \ 0.0821\ \ 0.1761\ \ 0.2926$ $0.1145\ \ 0.0615)'$，$v^+ = (0.0279\ \ 0.0536\ \ 0.1442\ \ 0.1068\ \ 0.0720$ $0.1085\ \ 0.1255\ \ 0.2000\ \ 0.1007\ \ 0.0608)'$。

第六步，判断矩阵 A 的一致性

设 k 和 m 的值，$m = 1.011722 > 1$，$k = 0.79 < 1$，说明矩阵 A 的一致性比较好，也就是所有专家组对一级指标所作的评估符合要求。

第七步，求指标区间权重向量

根据权重向量公式 $W^A = [kv^-, mv^+] = (w_1^A, w_2^A, \cdots, w_n^A)^T$，求得 $w_1^A = [0.0223,\ 0.0282]$，$w_2^A = [0.0268,\ 0.0542]$，$w_3^A = [0.0787,\ 0.1459]$，$w_4^A = [0.0506,\ 0.1080]$，$w_5^A = [0.0375,\ 0.0728]$，$w_6^A = [0.0649,\ 0.1098]$，$w_7^A = [0.1270,\ 0.1391]$，$w_8^A = [0.2023,\ 0.2312]$，$w_9^A = [0.0905,\ 0.1019]$，$w_{10}^A = [0.0486,\ 0.0615]$。

第八步，根据上面数据，建立可能度矩阵 P

对权重区间数进行两两比较，算得矩阵 P。

$P = [0.500\ \ 1.000\ \ 0.000\ \ 0.000\ \ 0.000\ \ 0.000\ \ 0.000\ \ 0.000$
$0.000\ \ 0.000\ \ 0.000\ \ 0.500\ \ 0.000\ \ 0.043\ \ 0.266\ \ 0.000\ \ 0.000\ \ 0.000$
$0.000\ \ 0.139\ \ 0.000\ \ 0.000\ \ 0.500\ \ 0.765\ \ 1.000\ \ 0.723\ \ 0.238\ \ 0.000$
$0.705\ \ 1.000\ \ 0.000\ \ 0.958\ \ 0.235\ \ 0.500\ \ 0.761\ \ 0.421\ \ 0.000\ \ 0.000$
$0.254\ \ 0.845\ \ 0.000\ \ 0.734\ \ 0.000\ \ 0.240\ \ 0.500\ \ 0.099\ \ 0.000\ \ 0.000$
$0.000\ \ 0.502\ \ 0.000\ \ 0.000\ \ 0.278\ \ 0.579\ \ 0.902\ \ 0.500\ \ 0.000\ \ 0.000$
$0.343\ \ 1.000\ \ 0.000\ \ 0.000\ \ 0.762\ \ 1.000\ \ 1.000\ \ 1.000\ \ 0.500\ \ 0.000$
$1.000\ \ 1.000\ \ 0.000\ \ 0.000\ \ 0.000\ \ 1.000\ \ 1.000\ \ 1.000\ \ 1.000\ \ 0.500$
$1.000\ \ 1.000\ \ 0.000\ \ 0.000\ \ 0.295\ \ 0.746\ \ 1.000\ \ 0.657\ \ 0.000\ \ 0.000$
$0.500\ \ 1.000\ \ 0.000\ \ 0.861\ \ 0.000\ \ 0.155\ \ 0.498\ \ 0.000\ \ 0.000\ \ 0.000$
$0.000\ \ 0.500]$。

第九步，计算一级指标权重

根据矩阵 P，计算一级指标权重得 $W =$（0.075　0.101　0.099　0.089　0.077　0.114　0.156　0.130　0.091　0.068），如表6-20所示。

表6-20　　　　　　　　　　一级指标权重

一级指标	农户诚实	农户守信	遵纪守法	行业法规	社会纠纷	发展基础	盈利能力	偿债能力	守约动机	违约动机
权重	0.075	0.101	0.099	0.089	0.077	0.114	0.156	0.130	0.091	0.068

二、二级指标判断矩阵和权重计算

下面继续按照前面提供的方法，计算各二级指标的权重。

1. 农户诚实二级指标权重计算

第一步，专家小组构建指标区间判断矩阵

聘请6个专家（由农业银行、信用社信贷部负责人组成）参加评判，分成3组，每组2人。让每个小组的专家充分讨论指标"劳动力人数、户主年龄、讲真话、不作假"所包含的含义，判断任两指标的相对重要性，通过模糊方法给出重要性程度区间数。3个小组构建的指标区间判断矩阵如表6-21、表6-22、表6-23所示。

表6-21　　　　　　　　　第一小组区间判断矩阵

	Y_1	Y_2	Y_3	Y_4	Y_5
Y_1	[1,1]	[0.5,1]	[0.8,1.2]	[0.55,0.8]	[0.6,0.9]
Y_2	[1,2]	[1,1]	[0.6,0.9]	[0.45,0.85]	[0.65,0.93]
Y_3	[0.83,1.2]	[1.11,1.67]	[1,1]	[1.3,1.5]	[0.9,1.2]
Y_4	[1.25,1.82]	[1.18,2.22]	[0.67,1.5]	[1,1]	[1.5,2]
Y_5	[1.11,1.67]	[1.08,1.54]	[0.83,1.11]	[0.5,0.67]	[1,1]

表6-22　　　　　　　　　第二小组区间判断矩阵

	Y_1	Y_2	Y_3	Y_4	Y_5
Y_1	[1,1]	[0.4,0.9]	[0.9,1.3]	[0.6,0.85]	[0.65,0.95]
Y_2	[1.11,2.5]	[1,1]	[0.8,0.98]	[0.5,0.8]	[0.68,0.9]
Y_3	[0.77,1.11]	[1.02,1.25]	[1,1]	[1.1,1.3]	[1.3,1.5]
Y_4	[1.18,1.67]	[1.25,2]	[0.77,0.91]	[1,1]	[1.4,1.8]
Y_5	[1.05,1.54]	[1.11,1.47]	[0.67,0.77]	[0.56,0.71]	[1,1]

表6-23   第三小组区间判断矩阵

	Y_1	Y_2	Y_3	Y_4	Y_5
Y_1	[1,1]	[0.6,0.9]	[0.5,0.9]	[0.7,0.95]	[0.5,0.8]
Y_2	[1.11,1.67]	[1,1]	[0.6,0.95]	[0.55,0.65]	[0.78,0.89]
Y_3	[1.11,2]	[1.05,1.67]	[1,1]	[0.8,1.2]	[0.95,1.6]
Y_4	[1.05,1.43]	[1.54,1.82]	[0.83,1.5]	[1,1]	[0.9,1.3]
Y_5	[1.25,2]	[1.12,1.28]	[0.63,1.05]	[0.77,1.11]	[1,1]

第二步,求出矩阵的左半区间平均值和右半区间平均值

综合3个专家小组评出的区间判断矩阵,分别求出矩阵左、右区间的平均值,命名为B^-、B^+矩阵,如表6-24、表6-25所示。

表6-24   二级指标左区间数判断矩阵 B^-

	Y_1	Y_2	Y_3	Y_4	Y_5
Y_1	1.00	0.50	0.73	0.62	0.58
Y_2	1.07	1.00	0.67	0.50	0.70
Y_3	0.90	1.06	1.00	1.07	1.05
Y_4	1.16	1.32	0.76	1.00	1.27
Y_5	1.14	1.10	0.71	0.61	1.00

表6-25   二级指标右区间数判断矩阵 B^+

	Y_1	Y_2	Y_3	Y_4	Y_5
Y_1	1.00	0.93	1.13	0.87	0.88
Y_2	2.06	1.00	0.94	0.77	0.91
Y_3	1.44	1.53	1.00	1.33	1.43
Y_4	1.64	2.01	1.30	1.00	1.70
Y_5	1.74	1.43	0.98	0.83	1.00

第三步,求二级指标区间数判断矩阵

综合上述左右区间数判断矩阵B^-、B^+,构建二级指标区间数判断矩阵

B，如表 6 – 26 所示。

表 6 – 26 二级指标区间数判断矩阵（平均值）

	Y_1	Y_2	Y_3	Y_4	Y_5
Y_1	[1,1]	[0.5,0.93]	[0.73,1.13]	[0.62,0.87]	[0.58,0.88]
Y_2	[1.07,2.06]	[1,1]	[0.67,0.94]	[0.5,0.77]	[0.70,0.91]
Y_3	[0.9,1.44]	[1.06,1.53]	[1,1]	[1.07,1.33]	[1.05,1.43]
Y_4	[1.16,1.64]	[1.32,2.01]	[0.76,1.3]	[1,1]	[1.27,1.7]
Y_5	[1.14,1.74]	[1.10,1.43]	[0.71,0.98]	[0.61,0.83]	[1,1]

第四步，求矩阵 B^- 和 B^+ 最大特征值和对应的特征向量

设 B^- 的特征向量和特征值组成的矩阵分别为 B_1 和 V_1。通过 matlab 求得最大特征值 $\lambda_1 = 4.4025$，对应的特征向量 $v_1 = (0.3380 \quad 0.3764 \quad 0.5114 \quad 0.5390 \quad 0.4383)'$；同理，设 B^+ 的特征向量和特征值组成的矩阵分别为 B_2 和 V_2，通过 matlab 求得最大特征值以及对应的特征向量分别为：$\lambda_2 = 6.0071$，$v_2 = (0.3536 \quad 0.3981 \quad 0.4892 \quad 0.5462 \quad 0.4229)'$。

第五步，求 v_1 及 v_2 的归一化的权重向量

现设 v_1、v_2 归一化的权重向量为 v^-、v^+，用特征根法，求得 $v^- = (0.1534 \quad 0.1708 \quad 0.2321 \quad 0.2447 \quad 0.1989)'$，$v^+ = (0.16 \quad 0.1802 \quad 0.2214 \quad 0.2472 \quad 0.1912)'$。

第六步，判断矩阵 B 的一致性

设 k 和 m 的值，$m = 1.063 > 1$，$k = 0.914 < 1$，说明矩阵 B 的一致性比较好，也就是所有专家组对二级指标所作的评估符合要求。

第七步，求指标区间权重向量

根据区间权重向量公式 $W^B = [kv^-, mv^+] = (w_1^B, w_2^B, \cdots, w_n^B)^T$，把 $m = 1.063$，$k = 0.914$ 代入上式，求得 $w_1^B = [0.1417, 0.1702]$，$w_2^B = [0.1578, 0.1917]$，$w_3^B = [0.2145, 0.2356]$，$w_4^B = [0.2261, 0.2630]$，$w_5^B = [0.1838, 0.2034]$。

第八步，建立可能度矩阵 P

对权重区间数进行两两比较，算得矩阵 P。

$P = [0.5 \quad 0.1990 \quad 0 \quad 0 \quad 0; 0.8010 \quad 0.5 \quad 0 \quad 0 \quad 0.1936; 1 \quad 1 \quad 0.5 \quad 0.16311; 1 \quad 1 \quad 0.8369 \quad 0.5 \quad 1; 1 \quad 0.8064 \quad 0 \quad 0 \quad 0.5]$。

第九步，计算二级指标权重

根据矩阵 P，计算二级指标权重得 $W =$ （0.105　0.110　0.2596　0.2986　0.2268），诚信度二级指标权重分配如表 6 – 27 所示。

表 6 – 27　　　　　　　　　诚信度二级指标权重

二级指标	劳动力人数	户主年龄	户主受教育程度	讲真话	不作假
权重	0.105	0.110	0.2596	0.2986	0.2268

2. 农户守信二级指标权重计算

第一步，专家小组构建指标区间判断矩阵

聘请 6 个专家（由农业银行、信用社信贷部负责人组成）参加评判，分成 3 组，每组 2 人。让每个小组的专家充分讨论指标"讲真话、不作假、尊老爱幼、文明礼貌、邻里关系"所包含的含义，评估任两指标的相对重要性，据此，给出反映重要性的数值，然后通过模糊方法给出重要性程度区间数。3 个小组构建的指标区间判断矩阵如表 6 – 28、表 6 – 29、表 6 – 30 所示。

表 6 – 28　　　　　　　　　第一小组区间判断矩阵

	Y_1	Y_2	Y_3	Y_4	Y_5	Y_6
Y_1	[1,1]	[1.2,1.5]	[0.8,1]	[1.3,1.5]	[0.68,0.8]	[0.8,0.95]
Y_2	[0.67,0.83]	[1,1]	[0.78,0.03]	[0.82,0.90]	[0.65,0.72]	[0.73,0.80]
Y_3	[1,1.25]	[1.2,1.28]	[1,1]	[1.2,1.5]	[0.72,0.83]	[0.68,0.79]
Y_4	[0.67,0.77]	[1.11,1.22]	[0.67,0.83]	[1,1]	[0.78,0.81]	[0.75,0.80]
Y_5	[1.25,1.47]	[1.39,1.54]	[1.20,1.39]	[1.23,1.28]	[1,1]	[1.2,1.5]
Y_6	[1.05,1.25]	[1.25,1.37]	[1.27,1.47]	[1.25,1.33]	[0.67,0.83]	[1,1]

表 6 – 29　　　　　　　　　第二小组区间判断矩阵

	Y_1	Y_2	Y_3	Y_4	Y_5	Y_6
Y_1	[1,1]	[1.3,1.6]	[0.85,1.2]	[0.9,1.3]	[0.7,0.85]	[0.75,0.90]
Y_2	[0.625,0.77]	[1,1]	[0.8,0.90]	[0.85,0.95]	[0.68,0.75]	[0.8,0.96]
Y_3	[0.83,1.18]	[1.11,1.25]	[1,1]	[0.8,0.95]	[0.8,0.90]	[0.72,0.85]
Y_4	[0.77,1.11]	[1.05,1.18]	[1.05,1.25]	[1,1]	[0.75,0.83]	[0.8,0.90]
Y_5	[1.18,1.43]	[1.33,1.47]	[1.11,1.25]	[1.20,1.33]	[1,1]	[1.3,1.80]
Y_6	[1.11,1.33]	[1.04,1.25]	[1.18,1.39]	[1.11,1.25]	[0.56,0.77]	[1,1]

表 6 – 30　　　　　　　　　　　第三小组区间判断矩阵

	Y_1	Y_2	Y_3	Y_4	Y_5	Y_6
Y_1	[1,1]	[1.5,1.8]	[0.9,1.3]	[0.85,1.1]	[0.75,0.85]	[0.85,0.98]
Y_2	[0.56,0.67]	[1,1]	[0.75,0.85]	[0.8,0.95]	[0.6,0.80]	[0.78,0.85]
Y_3	[0.77,1.11]	[1.18,1.33]	[1,1]	[0.9,1.40]	[0.78,0.85]	[0.8,0.90]
Y_4	[0.91,1.18]	[1.05,1.25]	[0.71,1.11]	[1,1]	[0.8,0.9]	[0.85,0.95]
Y_5	[1.18,1.33]	[1.25,1.67]	[1.18,1.28]	[1.11,1.25]	[1,1]	[1.5,2.3]
Y_6	[1.02,1.18]	[1.18,1.28]	[1.11,1.25]	[1.05,1.18]	[0.43,0.67]	[1,1]

第二步，求出矩阵的左半区间平均值和右半区间平均值

综合 3 个专家小组评出的区间判断矩阵，根据每个区间的上下限值，分别计算出上下限（左、右区间）的平均值，用这些值组成新矩阵，命名为 C^-、C^+ 矩阵，如表 6 – 31、表 6 – 32 所示。

表 6 – 31　　　　　　　　　二级指标左区间数判断矩阵 C^-

	Y_1	Y_2	Y_3	Y_4	Y_5	Y_6
Y_1	1.00	1.33	0.85	1.02	0.71	0.80
Y_2	0.62	1.00	0.78	0.82	0.64	0.77
Y_3	0.87	1.16	1.00	0.97	0.77	0.73
Y_4	0.78	1.07	0.81	1.00	0.78	0.80
Y_5	1.20	1.32	1.16	1.18	1.00	1.33
Y_6	1.06	1.16	1.18	1.14	0.55	1.00

表 6 – 32　　　　　　　　　二级指标右区间数判断矩阵 C^+

	Y_1	Y_2	Y_3	Y_4	Y_5	Y_6
Y_1	1.00	1.63	1.17	1.30	0.83	0.94
Y_2	0.76	1.00	0.86	0.93	0.76	0.87
Y_3	1.18	1.29	1.00	1.28	0.86	0.85
Y_4	1.02	1.22	1.06	1.00	0.85	0.88
Y_5	1.41	1.56	1.31	1.29	1.00	1.87
Y_6	1.25	1.30	1.37	1.25	0.76	1.00

第三步，求二级指标区间数判断矩阵

综合上述左右区间数判断矩阵 C^-、C^+，构建二级指标区间数判断矩阵 C，如表 6 – 33 所示。

表 6-33　　　　　　　　二级指标区间数判断矩阵（平均值）

	Y_1	Y_2	Y_3	Y_4	Y_5	Y_6
Y_1	[1,1]	[1.33,1.63]	[0.85,1.17]	[1.02,1.30]	[0.71,0.83]	[0.8,0.94]
Y_2	[0.62,0.76]	[1,1]	[0.78,0.86]	[0.82,0.93]	[0.64,0.76]	[0.77,0.87]
Y_3	[0.87,1.18]	[1.16,1.29]	[1,1]	[0.97,1.28]	[0.77,0.86]	[0.73,0.85]
Y_4	[0.78,1.02]	[1.07,1.22]	[0.81,1.06]	[1,1]	[0.78,0.85]	[0.8,0.88]
Y_5	[1.20,1.41]	[1.32,1.56]	[1.16,1.31]	[1.18,1.29]	[1,1]	[1.33,1.87]
Y_6	[1.06,1.25]	[1.16,1.30]	[1.18,1.37]	[1.18,1.25]	[0.55,0.76]	[1,1]

第四步，求矩阵 C^- 和 C^+ 最大特征值和对应的特征向量

设 C^- 的特征向量和特征值组成的矩阵分别为 B_1 和 V_1。通过 matlab 求得最大特征值 $\lambda_1 = 5.6199$，对应的特征向量 $v_1 = $（0.4002　0.3272　0.3882　0.3717　0.5124　0.4258)′；同理，设 C^+ 的特征向量和特征值组成的矩阵分别为 B_2 和 V_2，通过 matlab 求得最大特征值以及对应的特征向量分别为：$\lambda_2 = 6.5216$，$v_2 = $（0.4119　0.3166　0.392　0.3675　0.5155　0.4192)′。

第五步，求 v_1 及 v_2 的归一化的权重向量

现设 v_1、v_2 归一化的权重向量为 v^-、v^+，用特征根法，求得 $v^- = $（0.165　0.1349　0.1601　0.1532　0.2113　0.1756)′，$v^+ = $（0.17　0.1307　0.1618　0.1517　0.2128　0.173)′。

第六步，判断矩阵 C 的一致性

设 k 和 m 的值，$m = 1.03 > 1$，$k = 0.96 < 1$，说明矩阵 C 的一致性比较好，也就是所有专家组对二级指标所作的评估符合要求。

第七步，求指标区间权重向量

根据区间权重向量公式 $W^B = [kv^-, mv^+] = (w_1^B, w_2^B, \cdots, w_n^B)^T$，把 $m = 1.03$，$k = 0.96$ 代入上式，求得 $w_1^B = $ [0.1584　0.1751]，$w_2^B = $ [0.1295　0.1346]，$w_3^B = $ [0.1537　0.16665]，$w_4^B = $ [0.1471　0.1562]，$w_5^B = $ [0.2028　0.2192]，$w_6^B = $ [0.1686　0.1782]。

第八步，建立可能度矩阵 P

对权重区间数进行两两比较，算得矩阵 P。

$P = $ [0.5　1　1　1　0　0.2857; 0　0.5　0　0　0　0; 0　1　0.5　1　0　0; 0　1　0　0.5　0　0; 1　1　1　1　0.5　1; 0.7143　1　1　1　0　0.5]。

第九步，计算二级指标权重

根据矩阵 P，计算二级指标权重得 W = （0.1929　0.0833　0.1500　0.1167　0.2500　0.2071），诚信度二级指标权重分配如表6-34所示。

表6-34　　　　　　　　　　诚信度二级指标权重

二级指标	尊老爱幼	文明礼貌	邻里关系	乐于助人	历史信用	讲究信誉
权重	0.1929	0.0833	0.1500	0.1167	0.2500	0.2071

3. 农户遵纪守法二级指标权重计算

第一步，专家小组构建指标区间判断矩阵

聘请6个专家（由农业银行、信用社信贷部负责人组成）参加评判，分成3组，每组2人。让每个小组的专家充分讨论指标"刑法、民法、其他法规"包含的含义，判断任两指标的相对重要性，通过模糊方法给出重要性程度区间数。3个小组构建的指标区间判断矩阵如表6-35、表6-36、表6-37所示。

表6-35　　　　　　　　　　第一小组区间判断矩阵

	Y_1	Y_2	Y_3
Y_1	[1,1]	[2,2.5]	[3,3.5]
Y_2	[0.4,0.5]	[1,1]	[2.6,3.2]
Y_3	[0.29,0.33]	[0.31,0.38]	[1,1]

表6-36　　　　　　　　　　第二小组区间判断矩阵

	Y_1	Y_2	Y_3
Y_1	[1,1]	[2.3,2.8]	[3.3,3.8]
Y_2	[0.36,0.43]	[1,1]	[2.5,3.00]
Y_3	[0.26,0.3]	[0.33,0.4]	[1,1]

表6-37　　　　　　　　　　第三小组区间判断矩阵

	Y_1	Y_2	Y_3
Y_1	[1,1]	[1.8,2.5]	[2.6,3.3]
Y_2	[0.4,0.56]	[1,1]	[2.3,3.5]
Y_3	[0.30,0.38]	[0.29,0.43]	[1,1]

第二步，求出矩阵的左半区间平均值和右半区间平均值

综合3个专家小组评出的区间判断矩阵，分别求出矩阵左、右区间的平均值，命名为 D^-、D^+ 矩阵，如表6-38、表6-39所示。

表 6 - 38　　　　　　　　　二级指标左区间数判断矩阵 D^-

	Y_1	Y_2	Y_3
Y_1	1.00	2.03	2.97
Y_2	0.39	1.00	2.47
Y_3	0.28	0.31	1.00

表 6 - 39　　　　　　　　　二级指标右区间数判断矩阵 D^+

	Y_1	Y_2	Y_3
Y_1	1.00	2.60	3.53
Y_2	0.50	1.00	3.23
Y_3	0.34	0.41	1.00

第三步，求二级指标区间数判断矩阵

综合上述左右区间数判断矩阵 D^-、D^+，构建二级指标区间数判断矩阵 D，如表 6 - 40 所示。

表 6 - 40　　　　　　　二级指标区间数判断矩阵（平均值）

	Y_1	Y_2	Y_3
Y_1	[1,1]	[2.03,2.6]	[2.97,3.53]
Y_2	[0.39,0.5]	[1,1]	[2.47,3.23]
Y_3	[0.28,0.34]	[0.31,0.41]	[1,1]

第四步，求矩阵 D^- 和 D^+ 最大特征值和对应的特征向量

设 D^- 的特征向量和特征值组成的矩阵分别为 B_1 和 V_1。通过 matlab 求得最大特征值 $\lambda_1 = 2.8308$，对应的特征向量 $v_1 = (0.8589\ \ 0.4668\ \ 0.2104)'$；同理，设 D^+ 的特征向量和特征值组成的矩阵分别为 B_2 和 V_2，通过 matlab 求得最大特征值以及对应的特征向量分别为：$\lambda_2 = 3.3171$，$v_2 = (0.8539\ \ 0.4764\ \ 0.2096)'$。

第五步，求 v_1 及 v_2 的归一化的权重向量

现设 v_1、v_2 归一化的权重向量为 v^-、v^+，用特征根法，求得 $v^- = (0.5591\ \ 0.3039\ \ 0.137)'$，$v^+ = (0.5545\ \ 0.3094\ \ 0.1361)'$。

第六步，判断矩阵 D 的一致性

设 k 和 m 的值，$m = 1.026 > 1$，$k = 0.961 < 1$，说明矩阵 D 的一致性比较好，也就是所有专家组对二级指标所作的评估符合要求。

第七步，求指标区间权重向量

根据区间权重向量公式 $W^B = [kv^-, mv^+] = (w_1^B, w_2^B, \cdots, w_n^B)^T$，把 $m = 1.026$，$k = 0.961$ 代入上式，求得 $w_1^B = [0.5373 \quad 0.5689]$，$w_2^B = [0.2920 \quad 0.3174]$，$w_3^B = [0.1317 \quad 0.1396]$。

第八步，建立可能度矩阵 P

对权重区间数进行两两比较，算得矩阵 P。

$P = [0.5 \ 0 \ 0; \ 1 \ 0.5 \ 0; \ 1 \ 1 \ 0.5]$。

第九步，计算二级指标权重

根据矩阵 P，计算二级指标权重得 $W = (0.5000 \quad 0.3333 \quad 0.1667)$，诚信度二级指标权重分配如表 6-41 所示。

表 6-41　　　　　　　　合规度二级指标权重

二级指标	刑法	民法	其他法规
权重	0.5000	0.3333	0.1667

4. 农户行业法规二级指标权重计算

第一步，专家小组构建指标区间判断矩阵

聘请 6 个专家（由农业银行、信用社信贷部负责人组成）参加评判，分成 3 组，每组 2 人。让每个小组的专家充分讨论指标"教育、计生、其他行业"包含的含义，判断任两指标的相对重要性，通过模糊方法给出重要性程度区间数。3 个小组构建的指标区间判断矩阵如表 6-42、表 6-43、表 6-44 所示。

表 6-42　　　　　　　　第一小组区间判断矩阵

	Y_1	Y_2	Y_3
Y_1	[1,1]	[1.5,2.2]	[2.3,2.8]
Y_2	[0.45,0.67]	[1,1]	[1.8,2.30]
Y_3	[0.36,0.43]	[0.43,0.56]	[1,1]

表 6-43　　　　　　　　第二小组区间判断矩阵

	Y_1	Y_2	Y_3
Y_1	[1,1]	[1.3,1.8]	[2,3]
Y_2	[0.56,0.77]	[1,1]	[1.5,2.5]
Y_3	[0.33,0.5]	[0.4,0.67]	[1,1]

表 6 - 44　　　　　　　　　　　第三小组区间判断矩阵

	Y_1	Y_2	Y_3
Y_1	[1,1]	[1.8,2.5]	[2.5,3.2]
Y_2	[0.4,0.56]	[1,1]	[1.6,2]
Y_3	[0.3125,0.4]	[0.5,0.63]	[1,1]

第二步，求出矩阵的左半区间平均值和右半区间平均值

综合 3 个专家小组评出的区间判断矩阵，分别求出矩阵左、右区间的平均值，命名为 E^-、E^+ 矩阵，如表 6 - 45、表 6 - 46 所示。

表 6 - 45　　　　　　　二级指标左区间数判断矩阵 E^-

	Y_1	Y_2	Y_3
Y_1	1.00	2.03	2.97
Y_2	0.39	1.00	2.47
Y_3	0.28	0.31	1.00

表 6 - 46　　　　　　　二级指标右区间数判断矩阵 E^+

	Y_1	Y_2	Y_3
Y_1	1.00	2.60	3.53
Y_2	0.50	1.00	3.23
Y_3	0.34	0.41	1.00

第三步，求二级指标区间数判断矩阵

综合上述左右区间数判断矩阵 E^-、E^+，构建二级指标区间数判断矩阵 E，如表 6 - 47 所示。

表 6 - 47　　　　　　二级指标区间数判断矩阵（平均值）

	Y_1	Y_2	Y_3
Y_1	[1,1]	[2.03,2.6]	[2.97,3.53]
Y_2	[0.39,0.5]	[1,1]	[2.47,3.23]
Y_3	[0.28,0.34]	[0.31,0.41]	[1,1]

第四步，求矩阵 E^- 和 E^+ 最大特征值和对应的特征向量

设 E^- 的特征向量和特征值组成的矩阵分别为 B_1 和 V_1。通过 matlab 求得最

大特征值 $\lambda_1 = 2.7144$，对应的特征向量 $v_1 = (0.8202 \quad 0.4960 \quad 0.2852)'$；同理，设 E^+ 的特征向量和特征值组成的矩阵分别为 B_2 和 V_2，通过 matlab 求得最大特征值以及对应的特征向量分别为：$\lambda_2 = 3.3654$，$v_2 = (0.8182 \quad 0.5002 \quad 0.2833)'$。

第五步，求 v_1 及 v_2 的归一化的权重向量

现设 v_1、v_2 归一化的权重向量为 v^-、v^+，用特征根法，求得 $v^- = (0.5122 \quad 0.3097 \quad 0.1781)'$，$v^+ = (0.5108 \quad 0.3123 \quad 0.1769)'$。

第六步，判断矩阵 E 的一致性

设 k 和 m 的值，$m = 1.046 > 1$，$k = 0.948 < 1$，说明矩阵 E 的一致性比较好，也就是所有专家组对二级指标所作的评估符合要求。

第七步，求指标区间权重向量

根据区间权重向量公式 $W^B = [kv^-, mv^+] = (w_1^B, w_2^B, \cdots, w_n^B)^T$，把 $m = 1.026$，$k = 0.961$ 代入上式，求得 $w_1^B = [0.5373, 0.5689]$，$w_2^B = [0.2920, 0.3174]$，$w_3^B = [0.1317, 0.1396]$。

第八步，建立可能度矩阵 P

对权重区间数进行两两比较，算得矩阵 P。

$P = [0.5 \quad 0.821 \quad 1; 0.179 \quad 0.5 \quad 1; 0 \quad 0 \quad 0.5]$。

第九步，计算二级指标权重

根据矩阵 P，计算二级指标权重得 $W = (0.4518 \quad 0.3810 \quad 0.8328)$，诚信度二级指标权重分配如表 6-48 所示。

表 6-48　　　　　　　　　农户行业法规二级指标权重

二级指标	教育	计生	其他行业
权重	0.4518	0.3810	0.8328

5. 农户社会纠纷二级指标权重计算

第一步，专家小组构建指标区间判断矩阵

聘请 6 个专家（由农业银行、信用社信贷部负责人组成）参加评判，分成 3 组，每组 2 人。让每个小组的专家充分讨论指标"经济纠纷、农村纠纷、其他纠纷"包含的含义，评估任两指标的相对重要性，据此，给出反映指标重要性的数值，然后通过模糊方法给出重要性程度区间数。3 个小组构建的指标区间判断矩阵如表 6-49、表 6-50、表 6-51 所示。

表 6 – 49　　　　　　　　　　第一小组区间判断矩阵

	Y_1	Y_2	Y_3
Y_1	[1,1]	[2.3,2.8]	[3,3.5]
Y_2	[0.36,0.43]	[1,1]	[1.1,1.6]
Y_3	[0.29,0.33]	[0.625,0.91]	[1,1]

表 6 – 50　　　　　　　　　　第二小组区间判断矩阵

	Y_1	Y_2	Y_3
Y_1	[1,1]	[2.5,3]	[3.3,3.6]
Y_2	[0.33,0.40]	[1,1]	[1.5,2]
Y_3	[0.28,0.3]	[0.5,0.67]	[1,1]

表 6 – 51　　　　　　　　　　第三小组区间判断矩阵

	Y_1	Y_2	Y_3
Y_1	[1,1]	[2.8,3.2]	[3.5,3.8]
Y_2	[0.31,0.36]	[1,1]	[1.6,2]
Y_3	[0.26,0.29]	[0.5,0.63]	[1,1]

第二步，求出矩阵的左半区间平均值和右半区间平均值

综合 3 个专家小组评出的区间判断矩阵，分别求出矩阵左、右区间的平均值，命名为 F^-、F^+ 矩阵，如表 6 – 52、表 6 – 53 所示。

表 6 – 52　　　　　　　　二级指标左区间数判断矩阵 F^-

	Y_1	Y_2	Y_3
Y_1	1.00	2.53	3.27
Y_2	0.33	1.00	1.40
Y_3	0.28	0.54	1.00

表 6 – 53　　　　　　　　二级指标右区间数判断矩阵 F^+

	Y_1	Y_2	Y_3
Y_1	1.00	3.00	3.63
Y_2	0.40	1.00	1.87
Y_3	0.31	0.73	1.00

第三步，求二级指标区间数判断矩阵

综合上述左右区间数判断矩阵 F^-、F^+，构建二级指标区间数判断矩阵 F，如表 6 – 54 所示。

表 6 – 54　　　　　　　　二级指标区间数判断矩阵（平均值）

	Y_1	Y_2	Y_3
Y_1	[1,1]	[2.53,3]	[3.27,3.63]
Y_2	[0.33,0.4]	[1,1]	[1.4,1.87]
Y_3	[0.28,0.31]	[0.54,0.73]	[1,1]

第四步，求矩阵 F^- 和 F^+ 最大特征值和对应的特征向量

设 F^- 的特征向量和特征值组成的矩阵分别为 B_1 和 V_1。通过 matlab 求得最大特征值 $\lambda_1 = 2.8343$，对应的特征向量 $v_1 = (0.9067\ \ 0.3466\ \ 0.2404)'$；同理，设 F^+ 的特征向量和特征值组成的矩阵分别为 B_2 和 V_2，通过 matlab 求得最大特征值以及对应的特征向量分别为 $\lambda_2 = 3.2246$，$v_2 = (0.8969\ \ 0.3678\ \ 0.2457)'$。

第五步，求 v_1 及 v_2 的归一化的权重向量

现设 v_1、v_2 归一化的权重向量为 v^-、v^+，用特征根法，求得 $v^- = (0.6070\ \ 0.2320\ \ 0.1610)'$，$v^+ = (0.5938\ \ 0.2435\ \ 0.1627)'$。

第六步，判断矩阵 F 的一致性

设 k 和 m 的值，$m = 1.021 > 1$，$k = 0.976 < 1$，说明矩阵 F 的一致性比较好，也就是所有专家组对二级指标所作的评估符合要求。

第七步，求指标区间权重向量

根据区间权重向量公式 $W^B = [kv^-, mv^+] = (w_1^B, w_2^B, \cdots, w_n^B)^T$，把 $m = 1.021$，$k = 0.976$ 代入上式，求得 $w_1^B = [0.5924, 0.6063]$，$w_2^B = [0.2264, 0.2486]$，$w_3^B = [0.1571, 0.1661]$。

第八步，建立可能度矩阵 P

对权重区间数进行两两比较，算得矩阵 P。

$P = [0.5\ \ 1\ \ 1;\ 0\ \ 0.5\ \ 0.662;\ 0\ \ 0.338\ \ 0.5]$。

第九步，计算二级指标权重

根据矩阵 P，计算二级指标权重得 $W = (0.4313\ \ 0.3960\ \ 0.1727)$，诚信度二级指标权重分配如表 6 – 55 所示。

表6-55 农户社会纠纷二级指标权重

二级指标	经济纠纷	农村纠纷	其他纠纷
权重	0.4313	0.3960	0.1727

6. 农户发展基础二级指标权重计算

第一步，专家小组构建指标区间判断矩阵

聘请6个专家（由农业银行、信用社信贷部负责人组成）参加评判，分成3组，每组2人。让每个小组的专家充分讨论指标"生产经营服务技术、生产经营服务历史、生产经营规模、生产投资规模"包含的含义，判断任两指标的相对重要性，通过模糊方法给出重要性程度区间数。3个小组构建的指标区间判断矩阵如表6-56、表6-57、表6-58所示。

表6-56 第一小组区间判断矩阵

	Y_1	Y_2	Y_3	Y_4
Y_1	[1,1]	[1.5,2.3]	[1.8,2.5]	[2,2.8]
Y_2	[0.43,0.67]	[1,1]	[1.2,1.5]	[0.96,1.3]
Y_3	[0.4,0.56]	[0.67,0.83]	[1,1]	[1.2,1.5]
Y_4	[0.36,0.5]	[0.77,1.04]	[0.67,0.83]	[1,1]

表6-57 第二小组区间判断矩阵

	Y_1	Y_2	Y_3	Y_4
Y_1	[1,1]	[1.6,2]	[1.65,2.1]	[1.8,2.3]
Y_2	[0.5,0.63]	[1,1]	[0.9,1.3]	[0.95,1.35]
Y_3	[0.48,0.61]	[0.77,1.11]	[1,1]	[1.1,1.3]
Y_4	[0.43,0.56]	[0.74,1.05]	[0.77,0.91]	[1,1]

表6-58 第三小组区间判断矩阵

	Y_1	Y_2	Y_3	Y_4
Y_1	[1,1]	[1.3,2]	[1.5,2.2]	[1.6,2.5]
Y_2	[0.5,0.77]	[1,1]	[1.1,1.5]	[1.2,1.8]
Y_3	[0.45,0.67]	[0.67,0.91]	[1,1]	[1.1,1.4]
Y_4	[0.4,0.63]	[0.56,0.83]	[0.71,0.91]	[1,1]

第二步，求出矩阵的左半区间平均值和右半区间平均值

综合 3 个专家小组评出的区间判断矩阵，分别求出矩阵左、右区间的平均值，命名为 G^-、G^+ 矩阵，如表 6 - 59、表 6 - 60 所示。

表 6 - 59　　　　　　　　二级指标左区间数判断矩阵 G^-

	Y_1	Y_2	Y_3	Y_4
Y_1	1.00	1.47	1.65	1.80
Y_2	0.48	1.00	1.07	1.04
Y_3	0.44	0.70	1.00	1.13
Y_4	0.40	0.69	0.72	1.00

表 6 - 60　　　　　　　　二级指标右区间数判断矩阵 G^+

	Y_1	Y_2	Y_3
Y_1	1.00	3.00	3.63
Y_2	0.40	1.00	1.87
Y_3	0.31	0.73	1.00

第三步，求二级指标区间数判断矩阵

综合上述左右区间数判断矩阵 G^-、G^+，构建二级指标区间数判断矩阵 G，如表 6 - 61 所示。

表 6 - 61　　　　　　二级指标区间数判断矩阵（平均值）

	Y_1	Y_2	Y_3	Y_4
Y_1	1.00	2.10	2.27	2.53
Y_2	0.69	1.00	1.43	1.48
Y_3	0.61	0.95	1.00	1.40
Y_4	0.56	0.98	0.88	1.00

第四步，求矩阵 G^- 和 G^+ 最大特征值和对应的特征向量

设 G^- 的特征向量和特征值组成的矩阵分别为 B_1 和 V_1。通过 matlab 求得最大特征值 $\lambda_1 = 3.5825$，对应的特征向量 $v_1 = (0.7354\ \ 0.4359\ \ 0.3921\ \ 0.3397)'$；同理，设 G^+ 的特征向量和特征值组成的矩阵分别为 B_2 和 V_2，通过

matlab 求得最大特征值以及对应的特征向量分别为：$\lambda_2 = 4.5317$，$v_2 = (0.7434\ \ 0.4385\ \ 0.3788\ \ 0.3339)'$。

第五步，求 v_1 及 v_2 的归一化的权重向量

现设 v_1、v_2 归一化的权重向量为 v^-、v^+，用特征根法求得 $v^- = (0.3864\ \ 0.2291\ \ 0.2060\ \ 0.1785)'$，$v^+ = (0.3924\ \ 0.2315\ \ 0.1999\ \ 0.1763)'$。

第六步，判断矩阵 G 的一致性

设 k 和 m 的值，$m = 1.057 > 1$，$k = 0.94 < 1$，说明矩阵 G 的一致性比较好，也就是所有专家组对二级指标所作的评估符合要求。

第七步，求指标区间权重向量

根据区间权重向量公式 $W^B = [kv^-, mv^+] = (w_1^B, w_2^B, \cdots, w_n^B)^T$，把 $m = 1.021$，$k = 0.976$ 代入上式，求得 $w_1^B = [0.363, 0.415]$，$w_2^B = [0.215, 0.245]$，$w_3^B = [0.194, 0.211]$，$w_4^B = [0.168, 0.186]$。

第八步，建立可能度矩阵 P

对权重区间数进行两两比较，算得矩阵 P。

$P = [0.5\ \ 1\ \ 1\ \ 1; 0\ \ 0.5\ \ 0.9463\ \ 1; 0\ \ 0.0537\ \ 0.5\ \ 0.9492; 0\ \ 0\ \ 0.0508\ \ 0.5]$。

第九步，计算二级指标权重

根据矩阵 P，计算二级指标权重得 $W = (0.3750, 0.2872, 0.2086, 0.1292)$，诚信度二级指标权重分配如表 6 - 62 所示。

表 6 - 62　　　　　　　　　农户发展基础二级指标权重

二级指标	生产经营服务技术	生产经营服务历史	生产经营规模	生产投资规模
权重	0.3750	0.2872	0.2086	0.1292

7. 农户盈利能力二级指标权重计算

第一步，专家小组构建指标区间判断矩阵

聘请 6 个专家（由农业银行、信用社信贷部负责人组成）参加评判，分成 3 组，每组 2 人。让每个小组的专家充分讨论指标"销售渠道、产品或服务竞争力、市场供求、经营管理能力、成本费用利润率、资产收益率"包含的含义，评估任两指标的相对重要性，据此，给出反映评估指标重要性的数值，然后，通过模糊方法给出重要性程度区间数。3 个小组构建的指标区间判断矩阵分别称为第一小组区间判断矩阵、第二小组区间判断矩阵以及第三小组区间判

断矩阵，如表6-63、表6-64、表6-65所示。

表6-63　　　　　　　　　　第一小组区间判断矩阵

	Y_1	Y_2	Y_3	Y_4	Y_5	Y_6
Y_1	[1,1]	[0.9,1.5]	[0.8,1.3]	[1.3,1.8]	[0.85,0.98]	[0.75,0.95]
Y_2	[0.67,1.11]	[1,1]	[1.2,1.8]	[0.9,1.3]	[0.95,1.5]	[0.9,1.25]
Y_3	[0.77,1.25]	[0.56,0.83]	[1,1]	[0.6,0.8]	[0.83,0.9]	[0.78,0.85]
Y_4	[0.56,0.77]	[0.77,1.11]	[1.25,1.67]	[1,1]	[1.3,1.6]	[1.2,1.5]
Y_5	[1.02,1.18]	[0.67,1.05]	[1.11,1.2]	[0.625,0.77]	[1,1]	[1.5,1.8]
Y_6	[1.05,1.33]	[0.8,1.11]	[1.18,1.28]	[0.67,0.83]	[0.56,0.67]	[1,1]

表6-64　　　　　　　　　　第二小组区间判断矩阵

	Y_1	Y_2	Y_3	Y_4	Y_5	Y_6
Y_1	[1,1]	[0.8,0.95]	[1.2,1.5]	[0.78,0.95]	[0.8,0.90]	[0.7,0.85]
Y_2	[1.05,1.25]	[1,1]	[1.1,1.5]	[0.8,1.2]	[0.85,1.3]	[0.8,1.35]
Y_3	[0.67,0.83]	[0.67,0.91]	[1,1]	[0.65,0.9]	[0.86,0.95]	[0.75,0.9]
Y_4	[1.05,1.28]	[0.83,1.25]	[1.11,1.54]	[1,1]	[1.5,1.9]	[1.6,1.8]
Y_5	[1.11,1.25]	[0.77,1.18]	[1.05,1.16]	[0.53,0.67]	[1,1]	[0.9,1.5]
Y_6	[1.18,1.43]	[0.74,1.25]	[1.11,1.33]	[0.56,0.63]	[0.67,1.11]	[1,1]

表6-65　　　　　　　　　　第三小组区间判断矩阵

	Y_1	Y_2	Y_3	Y_4	Y_5	Y_6
Y_1	[1,1]	[0.75,1.6]	[1.3,1.5]	[0.8,0.99]	[0.7,0.9]	[0.8,0.95]
Y_2	[0.625,1.33]	[1,1]	[1.3,1.6]	[0.75,1.1]	[0.8,1.2]	[0.85,1.22]
Y_3	[0.67,0.77]	[0.625,0.77]	[1,1]	[0.7,0.95]	[0.85,0.98]	[0.8,0.9]
Y_4	[1.01,1.25]	[0.91,1.33]	[1.05,1.43]	[1,1]	[1.5,1.8]	[1.6,1.9]
Y_5	[1.11,1.43]	[0.83,1.25]	[1.02,1.18]	[0.56,0.67]	[1,1]	[0.9,1.5]
Y_6	[1.053,1.25]	[0.82,1.18]	[1.11,1.25]	[0.53,0.63]	[0.67,1.11]	[1,1]

第二步，求出矩阵的左半区间平均值和右半区间平均值

综合上述3个专家小组评出的区间判断矩阵，据此，分别求出矩阵左、右区间的平均值，所得的矩阵分别命名为H^-、H^+矩阵，如表6-66、表6-67所示。

表 6 - 66　　　　　　　　　　二级指标左区间数判断矩阵 H^-

	Y_1	Y_2	Y_3	Y_4	Y_5	Y_6
Y_1	1.00	0.82	1.10	0.96	0.78	0.75
Y_2	0.78	1.00	1.20	0.82	0.87	0.85
Y_3	0.70	0.62	1.00	0.65	0.85	0.78
Y_4	0.87	0.84	1.14	1.00	1.43	1.47
Y_5	1.08	0.76	1.06	0.57	1.00	1.10
Y_6	1.09	0.79	1.13	0.58	0.63	1.00

表 6 - 67　　　　　　　　　　二级指标右区间数判断矩阵 H^+

	Y_1	Y_2	Y_3	Y_4	Y_5	Y_6
Y_1	1.00	1.35	1.43	1.25	0.93	0.92
Y_2	1.23	1.00	1.63	1.20	1.33	1.27
Y_3	0.95	0.84	1.00	0.88	0.94	0.88
Y_4	1.10	1.23	1.54	1.00	1.77	1.73
Y_5	1.29	1.16	1.18	0.70	1.00	1.60
Y_6	1.34	1.18	1.29	0.69	0.96	1.00

第三步，求二级指标区间数判断矩阵

综合上述左右区间数判断矩阵 H^-、H^+，构建二级指标区间数判断矩阵 B，如表 6 - 68 所示。

表 6 - 68　　　　　　　　二级指标区间数判断矩阵（平均值）

	Y_1	Y_2	Y_3	Y_4	Y_5	Y_6
Y_1	[1,1]	[0.82,1.35]	[1.1,1.43]	[0.96,1.25]	[0.78,0.93]	[0.75,0.92]
Y_2	[0.78,1.23]	[1,1]	[1.2,1.63]	[0.82,1.2]	[0.87,1.33]	[0.85,1.27]
Y_3	[0.7,0.95]	[0.62,0.84]	[1,1]	[0.65,0.88]	[0.85,0.94]	[0.78,0.88]
Y_4	[0.87,1.1]	[0.84,1.23]	[1.14,1.54]	[1,1]	[1.43,1.77]	[1.47,1.73]
Y_5	[1.08,1.29]	[0.76,1.16]	[1.06,1.18]	[0.57,0.7]	[1,1]	[1.1,1.6]
Y_6	[1.09,1.34]	[0.79,1.18]	[1.13,1.29]	[0.58,0.69]	[0.63,0.96]	[1,1]

第四步，求矩阵 H^- 和 H^+ 最大特征值和对应的特征向量

设 H^- 的特征向量和特征值组成的矩阵分别为 B_1 和 V_1。通过 matlab 求得最大特征值 $\lambda_1 = 5.4398$，对应的特征向量 $v_1 =$ （0.4023　0.4066　0.3378　0.4992　0.4064　0.38）′；同理，设 H^+ 的特征向量和特征值组成的矩阵分别

为 B_2 和 V_2，通过 matlab 求得最大特征值以及对应的特征向量分别为：$\lambda_2 =$ 6. 8779，$v_2 = (0.4052 \quad 0.4443 \quad 0.3216 \quad 0.4839 \quad 0.4007 \quad 0.3744)'$。

第五步，求 v_1 及 v_2 的归一化的权重向量

现设 v_1、v_2 归一化的权重向量为 v^-、v^+，用特征根法，求得 $v^- = (0.1654 \quad 0.1672 \quad 0.1389 \quad 0.2052 \quad 0.1671 \quad 0.1562)'$，$v^+ = (0.1667 \quad 0.1828 \quad 0.1323 \quad 0.1991 \quad 0.1649 \quad 0.1541)'$。

第六步，判断矩阵 H 的一致性

设 k 和 m 的值，$m = 1.052 > 1$，$k = 0.933 < 1$，说明矩阵 H 的一致性比较好，也就是所有专家组对二级指标所作的评估符合要求。

第七步，求指标区间权重向量

根据区间权重向量公式 $W^B = [kv^-, mv^+] = (w_1^B, w_2^B, \cdots, w_n^B)^T$，把 $m = 1.052$，$k = 0.933$ 代入上式，求得 $w_1^B = [0.1543, 0.1754]$，$w_2^B = [0.156, 0.1923]$，$w_3^B = [0.1296, 0.1392]$，$w_4^B = [0.1915, 0.2095]$，$w_5^B = [0.1559, 0.1735]$，$w_6^B = [0.1457, 0.1621]$。

第八步，建立可能度矩阵 P

对权重区间数进行两两比较，算得矩阵 P。

$P = [0.5 \quad 0.3380 \quad 1 \quad 0 \quad 0.5039 \quad 0.7920; 0.6620 \quad 0.5 \quad 1.0000$ $0.0147 \quad 0.6753 \quad 0.8843; 0 \quad 0 \quad 0.5 \quad 0 \quad 0 \quad 0; 1 \quad 0.9853 \quad 1 \quad 0.5 \quad 1 \quad 1;$ $0.4961 \quad 0.3247 \quad 1 \quad 0 \quad 0.5 \quad 0.8176; 0.2080 \quad 0.1157 \quad 1 \quad 0 \quad 0.1824$ $0.5]$。

第九步，计算二级指标权重

根据矩阵 P，计算二级指标权重得 $W = (0.3750 \quad 0.2872 \quad 0.2086$ $0.1292)$，诚信度二级指标权重分配如表 6 - 69 所示。

表 6 - 69   农户盈利能力二级指标权重

二级指标	销售渠道	产品或服务竞争力	市场供求	经营管理能力	成本费用利润率	资产收益率
权重	0.1711	0.1912	0.0833	0.2495	0.1713	0.1335

8. 农户偿债能力二级指标权重计算

第一步，专家小组构建指标区间判断矩阵

聘请 6 个专家（由农业银行、信用社信贷部负责人组成）参加评判，分成 3 组，每组 2 人。让每个小组的专家充分讨论指标"家庭财产状况、家庭年综合收入、年支出水平、家庭年纯收入、家庭负债占家庭年纯收入比例"包含

的含义以及各指标在衡量农户信用时地位，评估两指标的相对重要性，据此，给出反映指标重要性的数值，然后通过模糊方法给出重要性程度区间数。3 个小组构建的指标区间判断矩阵如表 6 – 70、表 6 – 71、表 6 – 72 所示。

表 6 –70　　　　　　　　第一小组区间判断矩阵

	Y_1	Y_2	Y_3	Y_4	Y_5	Y_6
Y_1	[1,1]	[0.8,1.3]	[1.3,1.6]	[0.9,1.5]	[0.78,0.98]	[1,1]
Y_2	[0.77,1.25]	[1,1]	[0.82,0.93]	[0.95,1.2]	[0.98,1.5]	[0.77,1.25]
Y_3	[0.625,0.77]	[1.08,1.22]	[1,1]	[1.2,1.5]	[0.85,0.95]	[0.625,0.77]
Y_4	[0.67,1.11]	[0.83,1.05]	[0.67,0.83]	[1,1]	[0.91,1.3]	[0.67,1.11]
Y_5	[1.02,1.28]	[0.67,1.02]	[1.05,1.18]	[0.77,1.1]	[1,1]	[1.02,1.28]
Y_6	[1,1]	[0.8,1.3]	[1.3,1.6]	[0.9,1.5]	[0.78,0.98]	[1,1]

表 6 –71　　　　　　　　第二小组区间判断矩阵

	Y_1	Y_2	Y_3	Y_4	Y_5	Y_6
Y_1	[1,1]	[0.75,1.2]	[1.1,1.5]	[0.85,1.3]	[0.8,0.95]	[1,1]
Y_2	[0.83,1.33]	[1,1]	[0.9,1.1]	[0.8,0.98]	[0.9,1.3]	[0.83,1.33]
Y_3	[0.67,0.91]	[0.91,1.11]	[1,1]	[0.8,0.95]	[0.9,1.1]	[0.67,0.91]
Y_4	[0.77,1.18]	[1.02,1.25]	[1.05,1.25]	[1,1]	[0.95,1.2]	[0.77,1.18]
Y_5	[1.05,1.25]	[0.77,1.11]	[0.91,1.11]	[0.83,1.05]	[1,1]	[1.05,1.25]
Y_6	[1,1]	[0.75,1.2]	[1.1,1.5]	[0.85,1.3]	[0.8,0.95]	[1,1]

表 6 –72　　　　　　　　第三小组区间判断矩阵

	Y_1	Y_2	Y_3	Y_4	Y_5	Y_6
Y_1	[1,1]	[0.9,1.1]	[0.9,1.3]	[0.8,0.95]	[0.75,0.9]	[1,1]
Y_2	[0.91,1.11]	[1,1]	[0.85,0.95]	[0.8,0.9]	[0.85,1.2]	[0.91,1.11]
Y_3	[0.77,1.11]	[1.05,1.18]	[1,1]	[0.9,1.3]	[0.93,1.2]	[0.77,1.11]
Y_4	[1.05,1.25]	[1.11,1.25]	[0.77,1.11]	[1,1]	[0.85,1.3]	[1.05,1.25]
Y_5	[1.11,1.33]	[0.83,1.18]	[0.83,1.08]	[0.77,1.18]	[1,1]	[1.11,1.33]
Y_6	[1,1]	[0.9,1.1]	[0.9,1.3]	[0.8,0.95]	[0.75,0.9]	[1,1]

第二步，求出矩阵的左半区间平均值和右半区间平均值

综合 3 个专家小组评出的区间判断矩阵，分别求出矩阵左、右区间的平均值，命名为 I^-、I^+ 矩阵，如表 6 – 73、表 6 – 74 所示。

表 6 – 73 二级指标左区间数判断矩阵 I^-

	Y_1	Y_2	Y_3	Y_4	Y_5	Y_6
Y_1	1.00	0.82	1.10	0.85	0.78	1.00
Y_2	0.84	1.00	0.86	0.85	0.91	0.84
Y_3	0.69	1.01	1.00	0.97	0.89	0.69
Y_4	0.83	0.99	0.83	1.00	0.90	0.83
Y_5	1.06	0.76	0.93	0.79	1.00	1.06
Y_6	1.00	0.82	1.10	0.85	0.78	1.00

表 6 – 74 二级指标右区间数判断矩阵 I^+

	Y_1	Y_2	Y_3	Y_4	Y_5	Y_6
Y_1	1.00	1.20	1.47	1.25	0.94	1.00
Y_2	1.23	1.00	0.99	1.03	1.33	1.23
Y_3	0.93	1.17	1.00	1.25	1.08	0.93
Y_4	1.18	1.18	1.06	1.00	1.27	1.18
Y_5	1.29	1.10	1.12	1.11	1.00	1.29
Y_6	1.00	1.20	1.47	1.25	0.94	1.00

第三步，求二级指标区间数判断矩阵

综合上述左右区间数判断矩阵 I^-、I^+，构建二级指标区间数判断矩阵 I，如表 6 – 75 所示。

表 6 – 75 二级指标区间数判断矩阵（平均值）

	Y_1	Y_2	Y_3	Y_4	Y_5	Y_6
Y_1	[1,1]	[0.82,1.2]	[1.1,1.47]	[0.85,1.25]	[0.78,0.94]	[1,1]
Y_2	[0.84,1.23]	[1,1]	[0.86,0.99]	[0.85,1.03]	[0.91,1.33]	[0.84,1.23]
Y_3	[0.69,0.93]	[1.01,1.17]	[1,1]	[0.97,1.25]	[0.89,1.08]	[0.69,0.93]
Y_4	[0.83,1.18]	[0.99,1.18]	[0.83,1.06]	[1,1]	[0.90,1.27]	[0.83,1.18]
Y_5	[1.06,1.29]	[0.76,1.1]	[0.93,1.12]	[0.79,1.11]	[1,1]	[1.06,1.29]
Y_6	[1,1]	[0.82,1.2]	[1.1,1.47]	[0.85,1.25]	[0.78,0.94]	[1,1]

第四步，求矩阵 I^- 和 I^+ 最大特征值和对应的特征向量

设 I^- 的特征向量和特征值组成的矩阵分别为 B_1 和 V_1。通过 matlab 求得最大特征值 $\lambda_1 = 4.5319$，对应的特征向量 $v_1 = $（ 0.4492 0.4399 0.4498 0.4488 0.4483)′；同理，设 I^+ 的特征向量和特征值组成的矩阵分别为 B_2 和

V_2，通过 matlab 求得最大特征值以及对应的特征向量分别为：$\lambda_2 = 5.6359$，$v_2 = (0.4636 \quad 0.4433 \quad 0.4306 \quad 0.4516 \quad 0.4463)'$。

第五步，求 v_1 及 v_2 的归一化的权重向量

现设 v_1、v_2 归一化的权重向量为 v^-、v^+，用特征根法求得 $v^- = (0.2009 \quad 0.1967 \quad 0.2012 \quad 0.2007 \quad 0.2005)'$，$v^+ = (0.2074 \quad 0.1983 \quad 0.1926 \quad 0.2020 \quad 0.1997)'$。

第六步，判断矩阵 I 的一致性

设 k 和 m 的值，$m = 1.051 > 1$，$k = 0.942 < 1$，说明矩阵 I 的一致性比较好，也就是所有专家组对二级指标所作的评估符合要求。

第七步，求指标区间权重向量

根据区间权重向量公式 $W^B = [kv^-, mv^+] = (w_1^B, w_2^B, \cdots, w_n^B)^T$，把 $m = 1.051$，$k = 0.942$ 代入上式，求得 $w_1^B = [0.1892, 0.218]$，$w_2^B = [0.1853, 0.2084]$，$w_3^B = [0.1895, 0.2024]$，$w_4^B = [0.1891, 0.2123]$，$w_5^B = [0.1889, 0.2099]$。

第八步，建立可能度矩阵 P

对权重区间数进行两两比较，算得矩阵 P。

$P = [0.5 \quad 0.6301 \quad 0.6835 \quad 0.5558 \quad 0.5843; \quad 0.3699 \quad 0.5 \quad 0.5250 \quad 0.4168 \quad 0.4422; \quad 0.3165 \quad 0.4750 \quad 0.5 \quad 0.3684 \quad 0.5385; \quad 0.4442 \quad 0.5832 \quad 0.6316 \quad 0.5 \quad 0.5294; \quad 0.4157 \quad 0.5578 \quad 0.4615 \quad 0.4706 \quad 0.5]$。

第九步，计算二级指标权重

根据矩阵 P，计算二级指标权重得 $W = (0.2227 \quad 0.1877 \quad 0.1849 \quad 0.2094 \quad 0.1953)$，诚信度二级指标权重分配如表 6-76 所示。

表 6-76　　　　　　　　农户偿债能力二级指标权重

二级指标	家庭财产状况	家庭年综合收入	年支出水平	家庭年纯收入	家庭负债占家庭年纯收入比例
权重	0.2227	0.1877	0.1849	0.2094	0.1953

9. 农户守约动机二级指标权重计算

第一步，专家小组构建指标区间判断矩阵

聘请 6 个专家（由农业银行、信用社信贷部负责人组成）参加评判，分成 3 组，每组 2 人。让每个小组的专家充分讨论指标"生理需要、安全需要、归属与爱的需要、尊重需要、自我实现需要"包含的含义，判断任两指标的相

对重要性，通过模糊方法给出重要性程度区间数。3 个小组构建的指标区间判断矩阵如表 6 - 77、表 6 - 78、表 6 - 79 所示。

表 6 - 77　　　　　　　　第一小组区间判断矩阵

	Y_1	Y_2	Y_3	Y_4	Y_5
Y_1	[1,1]	[1.3,1.55]	[1.6,1.75]	[1.65,1.85]	[1.7,1.95]
Y_2	[0.65,0.77]	[1,1]	[1.11,1.35]	[1.25,1.55]	[1.55,1.75]
Y_3	[0.57,0.63]	[0.74,0.9]	[1,1]	[1.35,1.6]	[1.45,1.65]
Y_4	[0.54,0.61]	[0.65,0.8]	[0.625,0.74]	[1,1]	[1.35,1.7]
Y_5	[0.51,0.59]	[0.57,0.65]	[0.61,0.69]	[0.59,0.74]	[1,1]

表 6 - 78　　　　　　　　第二小组区间判断矩阵

	Y_1	Y_2	Y_3	Y_4	Y_5
Y_1	[1,1]	[1.1,1.45]	[1.3,1.55]	[1.35,1.65]	[1.6,1.85]
Y_2	[0.69,0.91]	[1,1]	[1.35,1.58]	[1.45,1.68]	[1.55,1.72]
Y_3	[0.65,0.77]	[0.63,0.74]	[1,1]	[1.38,1.58]	[1.46,1.83]
Y_4	[0.61,0.74]	[0.6,0.69]	[0.63,0.72]	[1,1]	[1.33,1.56]
Y_5	[0.54,0.63]	[0.58,0.65]	[0.55,0.68]	[0.64,0.75]	[1,1]

表 6 - 79　　　　　　　　第三小组区间判断矩阵

	Y_1	Y_2	Y_3	Y_4	Y_5
Y_1	[1,1]	[1.2,1.5]	[1.47,1.67]	[1.53,1.77]	[1.7,1.90]
Y_2	[0.67,0.84]	[1,1]	[1.25,1.48]	[1.37,1.61]	[1.53,1.76]
Y_3	[0.60,0.69]	[0.68,0.8]	[1,1]	[1.34,1.56]	[1.44,1.73]
Y_4	[0.57,0.66]	[0.62,0.73]	[0.64,0.74]	[1,1]	[1.33,1.62]
Y_5	[0.53,0.59]	[0.57,0.65]	[0.58,0.7]	[0.62,0.75]	[1,1]

第二步，求出矩阵的左半区间平均值和右半区间平均值

综合 3 个专家小组评出的区间判断矩阵，分别求出矩阵左、右区间的平均值，命名为 J^-、J^+ 矩阵，如表 6 - 80、表 6 - 81 所示。

表 6 - 80　　　　　　　　二级指标左区间数判断矩阵 J^-

	Y_1	Y_2	Y_3	Y_4	Y_5
Y_1	1.00	1.20	1.47	1.53	1.70
Y_2	0.67	1.00	1.25	1.37	1.53
Y_3	0.60	0.68	1.00	1.34	1.44
Y_4	0.57	0.62	0.64	1.00	1.33
Y_5	0.53	0.57	0.58	0.62	1.00

表 6 - 81　　　　　　　二级指标右区间数判断矩阵 J^+

	Y_1	Y_2	Y_3	Y_4	Y_5
Y_1	1. 00	1. 50	1. 67	1. 77	1. 90
Y_2	0. 84	1. 00	1. 48	1. 61	1. 76
Y_3	0. 69	0. 80	1. 00	1. 56	1. 73
Y_4	0. 66	0. 73	0. 74	1. 00	1. 62
Y_5	0. 59	0. 65	0. 70	0. 75	1. 00

第三步，求二级指标区间数判断矩阵

综合上述左右区间数判断矩阵 J^-、J^+，构建二级指标区间数判断矩阵 J，如表 6 - 82 所示。

表 6 - 82　　　　　　二级指标区间数判断矩阵（平均值）

	Y_1	Y_2	Y_3	Y_4	Y_5
Y_1	[1,1]	[1. 2,1. 5]	[1. 47,1. 67]	[1. 53,1. 77]	[1. 7,1. 90]
Y_2	[0. 67,0. 84]	[1,1]	[1. 25,1. 48]	[1. 37,1. 61]	[1. 53,1. 76]
Y_3	[0. 60,0. 69]	[0. 68,0. 8]	[1,1]	[1. 34,1. 56]	[1. 44,1. 73]
Y_4	[0. 57,0. 66]	[0. 62,0. 73]	[0. 64,0. 74]	[1,1]	[1. 33,1. 62]
Y_5	[0. 53,0. 59]	[0. 57,0. 65]	[0. 58,0. 7]	[0. 62,0. 75]	[1,1]

第四步，求矩阵 J^- 和 J^+ 最大特征值和对应的特征向量

设 J^- 的特征向量和特征值组成的矩阵分别为 B_1 和 V_1。通过 matlab 求得最大特征值 $\lambda_1 = 4.7241$，对应的特征向量 $v_1 =$（0. 6039　0. 4986　0. 4256　0. 3511　0. 2870）$'$；同理，设 J^+ 的特征向量和特征值组成的矩阵分别为 B_2 和 V_2，通过 matlab 求得最大特征值以及对应的特征向量分别为：$\lambda_2 = 5.3727$，$v_2 =$（0. 6010　0. 5034　0. 4250　0. 3520　0. 2843）$'$。

第五步，求 v_1 及 v_2 的归一化的权重向量

现设 v_1、v_2 归一化的权重向量为 v^-、v^+，用特征根法求得 $v^- =$（0. 2788　0. 2302　0. 1965　0. 1621　0. 1325）$'$，$v^+ =$（0. 2775　0. 2324　0. 1962　0. 1625　0. 1313）$'$。

第六步，判断矩阵 J 的一致性

设 k 和 m 的值，$m = 1.029 > 1$，$k = 0.965 < 1$，说明矩阵 J 的一致性比较好，也就是所有专家组对二级指标所作的评估符合要求。

第七步，求指标区间权重向量

根据区间权重向量公式 $W^B = [kv^-, mv^+] = (w_1^B, w_2^B, \cdots, w_n^B)^T$，把 $m = 1.029$，$k = 0.965$ 代入上式，求得 $w_1^B = [0.269, 0.2855]$，$w_2^B = [0.2221, 0.2391]$，$w_3^B = [0.1896, 0.2019]$，$w_4^B = [0.1564, 0.1672]$，$w_5^B = [0.1279, 0.1351]$。

第八步，建立可能度矩阵 P

对权重区间数进行两两比较，算得矩阵 P。

$P =$ [0.5　1.0000　1.00　1.00　1.00; 0.00　0.5　1.00　1.00　1.00; 0.00　0.00　0.5　1　1; 0.0000　0.0000　0　0.5　0.8188; 0.0000　0.0000　0　0.1812　0.5]。

第九步，计算二级指标权重

根据矩阵 P，计算二级指标权重得 $W =$ （0.3000　0.2500　0.2000　0.1409　0.1091），动机度二级指标权重分配如表 6 - 83 所示。

表 6 - 83　　　　　　　　农户守约动机二级指标权重

二级指标	生理需要	安全需要	归属与爱的需要	尊重需要	自我实现需要
权重	0.3000	0.2500	0.2000	0.1409	0.1091

10. 农户违约动机二级指标权重计算

第一步，专家小组构建指标区间判断矩阵

聘请 6 个专家（由农业银行、信用社信贷部负责人组成）参加评判，分成 3 组，每组 2 人。让每个小组的专家充分讨论指标"追逐经济利益需要、获得心理满足需要"包含的含义，判断任两指标的相对重要性，通过模糊方法给出重要性程度区间数。3 个小组构建的指标区间判断矩阵如表 6 - 84、表 6 - 85、表 6 - 86 所示。

表 6 - 84　　　　　　　　第一小组区间判断矩阵

	Y_1	Y_2
Y_1	[1,1]	[1.8,2.5]
Y_2	[0.4,0.56]	[1,1]

表 6 - 85　　　　　　　　第二小组区间判断矩阵

	Y_1	Y_2
Y_1	[1,1]	[2,3]
Y_2	[0.33,0.5]	[1,1]

表 6 – 86　　　　　　　　　　　第三小组区间判断矩阵

	Y_1	Y_2
Y_1	[1,1]	[1.6,2.4]
Y_2	[0.42,0.63]	[1,1]

第二步，求出矩阵的左半区间平均值和右半区间平均值

综合 3 个专家小组评出的区间判断矩阵，分别求出矩阵左、右区间的平均值，命名为 K^-、K^+ 矩阵，如表 6 – 87、表 6 – 88 所示。

表 6 – 87　　　　　　　　　二级指标左区间数判断矩阵 K^-

	Y_1	Y_2
Y_1	1.00	1.80
Y_2	0.38	1.00

表 6 – 88　　　　　　　　　二级指标右区间数判断矩阵 K^+

	Y_1	Y_2
Y_1	1.00	2.63
Y_2	0.56	1.00

第三步，求二级指标区间数判断矩阵

综合上述左右区间数判断矩阵 K^-、K^+，构建二级指标区间数判断矩阵 K，如表 6 – 89 所示。

表 6 – 89　　　　　　　　二级指标区间数判断矩阵（平均值）

	Y_1	Y_2
Y_1	[1,1]	[1.8,2.63]
Y_2	[0.38,0.56]	[1,1]

第四步，求矩阵 K^- 和 K^+ 最大特征值和对应的特征向量

设 K^- 的特征向量和特征值组成的矩阵分别为 B_1 和 V_1。通过 matlab 求得最大特征值 $\lambda_1 = 1.8270$，对应的特征向量 $v_1 = (0.9087\ 0.4175)'$；同理，设 K^+ 的特征向量和特征值组成的矩阵分别为 B_2 和 V_2，通过 matlab 求得最大特征值以及对应的特征向量分别为：$\lambda_2 = 2.2136$，$v_2 = (0.9080\ 0.4190)'$。

第五步，求 v_1 及 v_2 的归一化的权重向量

现设 v_1、v_2 归一化的权重向量为 v^-、v^+，用特征根法，求得 $v^- =$

$(0.6852 \quad 0.3148)'$，$v^+ = (0.6843 \ 0.3157)'$。

第六步，判断矩阵 K 的一致性

设 k 和 m 的值，$m = 1.039 > 1$，$k = 0.957 < 1$，说明矩阵 K 的一致性比较好，也就是所有专家组对二级指标所作的评估符合要求。

第七步，求指标区间权重向量

根据区间权重向量公式 $W^B = [kv^-, mv^+] = (w_1^B, w_2^B, \cdots, w_n^B)^T$，把 $m = 1.039$，$k = 0.957$ 代入上式，求得 $w_1^B = [0.6585, 0.7021]$，$w_2^B = [0.3025, 0.3239]$。

第八步，建立可能度矩阵 P

对权重区间数进行两两比较，算得矩阵 P。

$P = [0.5 \quad 1; 0 \quad 0.5]$。

第九步，计算二级指标权重

根据矩阵 P，计算二级指标权重得 $W = (0.7500 \quad 0.2500)$，诚信度二级指标权重分配如表 6 – 90 所示。

表 6 – 90　　　　　　　　　　农户违约动机二级指标权重

二级指标	追逐经济利益需要	获得心理满足需要
权重	0.7500	0.2500

11. 总目标下二级指标权重计算

设二级指标相对于总目标的权重为 w，根据前面介绍的方法有 $w =$（一级指标权重）（二级指标权重）。所以 $w = (0.0079 \quad 0.0083 \quad 0.0195 \quad 0.0224$
$0.0170 \quad 0.0195 \quad 0.0084 \quad 0.0152 \quad 0.0118 \quad 0.0253 \quad 0.0209 \quad 0.0495$
$0.0330 \quad 0.0165 \quad 0.0402 \quad 0.0339 \quad 0.0741 \quad 0.0332 \quad 0.0305 \quad 0.0133$
$0.0428 \quad 0.0327 \quad 0.0238 \quad 0.0147 \quad 0.0267 \quad 0.0298 \quad 0.0130 \quad 0.0389$
$0.0267 \quad 0.0208 \quad 0.0290 \quad 0.0244 \quad 0.0240 \quad 0.0272 \quad 0.0254 \quad 0.0273$
$0.0228 \quad 0.0182 \quad 0.0128 \quad 0.0099 \quad 0.051 \quad 0.017)$。

三、农户信用等级评估及分析

1. 农户信用等级评估

（1）数据标准化处理。样本中每个农户的数据有 42 维，量纲不统一，因此必须把它化为统一，才能进行计算和比较。按照前面介绍的方法，对 328 个农户的原始数据标准化处理。用 U_1，U_2，$\cdots$，U_{328} 分别表示 328 个农户向量，则：

$U_1 = (0.78 \quad 0.87 \quad 0.63 \quad 0.80 \quad 0.71 \quad 0.65 \quad 0.98 \quad 0.54 \quad 0.55 \quad 0.77$
$0.60 \quad 0.80 \quad 0.90 \quad 0.96 \quad 0.98 \quad 0.78 \quad 0.87 \quad 0.63 \quad 0.80 \quad 0.71 \quad 0.65$
$0.98 \quad 0.54 \quad 0.55 \quad 0.77 \quad 0.60 \quad 0.80 \quad 0.90 \quad 0.96 \quad 0.98 \quad 0.78 \quad 0.87$
$0.63 \quad 0.80 \quad 0.71 \quad 0.65 \quad 0.98 \quad 0.54 \quad 0.55 \quad 0.77 \quad 0.60 \quad 0.80)$,

$U_2 = (1.00 \quad 0.65 \quad 0.89 \quad 0.68 \quad 0.75 \quad 0.8 \quad 0.97 \quad 0.68 \quad 0.55 \quad 0.84$
$0.86 \quad 0.94 \quad 0.85 \quad 0.65 \quad 1 \quad 0.61 \quad 0.55 \quad 0.58 \quad 0.85 \quad 0.78 \quad 0.63$
$0.59 \quad 0.78 \quad 0.53 \quad 0.67 \quad 0.85 \quad 0.67 \quad 0.92 \quad 0.74 \quad 1 \quad 0.65 \quad 0.58 \quad 0.61$
$0.87 \quad 0.9 \quad 0.75 \quad 0.59 \quad 1 \quad 0.65 \quad 0.67 \quad 0.62 \quad 0.87)$,

……

$U_{328} = (0.88 \quad 0.82 \quad 0.68 \quad 0.75 \quad 0.82 \quad 0.98 \quad 0.69 \quad 0.63 \quad 0.87$
$0.76 \quad 0.97 \quad 0.68 \quad 0.65 \quad 0.66 \quad 0.74 \quad 0.79 \quad 0.97 \quad 0.74 \quad 0.82 \quad 0.89$
$0.83 \quad 0.93 \quad 0.85 \quad 0.91 \quad 0.81 \quad 0.75 \quad 0.65 \quad 0.89 \quad 0.84 \quad 0.87 \quad 0.68$
$0.75 \quad 0.79 \quad 0.58 \quad 0.68 \quad 0.97 \quad 0.85 \quad 0.64 \quad 0.82 \quad 0.63 \quad 0.66 \quad 1)$。

（2）构建标准模糊状态向量。根据已有研究成果，构建农户信用评级标准模糊状态向量（每个向量 42 维）：$N_1 = (0.90, 0.90, \cdots, 0.90)$、$N_2 = (0.80, 0.80, \cdots, 0.80)$、$N_3 = (0.75, 0.75, \cdots, 0.75)$、$N_4 = (0.65, 0.65, \cdots, 0.65)$、$N_5 = (0.55, 0.55, \cdots, 0.55)$。

（3）计算农户信用的贴近度。根据前面介绍的贴近度公式，运用 matlab 编写程序，分别计算每个农户的标准数据与标准模糊状态向量的贴近度，然后根据"择近原则"，确定农户的信用等级。计算得到农户 U_1，U_2，…，U_{328} 指标标准数据与 N_1，N_2，…，N_5 的贴近度如表 6 - 91 所示。

表 6 - 91　　　　　　　　农户信用的贴近度及信用评级

农户	贴近度					信用评级	是否申请贷款	贷款是否可得
	$\sigma(U_i, N_1)$	$\sigma(U_i, N_2)$	$\sigma(U_i, N_3)$	$\sigma(U_i, N_4)$	$\sigma(U_i, N_5)$			
U_1	0.0813953	0.290698	0.116279	0.197623	0	良好	1	1
U_2	0.302326	0.0813953	0.209302	0	0.116279	优秀	1	1
U_3	0	0.0674157	0.179775	0.101124	0.258427	较差	0	0
U_4	0.0989011	0	0.263736	0.175823	0.0659341	较好	1	0
U_5	0.06238	0.282732	0.102273	0	0.1903	良好	0	0
U_6	0.116279	0.290698	0.0697612	0.197674	0	良好	1	1
U_7	0.1356	0.0666535	0.255556	0	0.186512	较好	0	0

续表

农户	贴近度					信用评级	是否申请贷款	贷款是否可得
	$\sigma(U_i, N_1)$	$\sigma(U_i, N_2)$	$\sigma(U_i, N_3)$	$\sigma(U_i, N_4)$	$\sigma(U_i, N_5)$			
U_8	0	0.0659341	0.0989011	0.252747	0.175824	一般	0	0
U_9	0.113636	0.0681821	0.284091	0.193182	0	较好	0	0
U_{10}	0.0795455	0.284091	0.13263	0	0.183231	良好	0	0
U_{11}	0.113636	0.0693218	0	0.284091	0.193182	一般	0	1
U_{12}	0.179775	0	0.101124	0.269663	0.0674157	一般	1	0
U_{13}	0.0705882	0.294118	0.105882	0.2	0	良好	0	0
U_{14}	0.179775	0.2674157	0.101124	0	0.258427	较差	1	1
U_{15}	0	0.0689655	0.103448	0.275862	0.195402	一般	1	0
U_{16}	0.179775	0.0674157	0.11236	0.269663	0	一般	0	1
U_{17}	0.0989011	0.0659341	0.263736	0	0.175824	较好	1	0
U_{18}	0.183908	0	0.103448	0.275862	0.0689655	一般	0	0
U_{19}	0.102273	0.0691821	0.282731	0	0.181612	较好	0	1
U_{20}	0	0.0674156	0.101124	0.269663	0.179775	一般	1	0
U_{21}	0.302326	0.0813953	0	0.197621	0.116279	优秀	1	0
U_{22}	0.0689655	0.275862	0.103448	0.183908	0	良好	0	1
U_{23}	0.139225	0.066	0.2861	0	0.269663	较差	1	1
U_{24}	0	0.0795455	0.284091	0.113636	0.193182	较好	0	0
U_{25}	0.179775	0.0674157	0.101124	0.269663	0	一般	1	1
U_{26}	0.105882	0.294118	0	0.223	0.0705882	良好	1	0
U_{27}	0.116279	0.0813953	0.290698	0.197325	0	较好	0	1
U_{28}	0.187238	0.0666679	0.1	0	0.255556	较差	0	1
U_{29}	0.1	0.0875378	0.182369	0.263563	0	一般	1	0
U_{30}	0.0714286	0.309524	0.119048	0	0.214286	良好	1	0
U_{31}	0	0.0689655	0.103448	0.275862	0.195402	一般	1	1
U_{32}	0.113636	0.0795455	0.284091	0	0.193182	较好	0	0
U_{33}	0.191011	0.2674157	0.11236	0.209663	0	一般	1	1
U_{34}	0.195402	0	0.287356	0.114943	0.0804598	较好	0	1
U_{35}	0	0.0732773	0.2956	0.126602	0.198389	一般	1	1
U_{36}	0.0697674	0.290698	0.116279	0.197623	0	良好	1	0
U_{37}	0.113636	0	0.3095455	0.193182	0.234091	较差	1	1

续表

农户	贴近度					信用评级	是否申请贷款	贷款是否可得
	$\sigma(U_i, N_1)$	$\sigma(U_i, N_2)$	$\sigma(U_i, N_3)$	$\sigma(U_i, N_4)$	$\sigma(U_i, N_5)$			
U_{38}	0.0697674	0.290698	0.116279	0	0.197674	良好	1	1
U_{39}	0.13	0.075614	0.286635	0.186322	0	较好	1	1
U_{40}	0	0.068966	0.114943	0.287356	0.195402	一般	0	0
U_{41}	0.182389	0.296536	0.15623	0	0.0666231	良好	1	1
U_{42}	0.114943	0.08046	0.287356	0.195402	0	较好	1	1
U_{43}	0.205882	0.070588	0.117647	0.25	0	一般	0	0
U_{44}	0.179775	0.067416	0.269663	0	0.101124	较好	1	1
...								
U_{325}	0.290698	0.069767	0.116279	0	0.1903	优秀	0	0
U_{326}	0.1532	0.063563	0	0.286532	0.12383	一般	1	0
U_{327}	0	0.280899	0.11236	0.078652	0.191023	良好	1	1
U_{328}	0.294091	0	0.113636	0.193182	0.0795455	优秀	1	1

2. 农户信用等级评估分析

（1）农户信用评估等级分布。根据上面的计算结果，在 328 个农户中，有 59 个农户被评为优秀，占总数的 18%；66 个农户被评为良好，占总数的 20%；103 个农户被评为较好，占总数的 31%；56 个农户被评为一般，占总数的 17%；45 个农户被评为较差，占总数的 14%。其分布情况如表 6 - 92 和图 6 - 1 所示。

表 6 - 92　　　　　　　　　　农户信用等级分布

信用等级	优秀	良好	较好	一般	较差
农户数（个）	59	66	103	56	45
占比（%）	18	20	31	17	14

（2）农户信用评估等级与调查结果比较。调查发现，有 125 个农户获得银行贷款，这说明这些农户的信用情况比较好。评估结果是，125 个农户中，其中 24 个评为优秀，45 个评为良好，52 个评为较好，4 个评为一般，没有人评为"较差"。按照银行现行的规定，评为"一般"的农户几乎不可能获得银行贷款。因此，我们认为这 4 个是模型误判。调查发现，有 38 个农户违约。

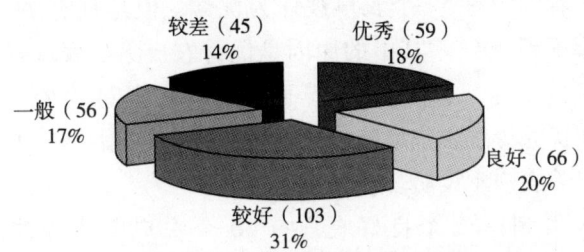

图6-1　农户信用等级分布统计

按照银行的相关规定，这38个农户被判为"较差"。模型评估结果是，38个农户中，有33个农户评为较差等级；另5个中有3个评为一般等级，2个评为较好等级。总体上看，模型的评级结果是可行的。

（3）农户信用等级与农户借款可得性的关系。在调查的328个农户中，有202个农户于2012年向农村信用社申请过借款，最终有125个农户获得银行贷款，通过率达到62%，具体分布如表6-93所示，变化趋势如图6-2所示。

表6-93　　　　　　　　　　农户信用等级与贷款可得性

农户信用等级	优秀	良好	较好	一般	较差
申请贷款农户数（个）	24	50	83	40	5
获得贷款农户数（个）	24	45	52	4	0
通过率（%）	100	90	62.6	10	0

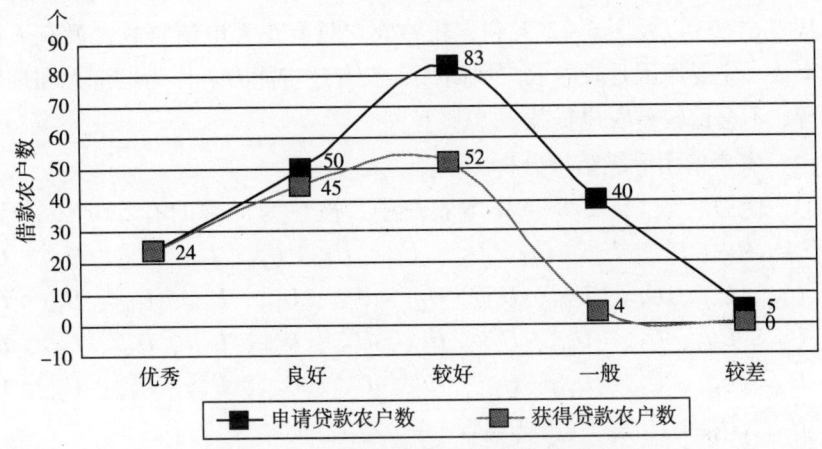

图6-2　农户信用等级与贷款可得性关系

从表 6－93 看到，有 59 个农户被评为优秀，但是只有 24 个农户申请贷款，申请贷款率不到 50%。其中的原因是优秀农户除了表现好之外，还有经济实力，自有资金充足，不需要贷款。而申请贷款的 24 个农户，全部获得银行贷款。这说明优秀等级农户风险小，偿还贷款的可能性大，且符合银行贷款条件，银行对优秀农户不设防。

从表 6－93 看到，66 个良好农户有 50 个农户申请贷款，申请率达到 76%，比优秀农户的申请率高了将近 30%。但是良好农户获得银行贷款通过率为 90%，比优秀率农户要低 10%。一方面说明，良好农户经济实力不如优秀农户，大多数资金短缺，有贷款需求；另一方面也说明了良好农户的风险比优秀农户风险要大，银行对其限制贷款。

从表 6－93 以及图 6－2 看到，由于较好农户人数最多，因此申请贷款人数最多，超过优秀和良好农户申请人数之和，申请率达到 81%，但是通过率只有 62.6%。一方面说明 80% 以上的较好农户资金短缺，有贷款需求，这与其他学者研究结论一致。另一方面，相对于优秀和良好农户，较好农户其实有较高的风险，因此，银行对较好农户控制更加严格，不到 63% 的农户能获得贷款。

从表 6－93 以及图 6－2 看到，一般农户申请贷款人数不多，还不及良好农户申请人数，申请率达到 71%。主要原因是一般农户总人数比较少，加上先天条件不足，就算申请，也不能通过银行审核，很多农户干脆不申请。由于一般农户生产经营存在不少问题，风险更大，银行实行严格限制贷款甚至不贷。

从表 6－93 以及图 6－2 看到，较差农户只有 5 人申请贷款，没有人通过银行审核。主要原因是较差农户风险大，没有还贷能力。作为经济人和理性人的银行，不会给较差农户贷款。

（4）农户信用等级结果分析。

①"优秀"农户。328 个样本农户中，被评为优秀的有 59 个，分别是 U_2、U_{21}、U_{68}、U_{71}、U_{72}、U_{74}、U_{76}、U_{81}、U_{86}、U_{89}、U_{92}、U_{98}、U_{107}、U_{111}、U_{116}、U_{122}、U_{126}、U_{133}、U_{151}、U_{159}、U_{161}、U_{166}、U_{175}、U_{178}、U_{182}、U_{186}、U_{191}、U_{198}、U_{202}、U_{205}、U_{216}、U_{219}、U_{222}、U_{228}、U_{237}、U_{240}、U_{242}、U_{247}、U_{248}、U_{251}、U_{253}、U_{261}、U_{264}、U_{266}、U_{270}、U_{273}、U_{276}、U_{284}、U_{287}、U_{288}、U_{296}、U_{299}、U_{304}、U_{307}、U_{316}、U_{317}、U_{319}、U_{325}、U_{328}。

除了 U_{74}、U_{166}、U_{191}、U_{222}、U_{284} 农户之外，其他农户的评级结果得到专家

小组的肯定。专家小组认为，U_{74}、U_{166}、U_{191}、U_{222}、U_{284} 理论上评为优秀，但是实际上存在不确定因素和隐患，将对农户的生产经营产生比较大的影响。从实际情况看，这些农户还没有达到优秀等级。U_{74} 农户是小有名气的养鸡专业户，目前生产经营正常，但是户主有参与赌博的恶习，以前之所以没有发现，是因为他不在本地赌，而是到外地赌，一旦这恶习变为习惯，U_{74} 农户将身败名裂，这会严重影响农户的信誉和声誉。U_{166} 农户承包山地种植龙眼树，目前生产经营正常，但是户主与邻里的关系不太好，经常会因生活中琐事与同村人发生纠纷，有一次差点打架。这说明 U_{166} 户主个人价值观狭隘或道德品质存在不足，影响其信誉和声誉，不应该被评为优秀等级。U_{191} 农户是养鱼专业户，目前承包经营 12 亩鱼塘，生产经营正常。据反映，该农户违反国家计划生育政策和参与放高利贷行为。他把从银行借来的钱，不是增加生产投资，而是用来放高利贷，违反国家金融法规，而且资金存在比较大的安全隐患。这说明 U_{191} 户主法律观念淡薄，唯利是图，因此，U_{191} 农户不能被评为优秀等级。U_{284} 农户以做农产品贸易生意为主，饲养生猪为辅。前段时间，生猪价格下跌，饲料价格上涨，他亏了不少；近段时间，他采购回来的猪苗由于生病，又损失惨重。这说明农户 U_{284} 不善于利用国家宏观政策且经营管理技术还存在诸多问题，不应该被评为优秀等级。

另外，由表 6 - 93 可知，这 59 个优秀农户中包含了 24 个获得银行贷款的农户，这与农村金融机构的评估一致。模型对优秀农户的评估具有可信度。

②"良好"农户。328 个样本农户中，被评为"良好"的农户有 66 个，分别是 U_1、U_5、U_6、U_{10}、U_{13}、U_{14}、U_{22}、U_{26}、U_{30}、U_{33}、U_{36}、U_{38}、U_{41}、U_{47}、U_{48}、U_{57}、U_{58}、U_{65}、U_{73}、U_{85}、U_{88}、U_{102}、U_{103}、U_{108}、U_{114}、U_{128}、U_{131}、U_{142}、U_{146}、U_{147}、U_{153}、U_{154}、U_{158}、U_{160}、U_{163}、U_{165}、U_{167}、U_{169}、U_{170}、U_{176}、U_{179}、U_{184}、U_{188}、U_{194}、U_{208}、U_{218}、U_{226}、U_{231}、U_{233}、U_{250}、U_{259}、U_{263}、U_{269}、U_{272}、U_{279}、U_{285}、U_{291}、U_{293}、U_{297}、U_{303}、U_{306}、U_{311}、U_{313}、U_{320}、U_{324}、U_{327}。

除了 U_{14}、U_{26}、U_{194}、U_{311} 农户之外，其余农户的"良好"等级得到专家小组肯定。小组认为：U_{14} 以农产品加工为主，以种植为辅，不但实现自我价值，还帮助身边的村民致富。U_{14} 农户理论上被评为良好农户，实际上应该被评为优秀等级农户。实际上，不管是从诚信度、合规度、践约度还是从动机度对 U_{14} 进行评估都应达到"优秀"等级，唯一存在不足的之处是其生产经营时间不长，经济实力不够强。U_{26}、U_{194}、U_{311} 农户理论上是"良好"等级农户，但是实力未够。U_{26}、U_{194} 农户以种植为主，生产经营正常，存在主要的问题是隐瞒以往"不讲信用"的现象。U_{311}农户是养猪专业户，有农户投诉其养猪场不符合有关环保规定。

另外，由表6-93可知，66个良好农户中包含了45个获得银行贷款的农户，这与农村金融机构的评估一致。模型对良好农户的评估具有一定可信度。

③"较好"农户。328个样本农户中，被评为"较好"的农户最多，达到103个，分别是U_4、U_7、U_9、U_{17}、U_{19}、U_{23}、U_{24}、U_{27}、U_{32}、U_{34}、U_{35}、U_{37}、U_{39}、U_{42}、U_{44}、U_{49}、U_{50}、U_{51}、U_{52}、U_{59}、U_{60}、U_{62}、U_{64}、U_{66}、U_{67}、U_{70}、U_{75}、U_{77}、U_{78}、U_{80}、U_{82}、U_{83}、U_{87}、U_{90}、U_{91}、U_{94}、U_{97}、U_{99}、U_{100}、U_{101}、U_{104}、U_{106}、U_{109}、U_{112}、U_{115}、U_{118}、U_{119}、U_{121}、U_{123}、U_{125}、U_{127}、U_{130}、U_{132}、U_{135}、U_{136}、U_{139}、U_{141}、U_{144}、U_{145}、U_{148}、U_{156}、U_{162}、U_{164}、U_{172}、U_{174}、U_{177}、U_{181}、U_{183}、U_{185}、U_{187}、U_{189}、U_{197}、U_{201}、U_{204}、U_{209}、U_{212}、U_{225}、U_{226}、U_{227}、U_{229}、U_{230}、U_{232}、U_{234}、U_{236}、U_{241}、U_{243}、U_{246}、U_{254}、U_{256}、U_{260}、U_{262}、U_{277}、U_{278}、U_{282}、U_{286}、U_{292}、U_{298}、U_{300}、U_{309}、U_{314}、U_{318}、U_{321}、U_{323}。

除了U_{59}、U_{104}、U_{123}、U_{187}、U_{197}、U_{246}农户评级结果之外，其余农户等级得到专家小组肯定。据进一步反映，U_{59}、U_{104}、U_{123}农户存在不诚信现象；U_{187}、U_{246}农户虽然生产经营正常，但是曾经存在诈骗现象，造成的恶劣影响现在还没有消除。

另外，由表6-93可知，103个较好农户中包含了52个获得银行贷款的农户，这与农村金融机构的评估一致。模型对较好农户的评估具有一定可信度。

④"一般"农户。328个样本农户中，被评为"一般"的农户有56个，分别是U_8、U_{11}、U_{12}、U_{15}、U_{16}、U_{18}、U_{20}、U_{25}、U_{29}、U_{31}、U_{40}、U_{43}、U_{45}、U_{46}、U_{53}、U_{55}、U_{61}、U_{63}、U_{79}、U_{84}、U_{95}、U_{96}、U_{105}、U_{110}、U_{117}、U_{120}、U_{129}、U_{134}、U_{138}、U_{150}、U_{152}、U_{157}、U_{168}、U_{192}、U_{195}、U_{200}、U_{203}、U_{213}、U_{215}、U_{217}、U_{221}、U_{223}、U_{238}、U_{245}、U_{252}、U_{255}、U_{258}、U_{265}、U_{267}、U_{271}、U_{275}、U_{280}、U_{290}、U_{295}、U_{310}、U_{326}。

除了U_{46}、U_{95}、U_{105}、U_{117}农户评估结果之外，其余农户的评估等级得到专家小组肯定。上述四个农户主要存在的问题是曾经存在偷窃行为，目前虽有所收敛，但是仍未改变，村里人对他们意见比较大。

另外，由表6-93可知，56个一般农户中包含了4个获得银行贷款的农户，这与农村金融机构的评估一致。模型对一般农户的评估具有一定可信度。

⑤"较差"农户。在328个样本农户中，被评为"较差"的农户有44个，分别是U_3、U_{28}、U_{54}、U_{56}、U_{69}、U_{93}、U_{124}、U_{137}、U_{140}、U_{143}、U_{149}、

U_{155}、U_{171}、U_{173}、U_{180}、U_{190}、U_{193}、U_{196}、U_{199}、U_{206}、U_{207}、U_{210}、U_{211}、U_{214}、U_{220}、U_{224}、U_{235}、U_{239}、U_{244}、U_{249}、U_{257}、U_{268}、U_{274}、U_{281}、U_{283}、U_{289}、U_{294}、U_{301}、U_{302}、U_{305}、U_{308}、U_{312}、U_{315}、U_{322}。

除了 U_{54}、U_{95}、U_{105}、U_{117}、U_{249} 农户评级结果之外，其余农户等级得到专家小组肯定。小组认为，农户 U_{54}、U_{95}、U_{105}、U_{117}、U_{249} 的综合表现不算差，应该评为"一般"等级的农户。

另外，由表6-93可知，所有被评为较差的农户，尽管向银行申请过借款，但是都没有通过。

综上可知，农户信用等级越高，越容易获得银行贷款。但是农户信用等级越低，农户贷款需求越大。从经济视角看，银行应该把更多钱贷给有需求的农户，这有助于发展农村经济，实现社会和谐发展。另外，模型对优秀农户、良好农户、较好农户、一般农户以及较差农户的评级具有一定的准确性和可行性。

第四节　本章小结

本章通过使用课题组调查得到的数据，对农户信用评估指标模型和农户信用评级模型进行实证分析。通过本章的研究，得到以下结论。

1. 农户诚信度指标与农户借款偿还性实证分析

通过实证分析发现，除了农户的年龄以外，劳动力人数、婚姻状况、受教育程度、健康状况；讲真话、不作假、尊老爱幼、文明礼貌、邻里关系；乐于助人、热心公益；历史信用、讲究信誉等指标对农户借款偿还性有显著性正影响。我们调查发现，户主的年龄大多数在25岁至60岁之间，这区间的农户肩负建立家庭、建设家庭的重任。随着年龄增大，户主的斗志减弱，责任减轻，因此赚钱欲望不强。银行严格限制贷款给年龄大的农户。我们还发现婚姻状况的贡献率最大，主要原因是所调查的农户全部是已婚的，因此贡献叠加起来就变成最大了。其次是历史信用指标贡献大，这与大多数学者结论一致，这也说明农户的信用好，农户借款偿还性高。

2. 农户合规度指标与农户借款偿还性实证分析

通过实证分析发现，农户合规度指标，除了经济纠纷、农村纠纷以及其他纠纷外，其他对农户借款偿还性有显著的正影响。农户的各种纠纷越多，尤其是各种债务引起的经济纠纷，可能会导致各类官司，进而影响农户正常的生产经营。银行限制贷款给这些农户。

3. 践约度指标与农户借款偿还性实证分析

实证分析发现，农户家庭财产状况、产品或服务竞争力、市场供求关系、经营管理能力、家庭年纯收入等指标与农户借款偿还性有显著的正影响；生产经营服务历史、政策支持、生产经营规模、生产投资规模等指标与农户贷款可得性正相关，但是不显著；家庭负债占家庭年纯收入比例、年支出水平、对外担保等指标对农户借款偿还性显著负影响。

4. 动机度指标与农户借款偿还性实证分析

实证分析发现，农户动机度指标变量之间存在共线性问题不大，农户动机度指标与农户借款偿还性总体上显著相关。农户守约动机越强，农户偿还借款的可能性越大；反之，农户的违约动机越强，则农户违约的可能性越大。

5. 农户信用评级实证分析

通过实证分析发现，从综合情况看，信用评估模型对农户评级准确率达到90%以上；农户等级越高，越容易获得银行贷款，但是等级越高的农户申请贷款率比较低，不到一半。而良好、较好、一般等级的农户申请贷款率均超过70%，这也正好说明了农户资金缺口大。

第七章 农户风险预警机制框架研究

农户从银行借到款后，用于项目投资，通过投资项目的收益来偿还银行的贷款。但是，投资项目是有风险的。根据我们课题组的调查统计，借款后，农户投资项目的风险主要来自八个领域：农户自身、农产品质量、自然灾害、经济环境、农产品市场、国家宏观经济政策、生产资料价格以及信息不通，各类风险所占比例如表7-1及图7-1所示。

表7-1 农户风险来源

风险类型	农户自身	农产品质量	自然灾害	市场风险	经济环境	国家宏观经济政策	生产资料	信息风险
比例	23.5%	3.29%	19.8%	28.3%	2.53%	18.6%	1.12%	2.86%

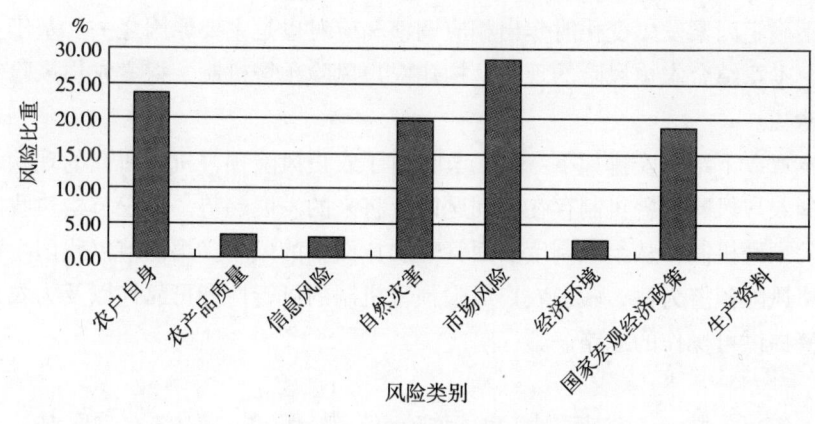

图7-1 农户风险类别及分布

从表7-1以及图7-1可知，农户自身风险、自然灾害风险、市场风险以及国家宏观经济政策风险占90%以上，如何预防和预警这些风险、帮助农户降低风险是农村金融机构重要而且必要的工作。因此，探讨农户风险预警机制、规避农户风险有重要意义。

第一节　引言

机制（mechanism），其本义是机器的构造和工作原理。后来，生物学、医学、管理学以及经济学通过类比借用，用"机制"表示系统组成部分的相互关系，以及所发生的各种变化过程的物理、化学性质和相互关系。随着科学技术的发展，机制已被广泛应用于自然现象和社会现象，指其内部组织和运行变化的规律。在任何一个系统中，机制都起着基础性的、根本的作用。研究指出，一个良好的机制可使一个社会系统接近于一个自适应系统，也就是在外部条件发生随机变化时，能自动地对已经变化的因素作出反应，调整原定的策略和措施，实现目标优化。

为了发展农村经济，地方金融机构在国家的宏观调控下，对很多不发达的农村地区的农户实行信用贷款，由于是政策性贷款、无抵押贷款，加上农户经营的项目风险比较大，不管是银行还是农户都面临比较大的风险。造成"双输"的根本原因除了农户经营的项目风险大之外，缺乏风险预警机制对农户面临不确定因素发生变化时作出相应调整和应对也是主要原因之一。基于上述认识，本章结合农户风险的现状，构建农户风险预警机制，探索农户风险管理的新途径。

本章以下结构安排如下：第二节分析了农户风险预警机制研究的现状，了解我国农户风险预警机制存在的问题以及将来的发展趋势。第三节构建我国农户风险预警机制，从组织制度层面管理农户面临的风险。第四节以我国生猪市场价格风险预警为例，验证农户风险预警机制的可行性和可靠性以及为农户风险预警提供可操作的思路。

第二节　我国农户风险预警机制研究的现状

国外从 19 世纪末就开始进行风险预警机制研究。当时只是针对宏观经济波动情况进行监测研究。国内的经济预警研究从 20 世纪末开始。21 世纪初，预警机制作为一项管理风险的技术应用到金融领域。

一、农户风险预警机制的内涵

农户风险预警机制（farmer risk early – warning mechanism）是指金融机构

为有效预防和避免农户风险的发生，通过对项目管理、农产品生产、自然环境、市场、政府等领域的信息进行动态监测与采集，运用数理技术对风险进行识别、分析、评价、预测并结合基于历史情况设定的预警标准发出告警类型，同时能提出防范控制措施的组织架构、指标体系和预测方法等所构成的有机整体。

农户风险预警机制在识别农户风险因子的基础上对风险进行有效管理，不仅包括对农户日常监督，还应贯穿于农户生产经营的各个方面，因此，农户风险预警机制应包括常规预警职能、矫正职能以及免疫职能。

（1）监控识别功能。农户风险预警机制能对农户各项信用活动进行监测，分析风险产生的根源，确定风险的类型。

（2）评价预警功能。根据上一步对风险识别的结果，对风险进行全面的评估，确定风险的等级，根据等级发出告警类型。

（3）防范免疫功能。农户风险预警机制能根据风险告警类型，及时作出有效的风险防范和应对决策。

二、我国金融风险预警机制研究概况

由于历史的原因，农村金融机构被天量不良贷款或逾期贷款压迫，因此，金融监管机构的主要精力用于处理这些现实的风险，譬如，剥离一部分、政策补贴一部分等。为了更好地调控风险，中国人民银行公布《贷款风险分类指导原则》，从2002年起在各类银行全面施行贷款质量五级分类，即对信贷质量按其内在风险的大小，划分为正常、关注、次级、可疑以及损失五类。这可以视作我国银行业最早期、最系统、最全面、最重要的风险预警制度，是我国银行业风险管理的巨大进步和突破。到了2004年前后，我国完成国有银行第二次不良贷款彻底剥离之后，监管机构才开始从宏观层面，银行则从中观层面，企业、个人从微观层面入手，在建立风险预警指标、模型和评价系统等方面进行了一些有益尝试。

1. 宏观层面的风险预警

随着金融业的发展，金融机构面临的风险越来越大。金融监管当局根据本国金融业发展的现状，构建了银行业的风险预警体系，并出台了相关防范体系。如2004年1月，中国银监会制定下发了《农村合作金融机构风险评价和预警指标体系（试行）》。2005年4月，银监会参照国际同业的做法，制定了《商业银行风险预警操作指引（试行）》，开始在银行监管部门内部开展银行风险预警工作，按季度对商业银行法人机构进行风险预警，以提高银行风险监管的敏感性和有效性。该风险预警指标体系包括定量指标和定性指标两部分。其中，定量指标由资本充足度、信用风险、市场风险、经营风险和流动性风险五项分类指标组成，共22个指标；定性指标包括六项分类指标，分别为管理层评价、经营环境、公司治理、风险管理与内控、信息披露、重大危机事件。同时，风险预警体系根据金融风险的历史数据和银行监管经验，确定各指标的预警阈值和权重系数，对每个定量指标设置了蓝色预警值和红色预警值。银行监管部门通过对单个商业银行的各项预警指标进行连续观测，并将数据导入模型，计算其综合风险分值，并获取相应的预警信号。在此基础上，按照一定的风险转换矩阵，综合判断商业银行的风险预警等级，分别给出正常、蓝色预警、橙色预警和红色预警信号。2006年，借鉴香港金管局经验，银监会开发了监管系统，对全银行业实现全面、客观、持续的风险监管。2007年开始，银监会还从19家主要商业银行采集数据，并上线大额贷款违约风险预警系统，对大额贷款客户实行实时监控和追踪。2010年4月，银监会在上述指引基础上，结合国际金融危机最新经验，按照宏观审慎的原则，针对大型银行集团推出了"七大类十三小项"的动态风险监控预警指标，具有一定的创新性和前瞻性。2011年5月，银监会发布《银行业实施新监管标准的指导意见》，根据《第三版巴塞尔协议》确定的银行资本和流动性监管新标准，在全面评估现行审慎监管制度有效性的基础上，提高资本充足率、杠杆率、流动性、贷款损失准备等监管标准，建立更具前瞻性的、有机统一的审慎监管制度安排，增强银行业金融机构抵御风险的能力。

　　2. 中观层面的风险预警

　　根据国家宏观风险预警体系，各金融机构针对自身实际面临的风险建立预警系统，从本能上提高自身风险预警和管控能力。如2001年3月，建设银行根据自身实际，借鉴国外同行关于银行业务以及客户信贷组合，分析评估指标体系设计、权重估算计算方法，开发了建设银行内部的信贷风险预警体系。2003年，交通银行根据自身实际面临的风险，构建信贷风险预警和主动退出机制，系统全面地提出了60种一般预测预警信号、27种特殊预测预警信号，主要包括财务因素以及非财务因素，规定了相关的内部对预警信号的处理程序和办法。其他商业银行也根据实际构建了自己的风险预警机制。中国农业发展银行作为一家服务农村的政策性银行，于2006年出台了《商业性贷款风险预警工作指引》，以加强自身商业性贷款风险预警监控，及时提示贷款风险类型以及对风险的处置，并将常用的贷款风险预警信号划分为借款人财务预警信号、借款人行为预警信号、市场环境预警信号、操作风险预警信号和政策风险预警信号等。2008 年，工商银行、交通银行等商业银行利用银监会提供的数据，通过数据挖掘技术开发客户风险预警模型。目前，随着信息技术的发展，各金融机构信用风险预警技术日趋成熟。

目前，我国金融机构根据自身的实际构建了全面的风险预警体系，风险管理逐步走向规范化和科学化。

3. 微观层面的预警研究

对于金融结构来说，风险主要产生于个人或生产企业，因此必须加强对个人和企业的管理。冯芸和吴冲锋（2002）结合金融机构实际，构建了基于合成指标的多时标货币危机预警风险流程，将预警评估指标划分为长期、中期、短期预警指标。李曙光（2005）通过个人征信数据中心的发展现状，从个人风险预警指标的构建、风险预警规则的编制以及风险预警系统的规划设计三方面，提出了个人风险预警管理决策支持系统的设计方法。刘塨（2009）从企业关联关系和信贷行为角度出发，构建了一种全新的信用风险预警模型，并进行了实证研究。结果表明，该模型在我国商业银行应用较理想：数据易得，操作方便，预警准确。张新红（2011）在分析国内外金融机构信用风险预警评估指标的基础上，构建了适合我国金融机构的信用风险预警指标，并用 Logistic 回归模型以及 RBF 神经网络模型构建了组合预测预警模型。仿真结果表明，该模型解决了单一模型应用中的精确性以及不具有同时处理第二类问题的能力。白继山和温涛（2011）基于金融生态环境的视角，利用农村金融生态环境指标，通过粗糙集方法构建农村金融风险预警模型，并取 2002～2008 年全国省份的数据进行实证研究。结果显示，东部的农村金融机构风险均值最低，约有 65% 的机构显示处于正常或安全水平，其次是中部地区，约有 55% 的机构显示处于安全和正常水平，而西部地区的风险最高。陆静和唐小我（2008）根据商业银行操作风险的特点，构建由关键风险指标以及关键风险诱因组成的我国商业银行操作风险拓扑结构，然后采用贝叶斯网络，构建商业银行操作风险的预警系统，实例检验该系统可行。

4. 金融风险预警机制存在问题

综上所述，虽然我国各金融机构针对自身面临的风险实际，已经构建了相应的风险预警体系，但是由于受到多方面的条件制约，面向农户风险的预警机制还没有真正从国家的层面建立起来。

（1）农户风险预警管理机制不健全。从技术层面看，针对农户风险预警的机制不存在。各金融机构虽然建立了风险预警机制的实施办法，但是都是针对企业的，而针对个人的，尤其是针对农户的风险预警机制不健全甚至不存在。商业银行的风险预警与农户风险预警由于实施的对象不同，因而评估指标不同，不能把前者技术直接用来对后者进行预警。农户风险预警管理机制是一个系统，这个系统分为若干个层，每层有不同的结构和功能，如数据收集、数据分析、警源识别、评估以及预警发生后处置的办法等要靠不同的模块来完成。目前这些机制未构建或者不完善。从制度层面看，针对农户风险预警的机制不完善。企业贷款后，银行或者政府会进行监督，但是农户贷款后，以自主管理为主。从我们到农村调查中了解到，农户借了钱后，钱用来做什么事没有人管，所投资的项目有多大风险更没有人监控。因此，有些"聪明"的农户用这些钱过好日子，甚至有些用来赌博。这从另一个角度反映出农村金融机构没有对借款农户进行监督，更没有预警可能会带来的风险，预警机制严重缺失。

（2）农户历史数据有限且变更快。近年来，我国才出现了信用贷款，才开始采集农户的数据。由于中国农户分布广，采集农户的信用数据成本比较大而投入少，因此，不管是金融机构还是政府部门收集到的数据都不多，要对农户进行实时监控和预警，理论上可行，但是实际上未能做到。

（3）预警方法不能适应农户风险。我国目前研究农户风险所采用的方法是以定性研究为主，将农户的风险分成几个大类，大类再分成小类，通过小类进行描述，然后用历史数据进行预测。这不符合现实。农户所面临的风险以动态风险为主，如自然灾害风险、市场风险、政策风险都存在不确定性，要用模型才能进行量化获取风险的实时数据。此外，预警既要用到历史数据，更需要现在的数据，而用静态方法是做不到的。

第三节　农户风险预警机制框架构建

农户风险管理机制是管理农户风险的制度保证。它包括风险识别、风险监督、风险测量、风险评估、风险预警以及风险防范等。

一、农户风险识别

1. 农户风险来源分析

要进行有效的农户风险预警，首先要弄清楚农户风险的来源以及发展趋势。商业银行信用风险来源于客户贷款、国家主权贷款、表外工具等固定项目；农户风险来源比较复杂，具有不确定性。根据我们的调查，农户风险主要来源于农户自身素质、自然环境、市场供求以及国家宏观经济政策等领域。

（1）农户素质。与企业生产经营管理靠领导层和一大批员工不同，农户是项目的生产经营管理者，对项目投产、员工管理、产品生产、产品销售等产生直接的影响。科学技术是第一生产力，而科学技术来自管理者以及员工自身的素质。个人综合素质对提高企业核心竞争力具有关键作用。从企业家与企业绩效的关系看，企业绩效是企业家能力、企业家生产性努力以及企业家掌握的资源数量和质量、外部随机干扰这几个方面综合作用的结果。农户自身的素质决定了项目的发展水平和发展潜力。结合本书农户诚信度指标设计，从生产者和管理者的视角看，农户素质衡量指标包括家庭背景、遵纪守法、道德品质、诚实守信以及生产管理技术等。上述指标变量具有不确定性，因而有风险。

（2）自然灾害①。与工业项目不同，农业项目生产经营大多是在室外进行的，加上自然环境是农业项目赖以生存的条件，只要天气出现异常，农业项目生产经营就可能不正常或者遭受损失。如农户投资经营的养殖业、种植业以及农产品加工业等受天气条件影响大。据统计，近年来，自然灾害致使中国年均损失超过 3 000 亿元，这个数字相当于珠三角一个中等偏上城市的 GDP。战金艳（2011）构建了自然灾害对区域农畜产品市场价格影响分析模型，通过多种统计与调查资料，仿真了汶川特大地震灾害对全国农畜产品市场价格所产生的影响。结果显示，汶川地震对全国主要农畜产品的市场价格影响不大，但是对当地的种植业和养殖业造成了显著的影响。综上分析，衡量自然灾害风险的主要因素包括自然灾害强度以及造成的损失。

（3）市场供需。农产品价格是农产品价值的货币表现形式。农产品价值由三部分构成：一是生产过程中所消耗的生产资料价值，如种子、化肥等；二

---

① 黄崇福（2009）认为，自然灾害是指由自然事件或力量为主因造成的生命伤亡和人类社会财产损失的事件，主要包括洪涝灾害、干旱灾害、台风灾害、冰雹灾害、雷电灾害、高温热浪灾害、沙尘暴灾害、地质灾害以及植物森林病虫害等。

是劳动者为自己创造的价值，如工资等；三是劳动者为社会创造的剩余价值。理论上，农产品价格的形成以农产品价值为基础，在价格构成上由生产成本、流通费用、国家税金和农产品纯收益四部分构成。但是，在市场经济条件下，农户生产的农产品最终价格由市场决定，而在市场，农产品价格是由农产品的供给和需求情况决定的。

　　根据西方经济学理论，价格与购买量有如图7-2所示的关系。需求曲线D上各点表示消费者想要按一定价格购买商品，而D_1则表示当需求变化到一个更高的水平，购买量随着价格上涨而减少。需求曲线向右下倾斜是由边际效用递减规律决定的。人们将效用定义为消费品得到的满足。满足感越高，对物品的评价越好，消费者越肯为购买物品付钱。但是人们获得的满足感，会随着消费量的增加而下降，因此，对物品的效用感受也随着消退。通常情况下，需求曲线总是向右下方倾斜。而决定需求曲线位置移动的主要原因是偏好、感受、收入、替代品价格、预期。如个人强烈爱好，对物品效用的评价越好，可接受的价格会上升。总体上，需求的变化与偏好和收入正相关。

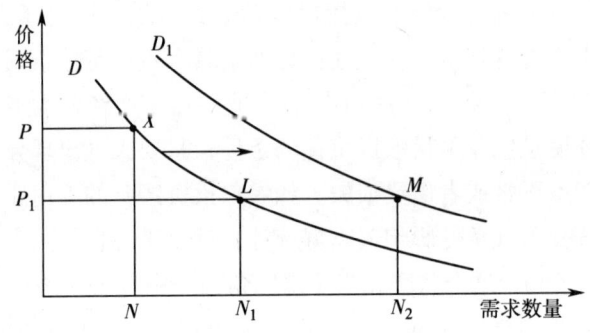

图7-2　需求与价格关系

　　根据西方经济学说，价格是由在一定价格下生产者愿意向市场供应的商品量所决定的。价格与供给量的关系如图7-3所示。由供给曲线S看到，供应量随价格上涨而增加，随价格下跌而减少。曲线S_1表示供应的变化：在原有价格水平上，生产者乐意提供更多服务和产品。供给曲线向右上方伸展，这是由边际成本①变化规律决定的。当企业产量达到最优规模后，若继续增加产

---

①　产量增加一个单位所导致的直接成本，叫做边际成本。或者说，新增加的那个单位产量导致总成本的增加额，就是边际成本。

量，边际的生产率就下降，单位产品的边际成本会随之提高。提高到什么程度取决于与边际收益的比较。主要边际成本低于边际收益，生产就有利可图，可变投入就会继续供应，从而使边际成本继续上涨，直到边际成本等于边际收益，可变投入的增加才会停止，边际成本也不再上升。所以，供给曲线总是向右上方延伸。

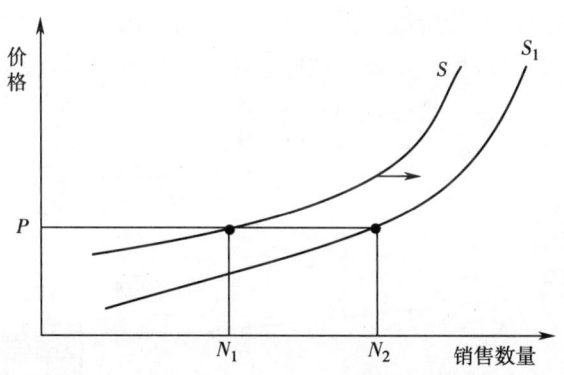

图 7-3　供给与价格关系

综上所述，影响供给的主要因素有产品价格、生产成本、生产技术、生产要素的价格以及国家政策等。影响需求的主要因素有消费者偏好、消费者个人收入、产品价格、替代品的价格以及互补品的价格等。上述因素由于具有不确定性，因而存在风险。

（4）国家宏观经济政策。国家宏观经济政策调控是指为了实现经济总量平衡，保持经济持续、稳定、协调增长，利用经济手段、法律手段以及行政手段等，对货币收支总量、财政收支总量、外汇收支总量和主要物资供求的调节与控制。Pindyck 和 Rotemberg（1990）研究了大宗商品价格与政策因素的关系，发现宏观经济或货币因素的波动影响商品价格的走势。王小鲁（2001）研究政府的粮食定购和价格控制政策对稳定中国粮食生产的影响，结果表明，政府调控给农产品价格波动产生负面影响。Crain 和 Lee（1996）研究发现，政府方案转变影响小麦现货和期货市场的波动。蒋海等人（2011）构建含成本渠道的新凯恩斯主义菲利普斯曲线，验证货币政策调控对通货膨胀的动态影响，并得出结论：紧缩性货币政策在短期内增加企业融资成本，推高通货膨胀。宋洪远等人（2012）用面板数据固定效应模型对农产品市场价格变动的形成机理实证分析，发现宏观经济波动、农户消费支出、农产品加工企业类型等对农产品价格波动影响大。综上分析可知，宏观经济政策调控包括财政政策、货币政策、收入分配政策以及对外经济政策等。上述因素具有不确定性，具有风险。

2. 农户风险识别路径

风险识别是指运用各种系统的、连续的方法，在风险事故发生之前，认识所面临的各种风险以及分析风险事故可能发生的原因。

面对来自农户、环境、市场、政府等领域的不确定因素，如图7－4所示，农村金融结构可按照以下途径识别农户风险。

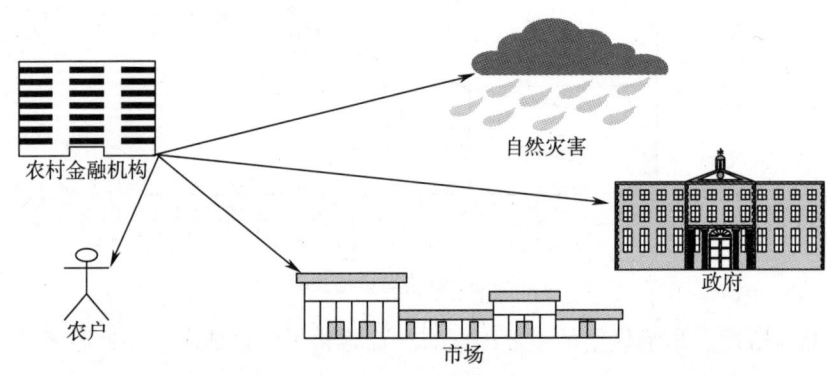

图7－4　金融风险链

（1）农村金融结构与农户。

根据我们调查可知，农户既是项目生产经营管理者，又是产品销售者，农户是重要的风险源，如图7－5所示。

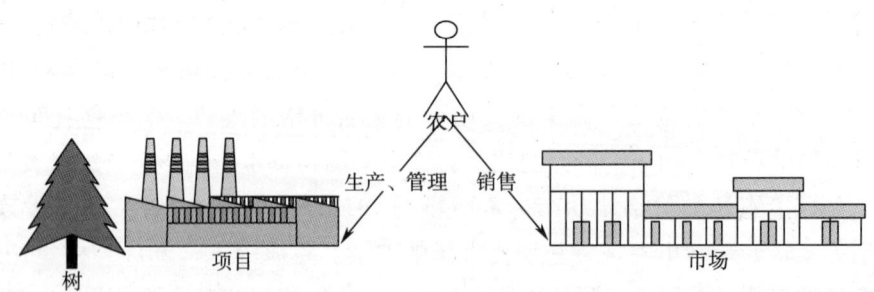

图7－5　农户素质风险

农村金融机构要对农户风险进行预警，必须了解农户的综合素质，包括农户的家庭背景、遵纪守法、道德品质、诚实守信、生产管理技术以及农户对农产品市场供求情况判断。金融机构要掌握农户这些信息，需要建立良好的客户关系，成立公关部负责管理客户关系，并由客户经理直接对客户关系进行维护（如图7-6所示），在维护过程中把握客户潜在的风险。

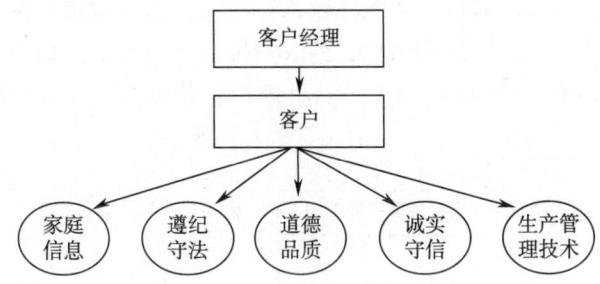

图7-6　农户素质预警信息获取模型

（2）农村金融机构与自然灾害。

由自然异常变化造成的人员伤亡、财产损失、社会失衡、资源破坏等现象或一系列事件统称为自然灾害。农业项目以及农业生产经营活动都是在露天下进行的，因此，很容易遭受自然灾害的破坏。据统计，2013年，中国遭受自然灾害造成的损失比较大：857.5万间房屋被破坏；农作物受灾面积31 349.8千公顷，其中绝收3 844.4千公顷；直接经济损失5 808.4亿元，占GDP的1%。农村金融机构应发挥自身的优势，构建如图7-7所示的自然灾害预警信息获取以及传输的模型，及时把预警信息传输给农户，做好防灾工作，减少损失。

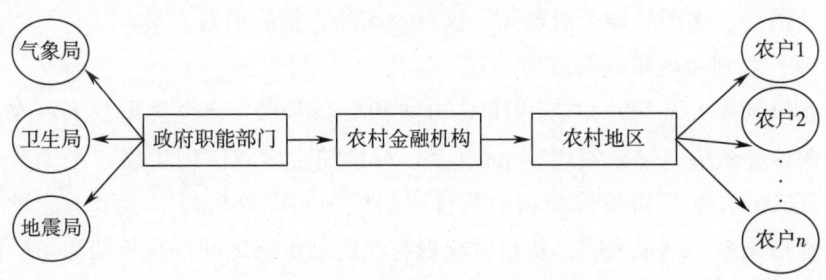

图7-7　自然灾害预警信息传输渠道

目前，国家已经建立专业的预测预警自然灾害的部门，这些部门得到的信息比较可靠，金融机构可以和相关的气象局、卫生局、地震局等机构建立信息共享和流通机制，准确了解灾害的类型、强度、危害的范围等重要信息，并确保第一时间把这些预警信息通过金融机构和农户已有渠道传输给农户，提醒或者协助农户做好防范工作。

（3）农村金融机构与市场。

市场的供求对农产品价格影响比较大。因此，农村金融机构要发挥人才优势、信息优势研判市场的供求情况，给农户提供比较准确的供求信息。农村金融机构可构建如图7-8所示的农产品供求信息获取模型，实时把握农产品供求情况。

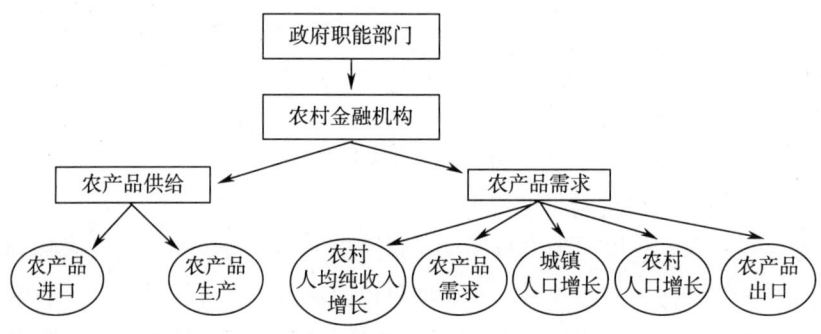

图7-8　市场供求预警信息获取模型

农村金融机构可以通过海关掌握农产品出口、进口的品种、数量以及价格等信息，这是农产品供给以及需求来源的一个重要渠道；向政府统计部门了解农村人口、城镇人口年增长率以及农村人均纯收入增长情况，这些是农产品潜在的消费力量和潜力；向工商以及生产管理部门了解农产品的消费需求，如日常生活消费、农产品加工消费等，这是农产品直接的消费力量。

（4）农村金融机构与政府。

蔡凤景等人（2009）应用DAG方法和动态因果来研究货币政策对农产品价格的传导效应，结果发现货币供应量 M_2 增加会导致国内价格水平上升。罗家宏（2005）运用协整检验和向量自回归模型实证分析我国货币供应量与农产品价格关系。结果表明，货币供应量与农产品价格之间存在长期均衡的协整关系；脉冲响应函数和方差分解显示货币供应量是农产品价格上涨的主要因素。农村金融机构可发挥自身优势获取政府的宏观经济政策调控以及汇率波动等信息，并分析其对农产品价格波动的影响程度。可构建如图7-9所示的模型，获取国家宏观政策调控预警信息。

农村金融机构可根据国家广义货币供应量分析判断其对农产品价格影响

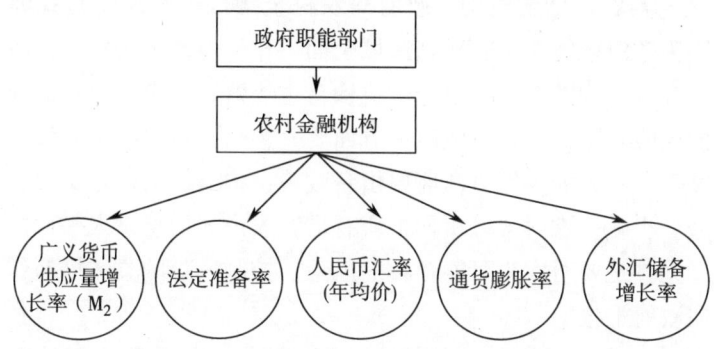

图7-9　宏观经济调控政策预警信息获取模型

的程度。根据中国人民银行调整法定准备率以及外汇储备增长率的具体数据分析其对农产品价格的影响,分析人民币汇率、通货膨胀率对农产品价格的影响。综合所有这些信息,分析其对农产品价格的影响,并指导农户生产经营活动。

二、农户风险预警机制构建

通过上文的分析和探究,我们知道了农户风险的来源以及识别的路径,下面从三个层面构建农户风险预警机制。

1. 基于管理层面的农户风险预警机制

农户风险的产生既有主观因素也有客观因素,如农户变更借款用途、农户参与赌博、农户对风险认识不足等,这些由主观因素造成的风险,可以通过构建组织管理制度来监控和预防。综合上文的分析,我们可以构建政府、农村金融机构以及农户组织管理机制来监控借款农户风险。

具体做法是构建政府与金融机构的管理制度、金融机构与农户的管理制度、政府与农户的管理制度,如图7-10所示。

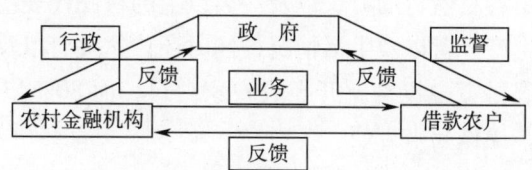

图7-10　基于管理层面的农户风险预警机制

（1）政府与农村金融机构。政府与农村金融机构本来就是管理与被管理的关系，因为政府职能是主管所辖区域全面工作。但是市场化后，政府已经完全放松了对金融机构的管辖，由金融机构自主经营，自负盈亏。这样做对政府有比较大的风险。因此，地方政府一方面要完善与当地农村金融机构行政上的责任负责制；另一方面，地方政府要出台政策，构建征信平台，由农村金融机构负责实施。也就是农村金融机构把所有借款农户的信息录入平台，对其进行统计分析，尤其是要对农户可能存在的风险、控制风险的具体措施作出详细的分析，并向政府汇报。

（2）政府与农户。政府与农户是管理与被管理的关系，但是这种管理是非常松散的。我们去调查的时候，老百姓说，政府对我们是"管而不理"、"有事才理"，甚至"有事不理"。由此可见政府在管理农户上的短板。要求政府对辖区农户实行实时管理，这一点做不到，而且也不现实，但是政府必须对农户负责。政府可构建政府—村委会—农户管理负责制度，由村委会负责监控和管理村民，并把情况向上汇报，把各种风险扼杀在萌芽状态，而不是等出了事才理。另一方面，政府可通过征信平台对借款农户实行动态监控和个性化管理，实现信息与管理的有机组合。

（3）农村金融机构与农户。农村金融机构与农户是业务上的指导和被指导关系。目前，农村金融机构把钱贷出去以后，没有对农户实行有效监督，导致资金流向以及生产管理出现很多问题，引发很多"非系统风险"。这从另一个侧面说明农村金融机构对借款农户的管理不到位。在农村金融机构存在人手严重不足的情况，必须创新管理模式，才能对辖区借款农户实行有效的监督。①建立农户周期汇报以及农户不定期抽查制度。金融机构可要求借款农户每隔一定时间汇报本人的生产经营情况，尤其是存在的问题，而金融机构也要不定期对借款农户进行走访，实地了解农户更加真实的情况，并对农户风险进行分析。②以农村金融结构为核心，组建信息志愿队。这是我们去调查时，村民告诉我们的。队员由各自然村的村长以及一名以上的村民代表组成，主要负责汇报本村借款农户生产经营以及生活情况，同时还传达政府以及农村金融机构的相关决策。由于农村金融机构就开在农户家门口，而80%以上的农户和金融机构有业务往来，操作起来方便。

2. 基于信息层面的农户风险预警机制

自然灾害、宏观经济政策以及农产品进出口等信息可由国家职能部门预测或发布，金融机构可发挥自身的优势，与这些部门建立信息共享和传导机制

（如图 7 – 11 所示），获取这些部门的关联信息，并把这些信息通过现代通信技术及时传给借款农户，然后指导农户做好相应预防措施，可把损失降低，风险减少。

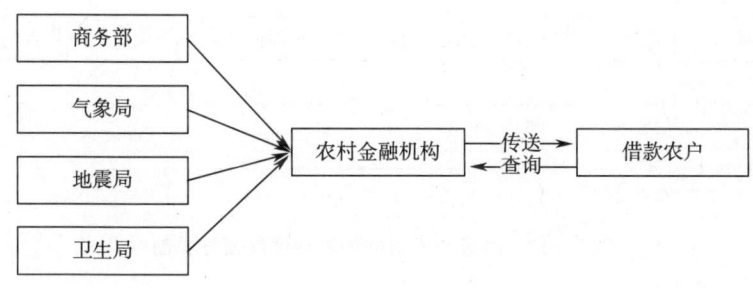

图 7 – 11　基于信息层面的农户风险预警机制

（1）商务部—农村金融机构—农户信息传导机制。农户可及时了解关联农产品进出口情况，调整农产品生产结构和供应，从而将市场风险或宏观政策调控风险降低。

（2）气象局—农村金融机构—农户信息传导机制。农户可及时了解天气变化情况，及时做好防范工作，减少农作物受影响程度，从而减轻自然灾害风险。

（3）地震局—农村金融机构—农户信息传导机制。农户可及时了解地震的强度，做好应对措施，减少生命财产的损失，降低自然灾害风险。

（4）卫生局—农村金融机构—农户信息传导机制。农户可及时了解各种病变信息，做好预防工作，并调整农户产品的合理布局和供应，将损失降低，从而减轻自然灾害风险。

3. 基于技术层面的农户风险预警机制

要准确预测农户风险的变化趋势，控制农户风险，要通过计量技术来测量农户风险大小，根据风险值确定农户风险级别，采取相关控制措施。依据金融风险管理的思想，可构建如图 7 – 12 所示的农户风险预警管理流程，监控农户风险。

（1）风险数据采集。首先从农户素质、自然灾害、农产品市场供给、农产品市场需求、宏观经济政策调控等层面采集数据。可按照前文介绍的方法对各种风险进行采集数据。

（2）风险识别。分析导致风险事故发生的条件因素，为拟订风险处理方

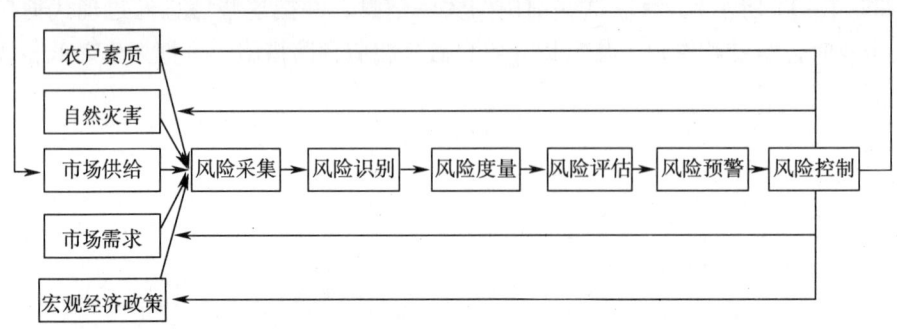

图7-12 基于技术层面的农户风险预警机制

案、进行风险管理决策服务。

（3）风险评估。依据采集到的风险数据，构建农户风险评估指标体系，计算各级指标权重，建立风险评估模型，对农户风险进行评级。

（4）风险预警。根据风险评估得到的农户风险值，与设定农户风险预警度进行对比，确定农户风险等级。若超过正常范围，便发出预警信号。

（5）风险控制。根据预警等级，对各种风险进行管理。如农产品供应超过需求，价格下跌，可有针对性地要求农户采取措施，减少供应。

第四节 基于 BP 网络的农户风险预警实证分析

要防范农户风险的产生，关键在于做好要素风险预警。本节按照预警机制框架，以生猪价格风险预警为例，说明农村金融机构如何对农户所经营项目的风险进行预警，从而降低风险所带来的损失。

一、生猪消费

猪肉是中国老百姓菜篮子里的重要元素。国家农业部公布的数据显示，2011 年中国出栏 9 亿多头猪，按一头猪 200 斤肉计算，是 1 800 亿斤肉，除以13.7 亿人，每人 131 斤，再除以一年 365 天，即每个中国人每天要吃 3 两 5 钱猪肉。这些数字说明，猪肉已经成为中国人的"主食"，猪肉是中国人菜篮子重要元素之一，中国是猪肉消费大国。猪肉消费量随着生活水平改善逐年提高，如图 7-13、图 7-14 所示（数据来自中国统计年鉴）。猪肉在国民生活中占有重要位置。

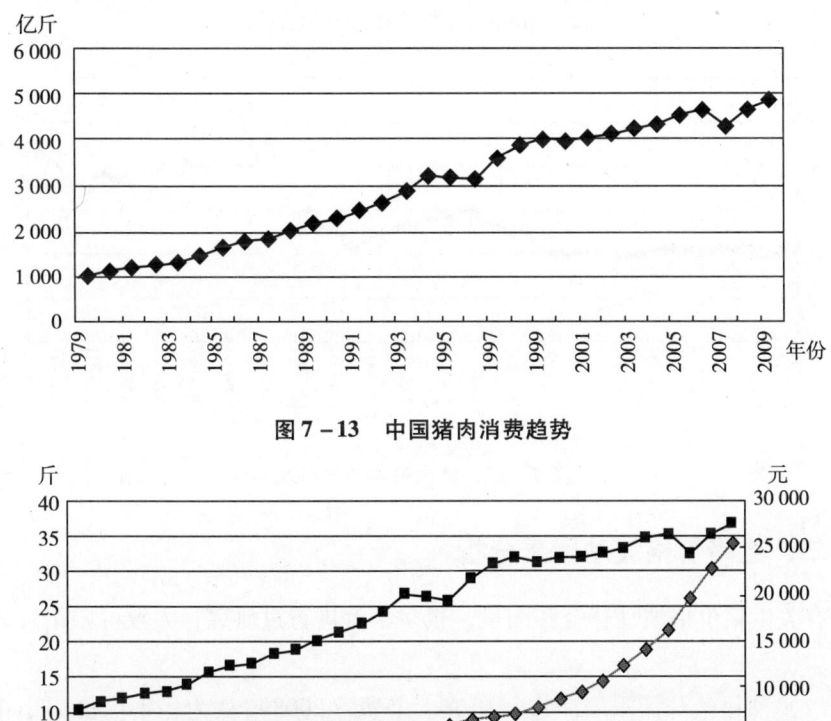

图 7 –13　中国猪肉消费趋势

图 7 –14　中国猪肉消费与 GDP 对比

　　然而，由于受生猪供给、需求、环境因素（赵瑞莹，2008）的影响，猪肉价格大幅波动，如图 7 –15 所示（数据来自中国畜牧业信息网）。从 2000 年至 2006 年，猪肉价格表现平稳。从 2007 年至 2010 年，猪肉价格大幅波动。2007 年 5 月至 7 月短短 3 个月内猪肉价格上涨了 45%。从 2000 年至 2010 年，猪肉价格从 2000 年 6 月最低点 9.46 元/千克，变动到 2008 年 1 月最高价 26.08 元/千克，几乎是前者的 3 倍。生猪价格的波动给生猪养殖企业和农户带来了收益的不确定性，给国人生活带来了影响。研究生猪价格风险预警，预测生猪价格走势，给出猪肉价格预警，并及时采取防范措施，降低猪肉价格波动幅度有重要意义。

图 7-15　猪肉价格波动趋势

二、生猪价格波动因素分析

有关生猪价格波动特征和因素，很多学者进行过研究，大致可归结为以下几类。

（1）从供给与需求层面进行研究。辛贤（2008）认为，生猪价格由市场供求决定，分别从需求和供给两个层面建立需求函数和供给函数进行了测算，最后得到影响生猪价格波动的弹性因素：替代弹性、牛羊肉、禽类、人口、城镇化、收入、生猪预期价格、养猪技术等；张正、吕杰等（2006）运用对数线性模型直接对各影响因素的月度数据进行回归估计，得出猪肉各替代品价格的变化会影响猪肉供需情况，从而影响猪肉价格。

（2）从宏观政策和管理层面进行研究。李秉龙等（2007）分别从政府宏观调控、猪肉供给和需求因素探讨了中国猪肉价格波动的原因。綦颖（2006）认为，生猪价格波动，主要是国家对生猪生产和市场价格波动调节缺乏有效宏观调控手段。另外，地方政府对当地的生猪屠宰、加工企业实行区域保护，对外地的生猪实行限制进入，导致生猪生产流通不畅和市场不公平竞争加剧，违背市场公平竞争原则，无形中推动了生猪价格的大幅波动。

（3）从生猪生产的周期层面研究。毛学峰等（2008）对 1995～2008 年月度生猪价格波动数据，采用时间序列分解方法对生猪价格周期进行研究，发现生猪价格存在显著的周期性波动，每隔 35～45 个月，生猪价格发生波动。

上述研究在一定程度和一定范围内说明了生猪价格波动的原因，但存在以下不足。

（1）静态描述为主。生猪价格波动受多方面因素影响，这些因素既有静态的也有动态的，既有确定的也有不确定的。结合实际，用静态、动态指标反映生猪价格变化趋势。

（2）对价格波动因素探究不够全面。生猪产、供、销是一条生态链，每个环节对生猪产量都有影响，但是上述研究没有对生猪生产者进行关注，其实生产者的素质会对生猪的生产、管理产生很大的影响。

本研究在上述研究基础上以动态因素为主，构建生猪价格风险预警指标，预测、预警生猪价格变化趋势。

三、生猪价格风险预警指标构建

1. 生猪价格风险预警指标来源

本小节关于生猪价格风险预警指标范围确定的主要依据：（1）农户信用评估成果。该成果强调，指标设计必须从事物本源出发，确定指标的维度和层次；设计指标时动静结合，体现指标的时序性。（2）其他学者的研究成果。根据价值规律，生猪价格由生猪内在价值决定，但是在市场经济条件下，生猪价格由市场供求情况决定。当供大于需求时，生猪价格下跌；反之，生猪价格上涨。因此，在预测生猪价格时必须预测市场的供求情况。（3）结合实际，了解到影响生猪价格变化的因素。理论研究上，侧重从内生层面去设计生猪价格波动的指标，但是还有很多外生因素影响生猪价格波动。

基于上述认识，生猪价格风险预警指标，来自四个维度五个层面，第一是人的维度（农户素质），第二是自然环境维度（自然灾害），第三是市场维度（市场供给、市场需求），第四是宏观经济政策。这也是生猪价格风险预警指标设计的框架。

2. 生猪价格风险预警指标设计

（1）农户素质维度指标。农户是生猪饲养和管理者，农户自身素质以及家庭情况，会影响生猪的产量和质量，从而影响生猪的供给。衡量农户素质的指标有农户家庭背景、农户遵纪守法、农户道德品质、生产管理技术、农户诚实守信。当其中某个指标发生异常时，都有可能影响生猪的生产。由于单项指标的数据难以获取，实际在度量时，用全国农村人口平均文化程度变化率替代农户素质。

（2）自然环境维度指标。自然环境是生猪赖以生存的大环境，环境遭到破坏，生猪的生产受到威胁。衡量自然灾害的指标有灾害强度、灾害发生频率。这两个指标的数值由官方公布的数字决定。当其中某个指标发生异常时，生猪生产受到严重威胁。

（3）市场维度指标。市场供应生猪的数量直接影响生猪的价格，是生猪价格波动的主要因素之一。衡量市场供给指标：上一年生猪生产价格变动率、上一年末猪存栏量增长率、仔猪费用增长率、玉米价格变动率、猪肉进口增长率。玉米是猪的主要饲料，其价格影响养猪的积极性和猪的价格。我国是猪肉消费大国，据记载，我国从 1985 年开始进口生猪（猪肉），进口数量影响国内市场供给和价格。市场需求是影响生猪价格波动的另一个重要因素，其衡量指标：城镇人口增长率、农村人口增长率、农村人均纯收入增长率、肉消费价格变动率、水产品消费价格变动率、农产品加工业总产值增长率、猪肉出口增长率。人口增长，对猪肉需求增加。农村人均纯收入提高，猪肉购买力增加。其他肉类、水产品消费价格变动，影响猪肉需求。农产品加工成其他工业产品，消耗猪肉，增加猪肉的需求。我国是一个猪肉出口大国，每年有大批生猪或猪肉出口到国外。据统计，2013 年 1～10 月，中国出口猪肉数量为 59 580.4 吨，同比增长 11.6%，金额为 2.6 亿美元，同比增长 9.6%，平均单价为 4 361.8 美元/吨。出口量越大，国内猪肉需求越大。

（4）宏观经济政策维度指标。宏观经济政策包括货币政策和财政政策，是一个国家在经济运行中，为了实现经济总量平衡，保持经济持续、稳定、协调增长，利用经济手段、法律手段、行政手段等，对货币收支总量、财政收支总量、外汇收支总量和主要物资供求的调节与控制。宏观经济政策的颁布，将对农产品的价格产生直接影响。其衡量指标有广义货币供应量增长率（M_2）、人民币汇率（年均价）、通货膨胀率。广义货币（Broad money，M_2）是一个经济学概念，和狭义货币相对应，是货币供给的一种形式或口径，不仅反映现实的购买力，还反映潜在的购买力。其计算公式：广义货币（M_2）＝M_1＋居民储蓄存款＋单位定期存款＋单位其他存款＋证券公司客户保证金。其中 M_1 指狭义货币，反映现实购买力。若 M_2 大于 M_1，经济过热，可能导致物价上涨。人民币汇率，即一国货币兑换另一国货币的比率，是以一种货币表示的另一种货币的价格。人民币升值，对进口有利；反之，对出口有利。通货膨胀率（inflation rate），是货币超发部分与实际需要的货币量之比，用于反映通货膨胀、货币贬值的程度。在实际中，用居民消费价格指数 CPI 来表示通货膨胀率。上述指标如表 7－2 所示。

表 7 - 2   生猪价格风险预警指标

维度	预警指标	指标度量
农户素质	农户家庭背景 农户遵纪守法 农户道德品质 生产管理技术 农户诚实守信	用农户平均文化程度增长率表示农户素质《中国农村统计年鉴》
自然灾害	受灾面积增加率 经济损失增长率	用受灾面积变化率表示《中国农村统计年鉴》
市场供给	生猪生产价格变动率	生猪价格差除以前一年生猪价格
	年末猪存栏量增长率	两年末存栏差除以上一年末存栏
	仔猪费用增长率	两年费用差除以上一年费用
	玉米价格变动率	两年价格差除以上一年价格
	猪肉进口增长率	两年进口之差除以上一年进口量
市场需求	城镇人口增长率	两年城镇人口之差除以上一年人数
	农村人口增长率	两年农村人口之差除以上一年人数
	农村人均纯收入增长率	两年人均纯收入之差除以上一年收入
	肉消费价格变动率	两年肉消费之差除以上一年肉价
	水产品消费价格变动率	两年水产品价格之差除以上一年价格
	农产品加工业总产值增长率	两年农产品加工产值之差除以上一年总产值
	猪肉出口增长率	两年猪肉出口量之差除以上一年出口量
宏观经济政策	广义货币供应量增长率（M_2） 人民币汇率（年均价） 通货膨胀率	来自《中国统计年鉴》

四、数据描述和预警区间设置

1. 数据描述

依据预警指标描述数据的需求，本研究从 1993 年到 2012 年《中国统计年鉴》、《中国农村统计年鉴》以及《中国海关统计年鉴》中选取了以下数据：中国农村人口接受教育以及技能培训数据、自然灾害所造成的损失数据、生猪价格波动数据、年末生猪存栏数据、生猪在饲养过程中的费用数据、玉米价格变动数据、中国从国外进口猪肉数量数据、中国城镇每年人口增长数据以及农村人口增长数据、农村人均纯收入数据、市场肉消费价格变动数据、市场水产品消费价格变动数据、中国农产品加工业总产值增长数据、猪肉出口数量数据、广义货币供应量数据、人民币汇率数据以及中国通货膨胀率数据。由于上述指标所描述的数据不完全符合预警指标的要求，因此，还对其进行适当处理。

（1）农户素质指标数据。由于原始数据中没有这一项，本研究结合中国农户接受文化教育的层次：小学、初中、高中（中专）、大专及以上，不同层次分配不同的权重，按照公式计算出每年中国农户的平均素质。

（2）受灾面积增长率以及经济损失率指标数据。这两个指标数据也要按照（1）的方法进行计算。每年发生的灾害不相同，常见的有旱灾、洪涝灾、风雹灾、冷冻灾、台风灾以及地震灾等，每种灾害造成的损失也不同，因此，根据单项灾害的数据再分配不同的权重，计算出当年灾害所造成的损失和损害。

（3）市场供给指标数据。年鉴只有每个指标的原始数据，没有波动率的数据，但是反映其对生猪价格影响时，不能使用原始数据，因此，本研究用增长率数据去反映。通过增长率的波动，反映价格的变动。

（4）市场需求指标数据。数据处理方式同（3）。

（5）宏观经济政策指标数据。年鉴有现成的数据。

2. 预警区间设置

本章主要是用各指标过去的数据、现在的数据以及"未来"的数据，预测生猪价格变化趋势，因此，预警区间主要用生猪价格在过去一段时间的最高价、最低价的数据作为预警区间的上、下限，然后据此设置其他区间。

（1）生猪价格警限与警度设置。

生猪价格警限是指价格波动时有警或无警的区间，用生猪价格波动率数据反映。在成熟的市场经济中，生猪价格波动能够准确反映市场供求情况。依据均衡价格理论，若生猪价格上涨过快，说明市场上的生猪供不应求，下跌过快说明生猪供过于求，这两种市场状态均属于市场的非均衡状态。生猪处在非均衡状态的市场下，价格波动具有不确定性，因而存在风险。在均衡的市场条件下，生猪价格围绕着"均衡点"上下波动。价格围绕均衡点波动，这是由市场供求的力量对比强度所决定的。市场主体可据此调整生猪的供求水平，使价格在偏离均衡状态不多情况下重新回到均衡状态，这样不会产生价格风险。但是，当生猪价格长期低于或高于价格均衡点，或者是远离价格均衡点时，是有风险的。基于上述认识和其他学者的观点，本研究将生猪价格预警的警限分为五个区间：当生猪价格远高于均衡点时，此时为正向重警警限；当生猪价格比均衡价格稍高时，此时为正向轻警警限；当生猪价格偏离均衡价格不多，又能恢复均衡价格，此时为无警警限；当生猪价格下跌，离均衡价格不算很远时，此时为负向轻警警限；当生猪价格下跌，远离均衡点时，此时为负向重警警限。与上述警限相应的警度为正向重警、正向轻警、无警、负向轻警和负向重警。为直观起见，运用交通信号灯表示警度：绿灯表示无警；黄灯表示正向轻警；红灯表示正向重警；蓝灯表示负向轻警；白灯表示负向重警。

本研究根据生猪价格波动的实际以及可能产生的风险，以生猪价格波动率数据设定生猪价格的预警区间。

定义 1 正向重警　根据我国生猪价格变化趋势，确定当生猪生产价格波动率偏离均衡点达 +15% 或者以上时，则认为生猪价格风险为正向重警。

定义 2 正向轻警　根据我国生猪价格变化趋势，确定当生猪生产价格波动率偏离均衡点在 +5% 到 +15% 之间时，则认为生猪价格风险为正向轻警。

定义 3 无警　根据我国生猪价格变化趋势，确定当生猪生产价格波动率偏离均衡点在 -5% 到 +5% 之间时，则认为生猪价格风险为无警。

定义 4 负向轻警　根据我国生猪价格变化趋势，确定当生猪生产价格波动率偏离均衡点在 -15% 到 -5% 之间时，则认为生猪价格风险为负向轻警。

定义 5 负向重警　根据我国生猪价格变化趋势，确定当生猪生产价格波动率偏离均衡点在 -15% 以上时，则认为生猪价格风险为负向重警。

生猪价格预警的警度、警限、信号显示和相应的市场特征状态描述如表 7-3 所示。

表 7-3　　　　　　　　生猪价格风险预警表示

警度	警限	信号灯	状态描述
正向重警	[+15%，+∞]		显示红色，生猪价格上涨过快，市场过热
正向轻警	[+5%，15%]		显示黄色，生猪价格上涨较快，市场偏热
无警	[-5%，+5%]		显示绿色，生猪价格稳定，市场基本均衡
负向轻警	[-15%，-5%]		显示蓝色，生猪价格下跌较快，市场偏冷
负向重警	[-∞，-15%]		显示白色，生猪价格下跌过快，市场过冷

（2）生猪价格风险等级划分。

根据表 7-3 的警限，分别计算我国从 1993 年至 2012 年生猪价格风险等级，结果如表7-4所示。

表7-4　　　　　　　　　我国猪肉价格风险等级

年份	猪肉价格波动率（%）	风险等级	信号灯	风险值
1993	12.6	正向轻警风险		0.5
1994	53.6	正向重警风险		1
1995	16	正向重警风险		1
1996	2.2	无风险		0
1997	10.1	正向轻警风险		0.5
1998	-17.1	负向重警风险		-1
1999	-14.8	负向轻警风险		-0.5
2000	0.2	无风险		0
2001	2.3	无风险		0
2002	-2	无风险		0
2003	2.9	无风险		0
2004	12.8	正向轻警风险		0.5
2005	-2.3	无风险		0
2006	-9.4	负向轻警风险		-0.5
2007	45.9	正向重警风险		1
2008	35.5	正向重警风险		1
2009	-18.38	负向重警风险		-1
2010	-1.67	无风险		0
2011	36.98	正向重警风险		1
2012	-3.25	无风险		0

　　由表7-4看到，从1993年到2012年的20年间，我国猪肉价格有5次出现正向重警风险，有2次出现负向重警风险，有3次出现正向轻警风险，有2次出现负向轻警风险，有8次没有风险。

五、生猪价格风险预警模型构建

1. 基于BP人工神经网络的生猪价格风险预警模型

　　生猪供给与需求是复杂的社会经济活动，具有周期性、时变性、不确定性、高度非线性等特点。对生猪价格风险预警来说，从其输入的原始特征集到输出的状态集是一个复杂的非线性映射，较难找到一个确定的函数来表达该种关系。现有的计量经济预警模型和景气循环预警模型都不适合生猪价格风险预警的要求。BP 人工神经网络则是解决这类问题的有效模型。它是具有三层或三层以上阶层结构的神经网络。第一层是输入层，由若干个神经元（节点）构成；第二层是隐含层，功能是为网络能学习到给定的样本而提供足够的可调连接权值。第三层是输出层，输入节点经过反复训练并达到误差要求后，输出训练的结果。网络的三个层通过神经元实现全连接，即下层的每个单元与上层的每个单元都实现全连接，而每层各神经元之间不连接。每个节点的输出值由输入值、作用函数和阈值决定。下面按照上述结构构建生猪价格风险预警模型。

（1）网络层构建。按照 BP 人工神经网络的结构，构建网络模型层。①输入层构建。生猪价格风险预警指标共有 18 个，作为 BP 人工神经网络模型的输入节点，构成网络的输入层。②输出层构建。本研究最后输出的结果是价格风险的状态，只有一个，因此，设定输出节点个数为 1。③隐含层构建。隐含层节点个数由输入层和输出层节点数确定，取（18 + 1）/2 等于 10。

（2）模型训练。从表 7 - 2 中取 1993 年至 2009 年的数据对 BP 人工神经网络生猪价格风险预警模型进行训练。根据实际，设定网络模型学习效率为 0.05，网络模型训练误差为 0.00001。经过 2 112 次训练后收敛，模型训练和拟合过程如图 7 - 16、图 7 - 17、图 7 - 18 所示，训练值与风险值对比如表 7 - 5 所示。

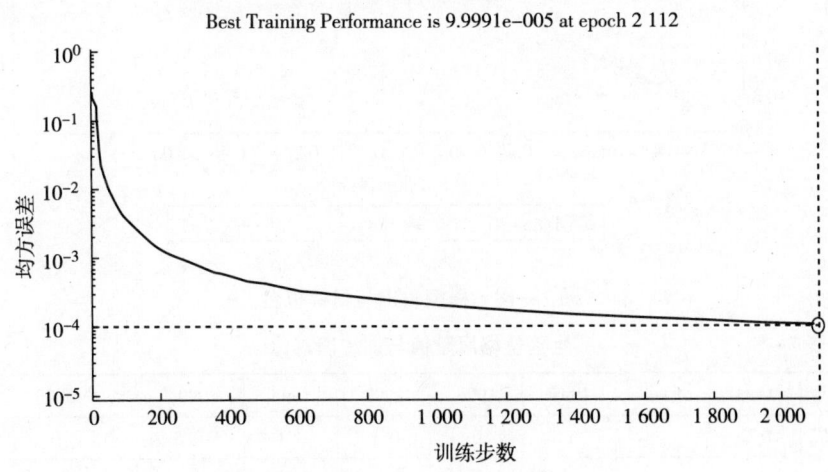

图 7 - 16　生猪价格风险预警模型训练结果

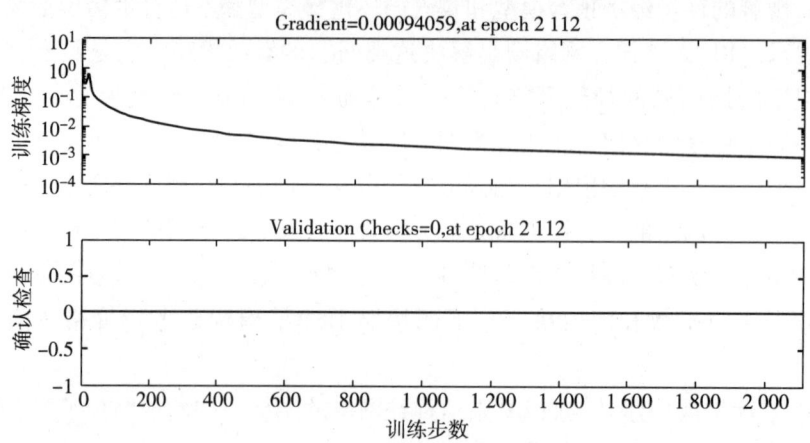

图7-17　网络训练过程

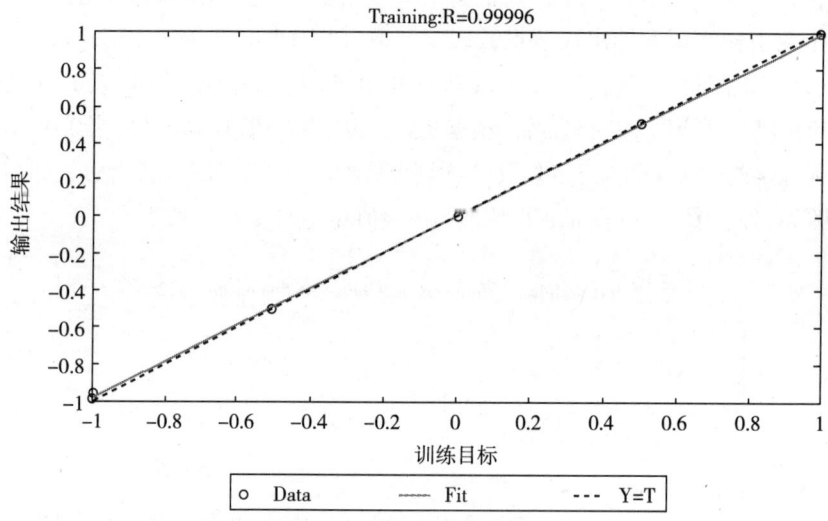

图7-18　模型输出与目标拟合

表7-5			生猪价格风险值与训练值对比				
年份	1993	1994	1995	1996	1997	1998	1999	2000
风险值	0.5	1	1	0	0.5	-1	-0.5	0
训练值	0.5002	0.9890	0.9865	-0.0005	0.4987	-0.9696	-0.5034	0.0000
信号灯								

续表

年份	2001	2002	2003	2004	2005	2006	2007	2008	2009
风险值	0	0	0	0.5	0	− 0.5	1	1	− 1
信号灯	⬭	⬭	⬭	⬭	⬭	⬭	⬭	⬭	⬭
训练值	0.0005	0.0002	− 0.0012	0.5004	0.0019	− 0.4995	0.9902	0.9961	− 0.9815

（3）模型测试。从表 7 – 2 中取 2010 年、2011 年、2012 年的数据做测试数据，应用（2）所建成的生猪价格风险预警模型进行测试验证，结果如表 7 – 6 所示。

表 7 – 6　　　　　　　　生猪价格风险期望值与测试值对比

年份	2010	2011	2012
期望风险值	0	1	0
模型测试值	0.0001	0.9869	− 0.00032
信号灯	⬭	⬭	⬭

2. 模型预警结果分析

（1）模型训练结果分析。由表 7 – 5 可知，模型训练值结果显示：1993 年、1997 年、2004 年为正向轻警风险；1994 年、1995 年、2007 年以及 2008 年为正向重警风险；1996 年、2000 年、2001 年、2002 年、2003 年以及 2005 年为无风险；1998 年以及 2009 年为负向重警风险；1999 年以及 2006 年为负向轻警风险。这些与实际风险显示预警信号一致。

（2）由表 7 – 6 可知，模型预警结果为 2010 年、2012 年无风险，2011 年正向重警风险，与实际风险显示预警信号一致。这说明模型具有预警功能。

（3）从模型训练过程看，收敛快。从训练结果看，输出与目标拟合较好。

不管是训练还是预警，基于 BP 人工神经网络的生猪市场价格风险预警模型具有准确性。

3．模型对未来生猪价格风险的预警

上面是对过去的数据进行"预警"，下面将对未来（包括 2014 年）3 年生猪价格风险进行预警。

（1）未来三年数据构建。对未来价格走势的预测，最大的问题是数据的获取。本研究首先算出每个指标 20 年的均值，然后用统计的方法，算出年份之间间隔最大、最小的数值。结合中国未来的经济发展规划报告，用公式 $y =$

$m \pm \square$（y 表示该指标未来的数据，m 表示该指标 20 年的平均值，$\square$ 表示干扰项）算出 18 个指标未来三年的数据如表 7 - 7 所示。

表 7 - 7　　　　　　　　　　未来三年数据

年份	生猪价格波动率	农户素质提高率	……	广义货币增加率	通货膨胀率
2014	0.061	0.016	……	0.170	0.043
2015	0.071	0.068	……	0.570	0.037
2016	0.161	0.004	……	0.265	- 0.015

（2）未来三年生猪价格风险预警。用前面所建成的生猪价格风险预警模型调用表 7 - 7 的数据，得到如表 7 - 8 所示的结果。预测结果表明，2014 年、2015 年生猪价格表现平稳，2016 年生猪价格将有比较大的上涨。

表 7 - 8　　　　　　　　未来三年生猪价格风险预警

年份	2014	2015	2016
模型预警值	0.0003	- 0.00015	0.998632
信号灯	⬤	⬤	⬤

第五节　本章小结

本章是对农户贷款所面临的风险进行管理。通过本章的研究，得到以下结论：

1. 农户风险预警机制框架构建

在调查中发现，农户风险主要来自农户自身、自然灾害、市场、国家宏观经济政策等领域，如何对这些风险进行预测、预警是防范农户风险的关键。从三个层面构建预警机制对上述风险进行管理。

（1）基于管理层面的农户风险预警机制。引发农户风险因素中，有些主观因素，这些通过层级管理制度约束可以降低甚至消除，从而降低风险度。

（2）基于信息层面的农户风险预警机制。农户风险有些是由于信息不对称所造成的。比如在一些边远的农村，由于通信、交通比较落后，没有途径获取相关天气预报、卫生等方面的信息，就很容易遭受损失。建立了全方位的信息传导机制后，农户获取信息，可有针对性地做好防范工作。

（3）基于技术层面的农户风险预警机制。依据金融风险管理的思想，提出了基于技术层面的农户风险预警机制。

2. 农户风险预警机制实证分析

依据技术层面预警机制框架，用 BP 网络对我国从 1993 年至 2012 年生猪价格风险进行预警，结果表明，训练结果以及预警结果都接近实际风险值。这说明所构建的预警机制具有一定的可行性。此外，还对 2014 年、2015 年、2016 年生猪价格进行预测。

第八章　研究结论与政策建议

本书是国家自然科学基金项目"农村信用评价体系、风险预警与应急管理方法研究"（7173089）的部分内容。本书以党中央、国务院高度关注的"三农"问题为切入点，对我国农户信用评估、农户风险预警技术发展的现状进行系统分析，在此基础上，围绕"评估理论—评估指标—评估模型—模型实证—风险预警"这五个问题逐层推进，展开经验研究，得到了一些新的观点和一些有价值的研究结论。

第一节　主要研究结论

1."五维"农户信用评估理论

本书以系统论为基础，构建农户信用评估系统的框架，以伦理学、社会学、经济学、财务管理学以及心理学为主体，构建"五维"农户信用评估理论。该理论能较好地解析农户信用变化趋势以及设计农户信用评估指标。其中，用伦理学设计农户诚信度指标，用社会学设计农户合规度指标，用经济学和财务管理学设计践约度指标，用心理学设计农户动机度指标，较好地解决了农户信用评估指标来源问题以及设计问题。

2. 农户信用评估系统结构理论

农户信用评估是一个系统。因此，从一般系统结构理论看，农户信用评估系统具有下列属性：（1）整体性，是指整个农户信用评估系统是不可分割的，农户信用评估的功能是整体性发挥作用的结果，割裂其中的任何部分系统都不会存在。譬如，系统指标设计、指标权重、信用评估等模块，如果把指标权重分割出去，评估系统就不存在了。（2）层次性，是指农户信用评估系统要素按照整体与部分的构成关系，形成具有不同质态的分系统及其排列次序。譬如，按照一般系统结构模型，为实现系统目标，评估指标分成不同的层。（3）结构性，是指构成农户信用评估系统的各个层次和要素之间是相互联系、相互作用的，总和就是系统结构。系统的下一层对上一层负责，如农户的需求变更，农户还款动机也改变，这些要素都是相互作用的。（4）功能性，是指农户信用评估系统整体对环境的作用或影响。农户信用评估系统能对农户信用等级作出评估，有助于农村金融机构与农户信息的对称和促进农村地区的诚信建设等。

根据上述理论，得到下面推论：

推论1　用 N_E 表示农户信用评估系统的层数。若 t 时刻，系统环境 $E(S)$、系统状态 $S_z(t)$ 以及系统行为 $H_z(t)$ 保持不变，不管 N_E 增加还是减少，农户信用评估的结果发生改变。

推论2　用 x_i 表示农户信用评估系统的要素。若 t 时刻，系统环境 $E(S)$、系统状态 $S_z(t)$ 以及系统行为 $H_z(t)$ 保持不变，不管 x_i 增加还是减少，农户信用评估的结果发生改变。

推论3　用 w_{ij} 表示农户信用评估系统的权重。若 t 时刻，系统环境 $E(S)$、系统状态 $S_z(t)$、系统要素 x_i 以及系统行为 $H_z(t)$ 保持不变，不管 w_{ij} 增加还是减少，农户信用评估的结果发生改变。

推论4　用 R_{ij} 表示农户信用评估系统不同部分的作用因子。若 t 时刻，系统环境 $E(S)$、系统状态 $S_z(t)$、系统要素 x_i 以及系统行为 $H_z(t)$ 保持不变，不管 R_{ij} 增加还是减少，农户信用评估的结果发生改变。

3. 农户信用评估指标结构模型

根据上述的理论，从结构上，我们把农户信用评估指标设计模型分为四个层，分别是目标层、策略层、准则层以及指标要素层。目标层主要提出构建系统的总目标。策略层是指指标的维度，也就是指标的来源，也就是农户诚信度、农户合规度、农户践约度以及农户动机度。准则层是指构建农户信用评估基本准则，是一级指标，是指农户诚实、农户守信、遵纪守法、行业法规、社会纠纷、发展基础、盈利能力、偿债能力、诚实守信动机以及违约失信动机。指标要素层是描述农户属性特征的指标变量。

4. 基于系统论的农户信用评估结构模型

根据上述的研究成果，得到农户信用评估结构模型，模型从逻辑上分为三层。（1）输入层是指设计农户信用评估指标，个数根据实际情况而定。（2）数据处理层，逻辑上根据评估指标的相对重要性构建区间判断矩阵、计算指标权重、构建模糊状态向量以及评估农户的信用等级。（3）输出层是指输出农户信用评级的结果。

5. 农户信用评估指标模型实证分析研究

本书以农户借款偿还性为因变量，以各指标为自变量，分别用粤西农村实地调查的数据验证了诚信度、合规度、践约度以及动机度维度指标对农户还款决策的影响。结果表明：（1）在其他指标不变的假设条件下，农户诚信度指标，如劳动力人数、婚姻状况、户主年龄、受教育程度、历史信用、讲究信誉等对农户借款偿还性有显著性正影响。说明这些指标是必需的。（2）在其他条件不变的假设条件下，除了经济纠纷、农村纠纷以及其他纠纷指标外，其他对农户借款可得性有显著的正影响。（3）农户家庭财产状况与借款偿还性正相关，且在10%水平上显著，与理论和实际情况相一致；生产经营服务历史、政策支持、生产经营规模、生产投资规模等指标对农户贷款偿还性正相关，但是不显著；家庭负债占家庭年纯收入比例与借款偿还性负相关，且在10%上显著，这与理论和实际相一致。（4）农户守约动机对农户按时还款有显著的正向影响；农户违约动机对农户按时还款有显著的负相关。

6. 农户信用评估模型实证研究

本书首先用模型评估328个样本数据，评估结果与专家对328个农户评估结果对比，发现优秀农户、良好农户、一般农户以及较差农户的评比结果均与专家评估结果接近，说明农户信用评估模型具有一定的科学性和可行性。此外还发现：优秀等级农户申请贷款率不到50%，但是申请贷款的全部能贷款。良好等级农户申请率达到76%，比优秀农户的申请率高了将近30%，但是良好农户获得银行贷款通过率为90%，银行对其限制贷款。较好农户申请率达到81%，但是通过率只有62.6%。这说明80%以上的较好农户资金短缺，有贷款需求，这与其他学者研究结论一致。另外，相对于优秀和良好农户，较好农户其实有较高的风险，因此，银行对较好农户控制更加严格，不到63%的农户能获得贷款。一般等级农户申请率达到71%，主要原因是一般农户总人数比较少。由于一般农户生产经营存在不少问题，风险更大，银行实行严格限制贷款甚至不贷。较差农户只有5人申请贷款，没有人通过银行审核，主要原因是较差农户风险大，没有还贷能力。作为经济人和理性人的银行，不会给较差农户贷款。

7. 农户风险预警机制

本书首先假定农户偿还银行贷款主要靠项目经营收入。根据我们到农村调查了解到，借款后，农户面临的风险主要来自农户素质、自然灾害、市场以及政府宏观经济政策等层面。本文依据各风险的特点，构建风险预警机制：（1）基于管理层面的农户风险预警机制。从组织管理制度上降低风险可能造成的损失。（2）基于信息层面的农户风险预警机制。通过政府职能部门、农村金融机构以及农户的信息共享与传导来做好风险应对措施，从而降低风险给农户带来的损失。（3）基于技术层面的农户风险预警机制。主要是通过计量技术来评估风险的大小以及预测风险的发展变化趋势，根据预测结果及时采取相关措施。

8. 农户风险预警机制实证研究

为了验证基于技术层面的农户风险预警机制可行性，本书用 1993 年到 2012 年我国生猪市场价格数据，其中前 17 年数据做训练样本，后 3 年做测试样本，构建 BP 神经网络模型，对生猪价格市场风险进行预警。训练结果表明预警结果接近风险值；测试结果也表明，模型测试值与期望风险值非常接近。也就是说，从 1993 年到 2012 年的 20 年间，我国生猪价格有 5 次出现正向重警风险，有 2 次出现负向重警风险，有 3 次出现正向轻警风险，有 2 次出现负向轻警风险，有 8 次没有风险。"预测结果"与实际情况相符合。这说明我们所构建的预警模型具有一定准确性和可行性。另外，本书还根据目前经济环境构建今后 3 年的数据，预测的结果是 2014 年、2015 年生猪价格表现平稳，2016 年生猪价格将有比较大的上涨。

第二节　政策建议

基于上述研究结论，为缓解我国农户"贷款难"、金融机构"难贷款"状况，提出以下政策建议：

1. 从中央政府视角出发，构建全国统一的信用制度和评估体系

目前，中国很多地方根据本地的实际，已经建立相应的信用制度和评估体系，但是实用性不大，主要原因是各地的情况不大相同，再加上没有统一的标准，不管制度，还是评估体系五花八门。中央银行应进行顶层设计，从社会管理视角出发，构建适用于国人的信用制度和评估体系，地方政府或者行业根据中央银行的宏观架构进行设计。把这些当做一项制度固定下来加强建设，发起于中央、行动于地方的信用大厦会慢慢升起。如中央银行可以用文件形式规定，农户信用评估指标必须来自四个维度，评估指标设计模型分为四个层次

等，这就将信用评估体系一起来了，评估农户就不再难了。

2. 从地方政府视角出发，加强信用环境建设

有些人失信比较严重，在某些地区已经形成了一种习惯，严重影响社会安定。这与该地的信用环境有关。在调查中，我们也感觉到有些村子风气很好，有些很差。因此，政府必须出面加强地方的信用环境建设，大力弘扬社会正能量，让正能量、正形象在社会管理中扮演重要角色。社会风气好，农户的信用意识以及遵纪守法意识也会得到提高。

3. 从基层政府视角出发，构建信用镇、信用村、信用户

从经济视角看，信用是一种资本，有价值又可以增值，前提是必须诚信。因此，基层政府可把信用当做一种工具或手段对农户、对社会进行管理。通过开展信用镇、信用村、信用户建设，能使农户有所为，有所不为，养成诚实守信好习惯，以点带面，整个村、整个镇信用状况会有大幅改善。

4. 构建政府职能部门、农村金融机构以及农户的信息共享和传导机制

尽管自然灾害信息、市场供求信息以及宏观经济信息政府部门能测或者能算，但是这些信息不能及时传送给边远的农户。因此，作为农村金融机构，就要肩负起媒介作用，通过特有的机制及时传给农户，让农户能做好相关的应对工作，减少损失。

5. 守信激励机制以及失信惩戒机制

为了激发守信农户的斗志，农村金融机构应该对长期守信的农户进行"低利率"奖励，鼓励其做一个永恒的守信农户。相反，对恶意赖账农户，进行严惩，使其付出巨大成本。目前，这一点在金融领域做得不错。希望惩戒机制进一步扩大，让失信者在金融领域的失信能影响到其他领域，这样相互制约，对失信者影响就大，相信可以大幅减少失信者。

第三节　进一步研究方向

本书对农户信用评估指标模型、农户信用评估模型以及农户风险预警机制进行实证检验，但由于实证数据获取存在难度以及得到的数据也不一定准确，加上作者本人精力有限，本书还存在一些问题值得今后进一步完善和深入研究。

第一，本书忽略了四维农户信用评估指标优于三维的实证性研究。本书研究的一个缺陷在于虽然我们已经从理论上验证了四维指标要比三维好，但是我

们并没有从实证上去验证。因为有很多科学论断在理论上很完美，而实证测试时就存在很多问题。因此今后的研究可以使用相同的数据，让三维度、四维度的指标同时测试，比较实证的结果，这样本研究将会得到更加科学和完整的研究结论。

第二，本书也同时忽略了指标层次设计的最优问题研究。我们从系统论上证明了农户信用评估的结果与系统的结构有关，也就是当指标的层次以及维度改变时，农户信用的结果肯定改变。也就是设计三层与四层指标，对同一农户评估结果不同。但是究竟设计多少层指标才是最优，我们没有实证检验过。目前也还没有发现其他学者对这个问题进行过研究，看来这个问题已经到了要解决的时候了。另外，还有一个相类似的问题是，在指标层，也就是最后一层，究竟要设置多少个指标才比较合适呢，我们也没有做过实验来验证。

第三，农户风险预警指标维度的设置也没有经过实证检验。我们设置预警指标的做法是，通过考察农户从借款开始到农产品在市场上销售这段时间可能产生的风险以及这些风险的来源来确定农户风险预警的维度。这有合理的一面，至少风险来自现实中，不是凭空想象出来的。但是存在不科学的另一面，那就是我们没有对这些维度进行测试过，与评估指标一样存在最优维度如何确定的问题。对于所设计的风险预警指标，也没有测试过。尤其是农户素质风险，在现有的文献中没有发现，类似的也没有。但是农户既是生产者又是管理者这种特殊的身份，决定了农户素质必然会对农产品生产和价格产生波动，因此把它列入风险预警指标。分析起来有道理，但是实践上没有得到检验。我们期望能通过实践的检验获取更加可靠、更为稳健、更具一般化的结论。

第四，由于受财力、时间以及精力所限，本书的调查数据和从统计年鉴上整理的数据仍然存在一定不足。本书作评估用的数据是由课题组成员到农村走家串户得到的第一手数据，虽可靠，但是不一定真实。因为，农户所说的不一定是真实的。像家庭年收入、有没有违反计划生育政策、有没有违反义务教育政策、有没有参加赌博等，农户说的数据都不一定真实。另外，做预警的数据来自统计年鉴，数据权威但是不客观。尤其是农户素质数据，年鉴上没有这一项，是作者根据农户当年教育层次分布人数计算出来的。其他指标的数据都不一定真实。我们期望以后能与银行合作，用银行的数据做实证将得到更加客观的结论。

以上是本书所取得的一些结论以及今后要进一步研究的方向。由于时间、能力以及知识等诸多方面因素所限，本书可能还存在其他方面的疏漏与不足，恳请各位批评指正。

参考文献

［1］薛蒙林. 剖析"三农"问题的内外部逻辑［J］. 农村经济，2013（1）：104－108.

［2］齐维凯. 从政治经济学角度谈"三农"问题［J］. 现代经济信息，2013（1）：3－11.

［3］董晓临. 农村金融学［M］. 北京：科学出版社，2012.

［4］Adams, Dale W. From Agricultural Credit to Rural Finance［J］. Quarterly Journal of International Agriculture，1995，34（2）：109－120.

［5］巴红静. 我国农村信贷资金外流问题探析［J］. 农村经济，2009（12）：66－70.

［6］吴晶妹. 现代信用学［M］. 北京：中国人民大学出版社，2009.

［7］the Editor. Credit Risk and Credit Derivatives［J］. Review of Derivatives Research，1998（2）：95－99.

［8］王春峰. 金融市场风险管理［M］. 天津：天津大学出版社，2001.

［9］Fotios Pasiouras, Chrysovalantis Gaganis. The impact of bank regulations, supervision, market structure, and bank characteristics on individual bank［J］. Rev Quant Finan Acc，2006（27）：404.

［10］Robert A Eisenbeis, W Scott Frame, Larry D. Wall. Fannie Mae and Freddie Mac and An Evaluation of the Policy Options for Reducing Those Risks［J］. Financ Serv Res，2007（31）：82－89.

［11］Angelo Zago, Paola Dongili. Credit quality and technical efficiency in banking［J］. Empir Econ，2009（12）：10－16.

［12］Allen N Berger & Leora F, Klapper & Rima Turk－Ariss. Bank Competition and Financial Stability［J］. Financ Serv Res，2009（35）：99－103.

［13］曾婵娟，周艳海. 农户小额信用贷款风险防范［J］. 合作经济与科技，2011（3）：60－61.

［14］张维迎. 产权、政府与信誉［M］. 北京：三联书店，2001.

［15］万俊人. 信用伦理及其现代解释［J］. 孔子研究，2002（5）：

4 - 10.

　　[16] 欧阳润平. 伦理信用与经济信用的关系 [J]. 湖湘论坛, 1999 (3): 48 - 50.

　　[17] 郭新明. 市场交易、信用规范与信用缺失行为分析 [J]. 金融研究, 2006 (7): 96 - 101.

　　[18] 尹志超. 信息不对称、企业异质性与信贷风险 [J]. 经济研究, 2011 (9): 121 - 132.

　　[19] Granovetter. Economic Action and Social Structure: The Problem of Embeddedness [J]. American Journal of Sociology 91, 1985 (3): 86 - 93.

　　[20] Baker. The Social Structure of National Securities Market [J]. American Journal of Sociology 89, 1984 (6): 80 - 89.

　　[21] Uzzi. Embeddedness in the Making of Financial Capital: How Social Relations and Networks Benefit Firms Seeking Financing [J]. American Sociological Review 64, 1999 (8): 56 - 65.

　　[22] Veltuis. Symbolic Meanings of Prices: Constructing the Value of Contemporary Art in Amsterdam and New York Galleries [J]. Theory and Society , 2003 (4): 32 - 38.

　　[23] Zelizer, Viviana A. Values and Market: The Case of 19th Century American Life Insurance and Death [J]. American Journal of Sociology, 1978 (3): 84 - 90.

　　[24] Jennifer J Griffin. The Corporate Social Performance and Corporate Financial Performance Debate Twenty - Five Years of Incomparable Research [J]. Journal of Business Society, 1997 (36): 15 - 31.

　　[25] Henry W Collier. Evaluating the Impact of a Rapidly Changing Economic Environment on Bank Financial Performance Using the Dupont System of Financil Analysis [J]. Asia Pacific Journal of Finance and Banking Research, 2010 (4): 90 - 98.

　　[26] Ahmed Arif Almazari. Financial Performance Analysis of the Jordanian Arab Bank by Using the DuPont System of Financial Analysis [J]. International Journal of Economics and Finance, 2012 (4): 102 - 108.

　　[27] Marianna Botika. The use of DuPont analysis in abnormal returns evaluation: Empirical study of Romanian market [J]. Social and Behavioral Sciences,

2012 (62): 1179 – 1183.

[28] Cossin, Didier. Advanced credit risk analysis: Financial approaches and mathematical models to assess, price, and manage credit risk [M] . John Wiley & Sons, 2000.

[29] Jerry Hausman. Specification Tests for the Multinomial Logit Model [J] . Journal of the econometric Society, 1984 (9): 1219 – 1240.

[30] JS Butler. A computationally efficient quadrature procedure for the one – factor multinomial probit model [J] . Journal of the econometric Society, 1982 (3): 761 – 764.

[31] Altman E I. Financial Ratios, Discriminant Analysis and the Prediction of Corporate Bankruptcy [J] . Journal of Finance, 1968 (9): 589 – 609.

[32] Altman E I, Haldeman R G. Zeta Analysis: a New Model to Identify Bankruptcy Risk of Corporations [J] . Journal of Banking and Finance, 1977 (9): 29 – 54.

[33] Arindam Bandyopadhyay. Predicting probability of default of Indian corporate bonds: logistic and Z – score model approaches [J] . Journal of Risk Finance, 2006 (3): 255 – 272.

[34] Scott. The probability of bankruptcy: A comparison of empirical predictions and theoretical models [J] . Journal of Banking and Finance, 1981 (9): 317 – 344.

[35] Laitinen LA. Damage of the airway epithelium and bronchial reactivity in patients with asthma [J] . The American Review of Respiratory Disease, 1985, 131 (4): 599 – 606.

[36] Charitou, Neophytou. Managerial discretion in distressed firms [J] . The British Accounting Review, 2007 (12): 323 – 346.

[37] Martin D. Early Warning of Bank Failure: A Logit Regression Approach [J] . Journal of Banking and Finance, 1977 (2): 249 – 276.

[38] Press S J, Wilson S. Choosing between Logistic Regression and Discriminant Analysis [J] . America Statistics Association, 1978, 73 (364): 699 – 705.

[39] Sjur W, Wijst N. Default Probabilities in a Corporate Bank Portfolio: A Logistic Model Approach [J] . European Journal of Operational Research, 2001, 135 (2): 338 – 349.

[40] Smith Lawrence. Forecasting Losses on a Liquidating Long – term Loan Portfolio [J] . Journal of Banking and Finance, 1995, 19 (6): 959 – 985.

[41] Robert Deyoung, Dennise Glennon, Peter Nigro. Borrower – lender distanee, credit scoring, and loan performance: Evidence form informational – opaque small business. Borrowers [J] . Journal of financial intermediation, 2008 (17): 113 – 143.

[42] Dutta S, Shekkar S. Bond Rating: A Non – conservative Application of Neural Networks [J] . Journal of Banking and Finance, 1987 (5): 251 – 286.

[43] Odom M D, Sharda R A. Neural Network for Bankruptcy Prediction International Joint Conference on Neural Network [M] . New York: New York University Press, 1990: 163 – 168.

[44] Adnan Khashman. Neural networks for credit risk evaluation: Investigation of different neural models and learning schemes [J] . Expert Systems with Applications, 2010 (37): 6233 – 6239.

[45] Hussein Abdou. Neural nets versus conventional techniques in credit scoring in Egyptian banking [J] . Expert Systems with Applications, 2008 (10): 1275 – 1292.

[46] Eliana Angelini. A neural network approach for credit risk evaluation [J]. The Quarterly Review of Economics and Finance, 2008 (12): 733 – 755.

[47] K Kumar, J D Haynes. Forecasting credit ratings using an ANN and statistical techniques [J] . International Journal of Business Studies, 2003 (11): 91 – 108.

[48] John Andrew McQuown. A Comment on market vs. accounting – based measures of default Risk [R] . White Paper, Moody. s KMV. Septemper, 1993.

[49] Ching – Chiang Yeh. A hybrid KMV model, random forests and rough set theory approach for Creditrating [J] . Knowledge – Based Systems, 2012 (33): 166 – 172.

[50] Wo – Chiang Lee. Redefinition of the KMV model's optimal default point based on genetic Algorithms – Evidence from Taiwan [J] . Expert Systems with Applications, 2011 (38): 10107 – 10113.

[51] Nisso Bucay and Dan Rosen. Credit Risk of an International Bond Portfolio: A Case Study [J] . the Algo Research Quarterly, 1999 (3): 9 – 29.

［52］ Ani L Katchova, Peter J Barry. Credit Risk Models and Agricultural Lending ［J］. American J. Of Agricultural Economics, 2005 (5): 194 – 205.

［53］ Frye, J., 2000. Collateral damage: A source of systematic credit risk. Risk 13.

［54］ Michel Crouhy, Dan Galai, and Robert Mark. A comparative analysis of current credit risk models ［J］. Journal of Banking & Finance 24, 106 – 117, 2000.

［55］ Antoine Vandendorpe, Ngoc – Diep Ho. On the parameterization of the CreditRisk + model for estimating credit portfolio risk ［J］. Insurance: Mathematics and Economics, Volume 42, Issue 2, April 2008, Pages 736 – 745.

［56］ Suzan Hol. The influence of the business cycle on bankruptcy probability ［J］. International Transcations in Operational Research, 2007 (1): 75 – 90.

［57］ Wilson. Credit Risk Modeling: A New Approach ［J］. McKinsey Inc, New York, 2007.

［58］ Morton T Gregory. A Discriminant Function Analysis of Residential Mortgage Delinquency and Foreclosure ［J］. AREUEA Journal, 1975 (3): 73 – 90.

［59］ Manohar Sharma and Manfred Zeller. Repayment Performance in Group – Based Credit Programs in Bangladesh: An Empirical Analysis ［J］. World Development, 1997 (25): 1731 – 1742.

［60］ S Jha, K S Bawa. The Economic and Environmental Outcomes of Microfinance Projects: An Indian Case Study ［J］. Environment, Development and Sustainability, 2007 (9): 229 – 239.

［61］ Rubana Mahjabeen. Microfinancing in Bangladesh: Impact on households, consumption and welfare ［J］. Journal of Policy Modeling, 2008 (6): 1083 – 1092.

［62］ Schreiner M. Benefits and Pitfalls of Statistical Credit Scoring for Microfinance ［J］. Savings and Development, 2004 (1): 63 – 86.

［63］ James Copestake. Mainstreaming Microfinance: Social Performance Management or Mission Drift? ［J］. World Development, 2007, 35 (10): 1721 – 1738.

［64］ Valentina Hartarask, Denis Nadolnyak. Does rating help microfinanceinstitutions raise funds? Cross – country Evidence ［J］. International Review of Economics and Finance, 2007 (5): 1 – 14.

[65] Schreiner, M. A scoring model of the risk of costly arrears at a microfinance lender in Bolivia. Center for Social Development, 1999.

[66] Bruce J Sherrick, Peter J Barry and Paul N Ellinger. Valuation of Credit Risk in Agricultural Mortgages [J]. Amer. J. Agr. Econ., 2000 (82): 71 – 81.

[67] Li Xiumin, Dong Lixia and Chen Gang. Modeling the Rural Credit Cooperatives Risk Basedon AHP and Fuzzy Comprehensive Evaluation [J]. Business Management and Electronic Information, 2011 (4): 291 – 294.

[68] Lane, William R, Stephen W Looney, James W Wansley. An Application of the Cox Proportional Hazards Model to Bank Failure [J]. Journal of Banking and Finance, 1986 (10): 511 – 531.

[69] Julapa A Jagtiani, James W Kolari, Catharine M Lemieux, G Hwan Shin. Predicting Inadequate Capitalization: Early Warning System for Bank Supervision [J]. Federal Reserve Bank of Chicago, September 2000.

[70] Ranjana Sahajwala, Paul Van den Bergh. Supervisory Risk Assessment and Early Warning Systems [J]. Basel Committee On Banking Supervision Working Papers, December 2000.

[71] Ali Argun Karacabey. Bank Failure Prediction Using Modified Minimum Deviation Model [J]. International Research Journal of Finance and Economics, 2007 (12): 147 – 159.

[72] Xiaohong Chen. Credit risk measurement and early warning of SMEs: An empirical study of listed SMEs in China [J]. Decision Support Systems, 2010 (49): 301 – 310.

[73] Koyuncugil. Financial early warning system model and data mining application for risk detection [J]. Expert Systems with Applications, 2012 (39): 6238 – 6253.

[74] Tomasz Korol. Early warning models against bankruptcy risk for Central European and Latin American enterprises [J]. Economic Modelling, 2013 (31): 22 – 30.

[75] YANG Shu – e. Financial Crisis Warning Model based on BP Neural Network [J]. Systems Engineering – theory & Practice, 2005 (1): 12 – 18.

[76] 张渝, 周宗放. 基于模糊熵的商业银行信用风险评估指标选择方法

[J]．管理评论，2006（7）：27 – 31.

[77] 潘安娥．农村信用社风险评价指标体系的改进 [J]．财会月刊，2008（12）：26 – 27.

[78] 杨宏玲，郭高玲．基于 BBC 与价值链风险分析的农户信用评价指标体系探析 [J]．科技管理研究，2011（6）：63 – 66.

[79] 温涛，冉光和，王煜宇，熊德平．农户信用评估系统的设计与运用研究 [J]．运筹与管理，2004（4）．

[80] 刘敏祥．我国农户信用分析的规范化 [J]．金融理论与实践，2004（1）：16.

[81] 周振．构建农村信用社的农户信用评估体系 [J]．现代农业，2009（6）：131.

[82] 李俊丽．基于层次分析法的农户信用评估 [J]．商业研究，2009（10）：35.

[83] 杨胜刚等．信用缺失环境下的农户信用评估指标体系构建研究 [J]．财经理论与实践，2012（11）：7 – 12.

[84] 刘畅，方靓．概率神经网络在农户信用评估中的应用研究 [J]．湖北社会科学，2009（11）：85 – 89.

[85] 土明春，唐万生，冯嘉毅等．构建基于粗糙集和 RP 神经网络的信用风险预警模型 [J]．财会月刊，2009（15）：29 – 31.

[86] 庞素琳．Logistic 回归模型在信用风险分析中的应用 [J]．数学的实践与认识，2006（5）：130 – 136.

[87] 孙清，汪祖杰．LOGIT 模型在小额农贷信用风险识别中的应用 [J]．南京审计学院学报，2006（3）：27 – 29.

[88] 李正波等．农村信用社农户贷款的信用风险评价研究 [J]．北京电子科技学院学报，2006（3）：69 – 74.

[89] 蒋华，卫功琦．我国农村信用社客户信用评级系统研究 [J]．科技导报，2007，3（8）：54 – 60.

[90] 马文勤，孔荣，杨秀珍．农户小额信贷信用风险评估模型构建 [J]．财会月刊，2009，3（36）：49 – 51.

[91] 崔学敏，马丽玉，季曦．对建立全国统一模式农户信用风险评估体系的思考 [J]．征信，2012，5（6）：13 – 17.

[92] 谭民俊，王雄，岳意定．FPR – UTAHP 评价方法在农户小额信贷信

用评级中的应用 [J] . 系统工程, 2007, 8 (5): 55 – 59.

[93] 胡愈等 . 农户小额信用贷款信用评级探究 [J] . 财经理论与实践, 2007 (1): 30 – 32.

[94] 戴立新, 李泽红, 杨方文 . 农户小额信用贷款风险及评价研究 [J] . 科技和产业, 2008 (3): 20 – 24.

[95] 王颖 . 中国农户小额信贷信用风险评估研究——基于模糊综合评价模型 [J] . 金融理论与实践, 2010 (1): 60 – 62.

[96] 姚潇, 余乐安 . 模糊近似支持向量机模型及其在信用风险评估中的应用 [J] . 系统工程理论与实践, 2012 (3): 549 – 554.

[97] 陈良维 . 决策树算法在农户小额贷款中的应用研究 [J] . 计算机工程与应用, 2008 (31): 242 – 244.

[98] 蔡丽艳, 冯宪彬, 丁蕊 . 基于决策树的农户小额贷款信用评估模型研究 [J] . 安徽农业科学, 2011 (2): 1215 – 1217.

[99] 陈永明, 周龙, 李双红 . 基于 AHP 和 DEMATEL 方法的农户信用评级研究 [J] . 征信, 2012 (5): 20 – 24.

[100] 王军栋 . 层次分析法在小额贷款信用风险评估中的应用分析 [J] . 金融理论与实践, 2013 (1): 82 – 89.

[101] 吴晶妹, 张颖, 唐勤伟 . 基于农户信用特征的 WU's 三维信用评价模型研究 [J] . 财贸经济, 2010 (9): 21 – 25.

[102] 孟庆福, 杜元园, 曲华锋 . 信用评级的新方法——多元自适应回归样条在民营企业信用评级中的应用 [J] . 广东金融学院学报, 2011 (5): 65 – 76.

[103] 王沫 . 农村信用社小额贷款信用风险管理博弈分析 [J] . 商业经济, 2013 (2): 104 – 106.

[104] 吴冲 . 基于模糊神经网络的商业银行信用风险评估模型研究 [J] . 系统工程理论与实践, 2004 (11): 1 – 8.

[105] Donwu Wu, Sulin Pang, Jinwang Xiao, Shuqing Li. Research on Farmer Credit Risk Assessment Methodology Review and Prospect [J] . Advances in Information Sciences and Service Sciences, 2013, 9 (5): 23 – 33.

[106] 常绍舜 . 系统科学方法概论 [M] . 北京: 中国政法大学出版社, 2004: 29 – 36.

[107] 林福永, 吴健忠 . 一般系统结构理论及其应用 (Ⅰ) [J] . 系统

工程学报，1997（12）：1-10.

　　[108] 任沁新，胡蓓．员工诚信行为驱动模式［J］．管理评论，2010，5（6）：89-95.

　　[109] 胡秋灵．西部地区村镇银行发展中存在的问题及解决途径［J］．农村经济，2010，6（11）：71-74.

　　[110] 徐康宁．自然资源丰裕程度与经济发展水平关系的研究［J］．经济研究，2006，1（3）：78-89.

　　[111] PietrobelliC, RabellottiR. Upgrading in global value chains：lessons from Latin American clusters［J］. World Development, 2005, 33（4）：549-573.

　　[112] 周雪光．组织社会学十讲［M］．北京：社会科学文献出版社，2003.

　　[113] Biggart N W and Castanias R P. Collateralized SocialRelation：The Social in Economic Calculation［J］. American Journal of Econimics and Sociology, 2001, 60（2）：471-500.

　　[114]] Madajewicz. Joint liability versus individual liability in credit contracts［J］. Journal of Economic Behavior & Organization, 2010, 94（10）：1-17.

　　[115] 吴东武．基于 TSF-GD 的农户信用评估指标设计逻辑模型及其应用研究［J］．金融理论与实践，2014，3（2）：1-7.

　　[116] 许先云，杨永清．不确定 AHP 判断矩阵的一致性逼近与排序方法［J］．系统工程理论与实践，1998（2）：20-23.

　　[117] 徐泽水．模糊互补判断矩阵排序的一种算法［J］．系统工程学报，2001，16（4）：311-314.

　　[118] 冯芸，吴冲锋．货币危机早期预警系统［J］．系统工程理论方法应用，2002，3（3）：8-11.

　　[119] 李曙光，张德栋．个人信用风险预警决策支持模型研究［J］．经济师，2005，6（6），19-24.

　　[120] 刘堃，巴曙松，任亮．中国信用风险预警模型及实证研究［J］．财经研究，2009，7（35）：13-27.

　　[121] 张新红，王瑞晓．我国上市公司信用风险预警研究［J］．宏观经济研究，2011，1（1）：50-54.

　　[122] 白继山，温涛．中国农村金融风险预警研究［J］．农村经济，2011（5）：79-82.

［123］陆静，唐小我. 基于贝叶斯网络的操作风险预警机制研究［J］. 管理工程学报，2008（4）：56 - 61.

［124］战金艳. 自然灾害对农产品市场价格影响研究［J］. 地理研究，2011，8（30）：1449 - 1458.

［125］Pindyck R S, Julio J, Rotemberg. The Excess Comovement of Commodity Prices［J］. Conomic Journal, 1990, 100（403）：1173 - 1189.

［126］王小鲁. 中国粮食市场的波动与政府干预［J］. 经济学季刊，2001（1）：171 - 192.

［127］Crain, Susan J, and Jae Ha Lee. Volatility in Wheat Spot and Futures Markets, 1950 - 1993: Government Farm Programs, Seasonality, and Causality［J］. Journal of Finance, 1996, 51（1）：325 - 343.

［128］蒋海，储著贞. 紧缩性货币政策冲击、成本渠道与通货膨胀［J］. 金融研究，2011（9）：27 - 42.

［129］宋洪远. 农产品价格波动、机理分析与市场调控［J］. 农业技术经济，2012，10（1）：4 - 13.

［130］蔡凤景，李元，王慧敏. 我国货币政策对农产品价格的传导研究［J］. 经济纵横，2009（9）：103 - 106.

［131］罗家宏. 我国货币供应量与农产品价格关系的实证分析［J］. 时代金融，2010（8）：33 - 35.

［132］赵瑞莹，陈会英，杨学成. 生猪价格风险预警模型的建立与应用［J］. 运筹与管理，2008（8）：128 - 132.

［133］辛贤. 中国生猪和猪肉价格波动因素测定［J］. 中国农村经济，1995（5）：28 - 35.

［134］张正，吕杰，姜楠. 我国禽肉价格波动及影响因素分析［J］. 农业技术经济，2006（1）：76 - 79.

［135］李秉龙. 中国猪肉价格短期波动及其原因分析［J］. 农业经济问题，2007（10）：20 - 23.

［136］綦颖，宋连. 生猪市场价格周期性波动的原因分析与缓解对策［J］. 中国畜牧业杂志，2006（24）：15 - 18.

［137］毛学峰，曾寅初. 我国生猪市场价格动态变动规律研究［J］. 农业技术经济，2009，3（8）：34 - 39.

附　　录

1. 农户信用评估指标调查

尊敬的父老乡亲：

你们好！

金融工程研究所课题组正在开展一项关于农户信用评估的研究，旨在寻找社会转型时期影响农户信用的因素。本问卷采用匿名调查的方式，请您积极填写问卷，所获得的数据仅供学术研究之用，内容不会涉及您的个人隐私与单位任何信息，请您充分发表自己的看法并客观填写相关信息，我们将尊重您的观点。非常感谢您的大力支持与协助！

诚信度指标调查表

指标类型	指标名称	在合适的选项打"✓"（只选一个）
诚信度	劳动力人数	1 个；2 个；3 个；4 个以上
	婚姻状况	未婚；已婚；离婚（离婚后未再结婚）
	户主年龄	28 岁以下；28 岁至 40 岁；41 岁至 55 岁；55 岁以上
	户主受教育程度	小学以下；初中；高中（中专）；大专及以上
	健康状况	良好；一般；差
	讲真话	常说假话；常说真话（说明：指户主平时讲话的表现）
	不作假	常弄虚作假；做实事（说明：指户主做事的态度）
	尊老爱幼	不尊重老人；尊重（说明：指对待老人的态度）
	文明礼貌	不讲礼貌；讲礼貌
	邻里关系	关系不好；一般；关系好
	乐于助人	从不帮助别人；有时帮助别人；经常帮助别人
	热心公益	不热心公益事业；有时热心公益事业；热心公益事业
	历史信用	没有信用；讲信用
	讲究信誉	不讲究信誉；讲究信誉

合规度指标调查表

指标类型		指标变量	在合适的选项打"√"（只选一个）
合规度指标	遵纪守法	刑法	没有触犯刑法；曾经触犯刑法
		民法	没有触犯民法；曾经触犯民法
		其他法规	遵守其他法律；曾经触犯其他法律（说明：指除了刑法、民法外的其他法律）
	行业法规	教育	遵守教育法；曾经违反教育法
		水电	遵守水电法规；曾经违反水电法规
		计生	遵守计生法规；曾经违反计生法规
		其他行业	遵守其他行业法规；曾经违反其他行业法规（除了教育、水电、计生外的其他行业法规）
	社会纠纷	经济纠纷	有经济纠纷；没有经济纠纷
		农村纠纷	有农村纠纷；没有农村纠纷
		其他纠纷	有其他纠纷；没有其他纠纷（除了经济纠纷、农村纠纷外的其他法律）

践约度调查表

指标类型		指标变量	在合适的选项打"√"（只选一个）
践约度指标	发展基础	地区经济状况	经济状况差；经济状况一般；经济状况较好
		自然资源	资源贫乏；一般；有较好自然资源
		生产经营服务技术	没有技术；技术一般；技术较好
		生产经营服务历史	生产经营服务不到1年；生产经营服务1~3年；生产经营服务超过3年
		生产经营规模	经营规模小；经营规模一般；经营规模大
		生产投资规模	投资较小；投资一般；投资较大
	盈利能力	政策支持	没有支持；一般；支持大
		销售渠道	没有渠道；一般；渠道多
		价格保障性	没有保障；一般；保障性强
		产品或服务竞争力	没有竞争力；一般；竞争力较强
		市场供求	需求不大；一般；需求大
		经营管理能力	能力差；一般；能力强
		成本费用利润率	没有利润；利润率介于0~20%之间；利润率超过20%
		资产收益率	收益率低；一般；收益率高

续表

指标类型		指标变量	在合适的选项打"√"（只选一个）
践约度指标	偿债能力	家庭财产状况	财产较少；一般；积累财产较多
		家庭年综合收入	家庭年收入少于0.5万元,；年收入大于0.5万元小于2万元；年收入大于2万元
		年支出水平	不超过1万元；1万元至2万元；2万元至3万元；3万元以上
		家庭年纯收入	收入少于1万元；1万元至2万元；2万元至3万元；3万元以上
		家庭负债占家庭年纯收入比例	比较低；一般；偏高
		对外担保	没有对外担保；有对外担保

动机度指标调查表

指标类型		指标变量	在合适的选项打"√"
动机度指标	守约动机需要	生理需要	有生理需要；没有生理需要
		安全需要	有安全需要；不需要考虑安全需要
		归属与爱的需要	有归属与爱的需要；没有归属与爱的需要
		尊重需要	有尊重需要；没有尊重需要
		自我实现需要	有自我实现需要；没有自我实现需要
	违约动机需要	心理满足	希望得到心理满足；不需要心理满足
		追逐经济利益	有追逐经济利益需要；没有追逐经济利益需要

农户贷款信息调查表

1. 你是否需要从信用社或其他亲戚朋友渠道借款？（是；否）
2. 你未从信用社、邮政储蓄或其他银行得到贷款的原因是什么？（没有申请过；申请没有通过）
3. 你未向金融机构申请贷款的原因是什么呢？（成本太高；担心即使申请也贷不到；担心还不起；其他原因）
4. 你向正规金融机构申请但没有得到贷款的原因是什么呢？（没有人缘；无抵押担保；旧债未还；太穷；其他方面）
5. 你不需要借款的原因是什么呢？（自有资金充足；没有借钱习惯；没有好的发展项目；打工有钱）
6. 你借款违约的原因是什么呢？（投资失败；个人逃债；家庭开支大）
7. 你借款的用途是什么呢？（个人消费；投资项目；生产经营）
8. 你偿还资金的主要来源是什么呢？（农业生产经营收入；非农业生产经营收入；工资收入；其他收入）

你认为农户借款投资项目后，面临的风险有哪些呢？请在合适的类型下打"√"

农户风险来源调查表

风险类型	农户自身	农产品质量	自然灾害	市场风险	经济环境	国家宏观经济政策	生产资料	信息风险
在合适的选项下打"√"								

2. 农户信用评级结果

农户	贴近度					信用评级
	N_1	N_2	N_3	N_4	N_5	
U_1	0.0813953	0.290698	0.116279	0.197623	0	良好
U_2	0.302326	0.0813953	0.209302	0	0.116279	优秀
U_3	0	0.0674157	0.179775	0.101124	0.258427	较差
U_4	0.0989011	0	0.263736	0.175823	0.0659341	较好
U_5	0.06238	0.282732	0.102273	0	0.1903	良好
U_6	0.116279	0.290698	0.0697612	0.197674	0	良好
U_7	0.1356	0.0666535	0.255556	0	0.186512	较好
U_8	0	0.0659341	0.0989011	0.252747	0.175824	一般
U_9	0.113636	0.0681821	0.284091	0.193182	0	较好
U_{10}	0.0795455	0.284091	0.13263	0	0.183231	良好
U_{11}	0.113636	0.0693218	0	0.284091	0.193182	一般
U_{12}	0.179775	0	0.101124	0.269663	0.0674157	一般
U_{13}	0.0705882	0.294118	0.105882	0.2	0	良好
U_{14}	0.179775	0.2674157	0.101124	0	0.258427	良好
U_{15}	0	0.0689655	0.103448	0.275862	0.195402	一般
U_{16}	0.179775	0.0674157	0.11236	0.269663	0	一般
U_{17}	0.0989011	0.0659341	0.263736	0	0.175824	较好
U_{18}	0.183908	0	0.103448	0.275862	0.0689655	一般
U_{19}	0.102273	0.0691821	0.282731	0	0.181612	较好
U_{20}	0	0.0674157	0.101124	0.269663	0.179775	一般
U_{21}	0.302326	0.0813953	0	0.197621	0.116279	优秀
U_{22}	0.0689655	0.275862	0.103448	0.183908	0	良好

农户	贴近度					信用评级
	N_1	N_2	N_3	N_4	N_5	
U_{23}	0.139225	0.066	0.2861	0	0.269663	较好
U_{24}	0	0.0795455	0.284091	0.113636	0.193182	较好
U_{25}	0.179775	0.0674157	0.101124	0.269663	0	一般
U_{26}	0.105882	0.294118	0	0.2	0.0705882	良好
U_{27}	0.116279	0.0813953	0.290698	0.197674	0	较好
U_{28}	0.187238	0.0666679	0.1	0	0.255556	较差
U_{29}	0.1	0.0875378	0.188889	0.266663	0	一般
U_{30}	0.0714286	0.309524	0.119048	0	0.214286	良好
U_{31}	0	0.0689655	0.103448	0.275862	0.195402	一般
U_{32}	0.113636	0.0795455	0.284091	0	0.193182	较好
U_{33}	0.191011	0.2674157	0.11236	0.209663	0	良好
U_{34}	0.195402	0	0.287356	0.114943	0.0804598	较好
U_{35}	0	0.0732773	0.2956	0.126602	0.198389	较好
U_{36}	0.0697674	0.290698	0.116279	0.197623	0	良好
U_{37}	0.113636	0	0.3095455	0.193182	0.234091	较好
U_{38}	0.0697674	0.290698	0.116279	0	0.197674	良好
U_{39}	0.13	0.075614	0.286635	0.186322	0	较好
U_{40}	0	0.068966	0.114943	0.287356	0.195402	一般
U_{41}	0.182389	0.296536	0.15623	0	0.066623	良好
U_{42}	0.114943	0.08046	0.287356	0.195402	0	较好
U_{43}	0.205882	0.070588	0.117647	0.25	0	一般
U_{44}	0.179775	0.067416	0.269663	0	0.101124	较好
U_{45}	0.183908	0.068966	0.103448	0.275862	0	一般
U_{46}	0.191011	0.067416	0.11236	0.269663	0	一般
U_{47}	0.069767	0.290698	0.116279	0.197674	0	良好
U_{48}	0.114943	0.287356	0	0.195402	0.068966	良好
U_{49}	0.181818	0.068182	0.272727	0	0.102273	较好
U_{50}	0	0.113636	0.284091	0.193182	0.068182	较好
U_{51}	0.079546	0	0.264053	0.113636	0.163123	较好
U_{52}	0.114943	0.08046	0.287356	0.195402	0	较好

农户	贴近度					信用评级
	N_1	N_2	N_3	N_4	N_5	
U_{53}	0	0.195402	0.114943	0.287356	0.08046	一般
U_{54}	0.068966	0	0.103448	0.183908	0.275862	较差
U_{55}	0.101124	0.067416	0	0.259313	0.179775	一般
U_{56}	0	0.067416	0.101124	0.179775	0.269663	较差
U_{57}	0.067416	0.280899	0.11236	0.191011	0	良好
U_{58}	0.197674	0.290698	0.116279	0	0.069767	良好
U_{59}	0.101124	0.067416	0.269663	0.179775	0	较好
U_{60}	0.08046	0	0.287356	0.195402	0.114943	较好
U_{61}	0.181818	0.068182	0.102273	0.272727	0	一般
U_{62}	0.101124	0.067416	0.269663	0	0.179775	较好
U_{63}	0	0.08046	0.114943	0.287356	0.195402	一般
U_{64}	0	0.067416	0.269663	0.191011	0.11236	较好
U_{65}	0.08046	0.287356	0.114943	0.195402	0	良好
U_{66}	0.103448	0.068966	0.287356	0	0.195402	较好
U_{67}	0.114943	0.068966	0.287356	0.195402	0	较好
U_{68}	0.287356	0	0.114943	0.195402	0.068966	优秀
U_{69}	0	0.062666	0.1	0.171238	0.253516	较差
U_{70}	0	0.056633	0.275623	0.167323	0.1	较好
U_{71}	0.302326	0.081395	0.116279	0	0.197674	优秀
U_{72}	0.287356	0.068966	0.114943	0.195402	0	优秀
U_{73}	0.179775	0.258427	0.101124	0.067416	0	良好
U_{74}	0.284091	0.079546	0	0.193182	0.113636	优秀
U_{75}	0.102273	0	0.273265	0.18239	0.068128	较好
U_{76}	0.290698	0.069767	0.116279	0.197674	0	优秀
U_{77}	0	0.068966	0.275862	0.183908	0.103448	较好
U_{78}	0.11236	0.078652	0.280899	0	0.191011	较好
U_{79}	0	0.067416	0.101124	0.269663	0.179775	一般
U_{80}	0.11236	0.067416	0.289531	0	0.191011	较好
U_{81}	0.290698	0.069767	0.116279	0.197674	0	优秀
U_{82}	0.102273	0.068182	0.271563	0.182362	0	较好

农户	贴近度					信用评级
	N_1	N_2	N_3	N_4	N_5	
U_{83}	0	0.068182	0.286325	0.185372	0.102273	较好
U_{84}	0.103448	0.068966	0	0.275862	0.195402	一般
U_{85}	0.163218	0.281156	0.102273	0.066182	0	良好
U_{86}	0.287356	0.08046	0.114943	0.195402	0	优秀
U_{87}	0	0.067416	0.269663	0.191011	0.11236	较好
U_{88}	0.113636	0.292461	0	0.193182	0.068217	良好
U_{89}	0.352712	0.068183	0.113636	0.193182	0	优秀
U_{90}	0.2	0.070588	0.294118	0	0.117643	较好
U_{91}	0.11236	0.067416	0.269663	0.191011	0	较好
U_{92}	0.287356	0.068966	0	0.195402	0.114943	优秀
U_{93}	0.168239	0.066667	0.12361	0	0.25621	较差
U_{94}	0	0.067416	0.269663	0.101124	0.179775	较好
U_{95}	0.195402	0.068966	0	0.287356	0.114943	一般
U_{96}	0.067416	0	0.101124	0.269663	0.179775	一般
U_{97}	0.11236	0.067416	0.269663	0.191011	0	较好
U_{98}	0.287356	0	0.114943	0.195402	0.00046	优秀
U_{99}	0	0.076923	0.263736	0.186813	0.10989	较好
U_{100}	0.079546	0	0.284091	0.193182	0.113636	较好
U_{101}	0.195402	0.08046	0.287356	0	0.114943	较好
U_{102}	0	0.287356	0.114943	0.195402	0.08046	良好
U_{103}	0.069767	0.290698	0.116279	0.192135	0	良好
U_{104}	0.116279	0.081395	0.280213	0.197625	0	较好
U_{105}	0.175824	0	0.10989	0.263736	0.076923	一般
U_{106}	0	0.067416	0.269663	0.179775	0.101123	较好
U_{107}	0.290698	0.069767	0.116233	0.197623	0	优秀
U_{108}	0.081395	0.280632	0.115279	0.197674	0	良好
U_{109}	0	0.068966	0.287356	0.195402	0.114943	较好
U_{110}	0	0.068182	0.113636	0.284091	0.193182	一般
U_{111}	0.296231	0.063171	0	0.198231	0.12156	优秀
U_{112}	0	0.068966	0.287356	0.195402	0.103448	较好

农户	贴近度					信用评级
	N_1	N_2	N_3	N_4	N_5	
U_{113}	0	0.066624	0.256612	0.172318	0.12315	较好
U_{114}	0.113636	0.284091	0	0.193182	0.068182	良好
U_{115}	0.114943	0.08046	0.287356	0.195402	0	较好
U_{116}	0.302326	0.081395	0.116279	0.197672	0	优秀
U_{117}	0	0.065934	0.10989	0.263736	0.175824	一般
U_{118}	0.101124	0.067416	0.269663	0	0.179775	较好
U_{119}	0.103448	0.068966	0.275862	0.183908	0	较好
U_{120}	0	0.067416	0.11236	0.269663	0.191011	一般
U_{121}	0.179775	0.067416	0.269663	0	0.101124	较好
U_{122}	0.290698	0	0.116279	0.197674	0.081395	优秀
U_{123}	0	0.068325	0.282316	0.193182	0.113636	较好
U_{124}	0	0.068236	0.113636	0.182312	0.252122	较差
U_{125}	0.062966	0.103448	0.265862	0.183908	0	较好
U_{126}	0.298356	0.068966	0	0.195402	0.114943	优秀
U_{127}	0.101124	0.067416	0.269663	0	0.179775	较好
U_{128}	0	0.290698	0.116279	0.197612	0.069767	良好
U_{129}	0.192672	0.069767	0.104651	0.290698	0	一般
U_{130}	0	0.078652	0.280899	0.191011	0.11236	较好
U_{131}	0.08046	0.287356	0.114943	0	0.195402	良好
U_{132}	0	0.061262	0.282351	0.183908	0.103448	较好
U_{133}	0.295862	0.068966	0.103448	0.183908	0	优秀
U_{134}	0	0.08046	0.114943	0.287356	0.195402	一般
U_{135}		0.068122	0.282723	0.181236	0.102273	较好
U_{136}	0	0.072363	0.286362	0.182385	0.1358	较好
U_{137}	0.069765	0	0.104651	0.197674	0.27907	较差
U_{138}	0.067416	0.11236	0	0.269663	0.191011	一般
U_{139}	0.157238	0.062356	0.286662	0	0.23582	较好
U_{140}	0	0.068966	0.115946	0.195402	0.257356	较差
U_{141}	0	0.068182	0.282235	0.18134	0.102273	较好
U_{142}	0.08046	0.287356	0.114943	0.195402	0	良好

农户	贴近度					信用评级
	N_1	N_2	N_3	N_4	N_5	
U_{143}	0	0.068966	0.103448	0.183908	0.275862	较差
U_{144}	0	0.066231	0.282353	0.182389	0.13256	较好
U_{145}	0	0.062123	0.278123	0.188232	0.112312	较好
U_{146}	0.193182	0.284091	0.113636	0	0.079546	良好
U_{147}	0.191011	0.078652	0.280829	0	0.11236	良好
U_{148}	0.065934	0	0.263736	0.175824	0.098901	较好
U_{149}	0.114943	0.068966	0	0.195402	0.275862	较差
U_{150}	0.191011	0.067416	0.11236	0.269663	0	一般
U_{151}	0.283261	0.068182	0	0.182352	0.102273	优秀
U_{152}	0.195402	0	0.114943	0.287356	0.068966	一般
U_{153}	0	0.067416	0.289663	0.179775	0.101124	良好
U_{154}	0.069768	0.290698	0.116279	0.19763	0	良好
U_{155}	0.065934	0	0.10989	0.175824	0.263736	较差
U_{156}	0	0.067416	0.269663	0.191011	0.11236	较好
U_{157}	0.123578	0.066623	0.1	0.262352	0	一般
U_{158}	0	0.068182	0.282713	0.102273	0.181231	良好
U_{159}	0.295862	0.068966	0.103448	0.183908	0	优秀
U_{160}	0.290698	0.285356	0	0.123578	0.23562	良好
U_{161}	0	0.069761	0.104651	0.197676	0	优秀
U_{162}	0	0.069235	0.290698	0.197615	0.104651	较好
U_{163}	0.113636	0.284091	0	0.193182	0.068182	良好
U_{164}	0.103448	0.068966	0.265862	0.195402	0	较好
U_{165}	0.067416	0.289653	0	0.179775	0.101124	良好
U_{166}	0.290698	0.069767	0	0.186047	0.104651	优秀
U_{167}	0	0.08046	0.287356	0.195402	0.114943	良好
U_{168}	0	0.068966	0.114943	0.237356	0.195402	一般
U_{169}	0.067416	0.289663	0.11236	0.191011	0	良好
U_{170}	0	0.284091	0.113636	0.193182	0.079546	良好
U_{171}	0	0.066181	0.102273	0.18235	0.253233	较差
U_{172}	0.193182	0.068182	0.234091	0	0.113636	较好

续表

农户	贴近度					信用评级
	N_1	N_2	N_3	N_4	N_5	
U_{173}	0	0.05801	0.1	0.17238	0.252356	较差
U_{174}	0	0.067416	0.258427	0.179775	0.101124	较好
U_{175}	0.290698	0.069767	0.116279	0.197674	0	优秀
U_{176}	0.18239	0.072353	0.2866	0	0.12361	良好
U_{177}	0	0.068966	0.287356	0.195402	0.114943	较好
U_{178}	0.290698	0.069768	0.116279	0.197674	0	优秀
U_{179}	0	0.284091	0.113636	0.193182	0.079546	良好
U_{180}	0.11236	0.067416	0	0.191011	0.269663	较差
U_{181}	0.175824	0.065934	0.283736	0	0.098901	较好
U_{182}	0.299	0.069767	0.104651	0.186047	0	优秀
U_{183}	0	0.068182	0.284091	0.193182	0.113636	较好
U_{184}	0.068966	0.295862	0.103448	0.1814	0	良好
U_{185}	0	0.06996	0.287356	0.196502	0.114943	较好
U_{186}	0.30356	0.08046	0.114943	0.195402	0	优秀
U_{187}	0.116279	0.081395	0.290698	0	0.197674	较好
U_{188}	0	0.290698	0.104651	0.197674	0.06923	良好
U_{189}	0	0.068966	0.287356	0.195402	0.114943	较好
U_{190}	0	0.078264	0.103448	0.183908	0.255862	较差
U_{191}	0.292749	0.065934	0.0989011	0.175824	0	优秀
U_{192}	0.114943	0.068966	0	0.287356	0.195402	一般
U_{193}	0	0.068123	0.113636	0.193182	0.2532	较差
U_{194}	0.061216	0.269663	0.11236	0.191011	0	良好
U_{195}	0.113636	0.079546	0	0.284091	0.193182	一般
U_{196}	0.183908	0.068966	0.103448	0	0.255862	较差
U_{197}	0	0.066611	0.26698	0.156328	0.2315	较好
U_{198}	0.302326	0.081395	0.116279	0.209302	0	优秀
U_{199}	0.08046	0	0.114943	0.195402	0.287356	较差
U_{200}	0	0.078652	0.11236	0.280899	0.191011	一般
U_{201}	0	0.066623	0.286632	0.173268	0.20125	较好
U_{202}	0.292738	0.068182	0.102273	0.193182	0	优秀

续表

农户	贴近度					信用评级
	N_1	N_2	N_3	N_4	N_5	
U_{203}	0	0.068966	0.103448	0.275862	0.183908	一般
U_{204}	0.068316	0	0.269663	0.191011	0.11236	较好
U_{205}	0.290698	0.081395	0	0.192361	0.116279	优秀
U_{206}	0	0.068123	0.103448	0.183908	0.235862	较差
U_{207}	0	0.068182	0.102273	0.193182	0.24272	较差
U_{208}	0.113636	0.284091	0	0.193182	0.079546	良好
U_{209}	0.114943	0.08046	0.287356	0.195402	0	较好
U_{210}	0.197612	0.069767	0.116279	0.290698	0	较差
U_{211}	0.179775	0.067416	0.101124	0	0.269663	较差
U_{212}	0.076923	0	0.263736	0.186813	0.10989	较好
U_{213}	0.197674	0.069767	0	0.260698	0.116279	一般
U_{214}	0	0.068182	0.102273	0.1823	0.252732	较差
U_{215}	0	0.066662	0.1356	0.266623	0.198239	一般
U_{216}	0.269663	0.067416	0.11236	0.191011	0	优秀
U_{217}	0.113636	0.068182	0	0.285091	0.193182	一般
U_{218}	0.068966	0.260356	0.114943	0	0.195402	良好
U_{219}	0.36113	0.06653	0.2235	0	0.179775	优秀
U_{220}	0	0.067416	0.101124	0.179775	0.25923	较差
U_{221}	0.02382	0.066613	0	0.255556	0.12378	一般
U_{222}	0.280899	0.078652	0.11236	0.191011	0	优秀
U_{223}	0	0.081395	0.116279	0.290698	0.19326	一般
U_{224}	0	0.079546	0.113636	0.193182	0.284091	较差
U_{225}	0.138011	0.03478	0.26623	0.182389	0	较好
U_{226}	0.113636	0.284091	0.193182	0	0.068182	良好
U_{227}	0	0.067416	0.269663	0.179775	0.10112	较好
U_{228}	0.292743	0.068182	0	0.193182	0.113636	优秀
U_{229}	0	0.068182	0.2906	0.193182	0.113636	较好
U_{230}	0.067416	0	0.269663	0.179775	0.101124	较好
U_{231}	0.068966	0.287356	0.114943	0.195402	0	良好
U_{232}	0	0.068966	0.2823	0.195402	0.103448	较好

农户	贴近度					信用评级
	N_1	N_2	N_3	N_4	N_5	
U_{233}	0.08046	0.287356	0.114943	0.195402	0	良好
U_{234}	0.067416	0	0.269663	0.179775	0.101124	较好
U_{235}	0	0.067416	0.101124	0.179775	0.258427	较差
U_{236}	0.193182	0.079546	0.284091	0	0.113636	较好
U_{237}	0.290698	0.069767	0	0.197674	0.116279	优秀
U_{238}	0.1123	0.068662	0	0.256612	0.1238	一般
U_{239}	0	0.079546	0.113636	0.193182	0.232091	较差
U_{240}	0.293	0.065934	0.10989	0.175824	0	优秀
U_{241}	0	0.08046	0.298851	0.195402	0.114943	较好
U_{242}	0.290698	0	0.104651	0.197612	0.06976	优秀
U_{243}	0	0.078652	0.280899	0.191011	0.11236	较好
U_{244}	0.195402	0.068966	0.103448	0	0.253356	较差
U_{245}	0	0.078652	0.11236	0.280899	0.19302	一般
U_{246}	0	0.067416	0.269663	0.179775	0.101123	较好
U_{247}	0.284091	0.068182	0.113636	0.193182	0	优秀
U_{248}	0.290698	0.069733	0	0.19032	0.104651	优秀
U_{249}	0	0.068623	0.139	0.17328	0.2366	较差
U_{250}	0.0673	0.269663	0.101124	0.179775	0	良好
U_{251}	0.302326	0	0.116279	0.197674	0.081395	优秀
U_{252}	0	0.068182	0.102273	0.2526	0.18132	一般
U_{253}	0.280899	0.078652	0.11236	0	0.191011	优秀
U_{254}	0	0.068101	0.282	0.193182	0.102273	较好
U_{255}	0	0.068966	0.114943	0.287356	0.195402	一般
U_{256}	0.113636	0.068182	0.284091	0.193182	0	较好
U_{257}	0	0.067416	0.11236	0.191011	0.25082	较差
U_{258}	0.103448	0.068966	0	0.253356	0.195402	一般
U_{259}	0	0.284091	0.113636	0.193182	0.063	良好
U_{260}	0	0.068182	0.28232	0.193182	0.113636	较好
U_{261}	0.302326	0.081395	0.116279	0	0.192	优秀
U_{262}	0.11236	0.067416	0.280899	0.191011	0	较好

农户	贴近度					信用评级
	N_1	N_2	N_3	N_4	N_5	
U_{263}	0.079546	0.284091	0	0.193182	0.113636	良好
U_{264}	0.302326	0	0.116279	0.209302	0.081395	优秀
U_{265}	0	0.068233	0.113636	0.284091	0.193182	一般
U_{266}	0.299663	0.067416	0.11236	0	0.191011	优秀
U_{267}	0	0.08046	0.114943	0.257126	0.195402	一般
U_{268}	0.102273	0.068009	0	0.18085	0.23126	较差
U_{269}	0	0.284091	0.113636	0.193182	0.06853	良好
U_{270}	0.302326	0.081395	0.116279	0.209302	0	优秀
U_{271}	0.06623	0	0.1348	0.25	0.12378	一般
U_{272}	0	0.068182	0.284091	0.193182	0.113636	良好
U_{273}	0.290698	0.069767	0.104651	0.197674	0	优秀
U_{274}	0	0.06812	0.102273	0.1812	0.223	较差
U_{275}	0.18329	0.068182	0.201033	0.242323	0	一般
U_{276}	0.284091	0.079546	0	0.193182	0.113636	优秀
U_{277}	0	0.069767	0.290698	0.1956	0.116279	较好
U_{278}	0.113636	0.079546	0.254091	0	0.193182	较好
U_{279}	0.065316	0.269683	0.101124	0.179775	0	良好
U_{280}	0	0.068966	0.114943	0.287356	0.195402	一般
U_{281}	0.066182	0	0.102273	0.181236	0.2236	较差
U_{282}	0.101124	0.067416	0.269663	0	0.179775	较好
U_{283}	0	0.0681	0.113636	0.193182	0.2353	较差
U_{284}	0.31272	0.068182	0.13862	0.193182	0	优秀
U_{285}	0.078652	0.280899	0.11236	0.191011	0	良好
U_{286}	0	0.066623	0.29666	0.17	0.02392	较好
U_{287}	0.287356	0.068966	0	0.195402	0.114943	优秀
U_{288}	0.295862	0.068966	0.103448	0.195402	0	优秀
U_{289}	0	0.067816	0.1012	0.179775	0.2326	较差
U_{290}	0.18325	0.06741	0.10169	0.25862	0	一般
U_{291}	0	0.269663	0.11236	0.191011	0.06741	良好
U_{292}	0.102273	0.06803	0.2932	0.193182	0	较好

农户	贴近度					信用评级
	N_1	N_2	N_3	N_4	N_5	
U_{293}	0.068966	0.287356	0	0.195402	0.114943	良好
U_{294}	0	0.065934	0.10989	0.175824	0.233736	较差
U_{295}	0	0.068143	0.102273	0.2365	0.191302	一般
U_{296}	0.299663	0	0.11236	0.191011	0.067413	优秀
U_{297}	0.105882	0.070588	0.294118	0.2	0	良好
U_{298}	0	0.068966	0.285862	0.195402	0.103448	较好
U_{299}	0.287356	0.08046	0.114943	0.195402	0	优秀
U_{300}	0.068124	0	0.28932	0.158	0.102273	较好
U_{301}	0	0.068966	0.103448	0.195402	0.225862	较差
U_{302}	0.103448	0.068966	0	0.183908	0.265823	较差
U_{303}	0.06815	0.2963	0.102273	0.1823	0	良好
U_{304}	0.290698	0	0.116279	0.197665	0.06976	优秀
U_{305}	0	0.0666	0.21311	0.1233	0.255556	较差
U_{306}	0	0.068182	0.292723	0.182316	0.102273	良好
U_{307}	0.287356	0.08046	0.114943	0.195402	0	优秀
U_{308}	0.116279	0.069767	0	0.19763	0.230698	较差
U_{309}	0.103448	0.068966	0.275862	0.183908	0	较好
U_{310}	0.068966	0	0.114943	0.256356	0.195402	一般
U_{311}	0.191011	0.260899	0.0786517	0	0.11236	良好
U_{312}	0	0.06818	0.102273	0.193182	0.25653	较差
U_{313}	0.078652	0.280899	0.11236	0.191011	0	良好
U_{314}	0.114943	0.08046	0.287356	0	0.195402	较好
U_{315}	0	0.06321	0.11236	0.151032	0.239613	较差
U_{316}	0.289663	0.067416	0.101124	0.179775	0	优秀
U_{317}	0.30892	0.078652	0	0.191011	0.11236	优秀
U_{318}	0.104651	0.069767	0.290698	0	0.197623	较好
U_{319}	0.299663	0	0.11236	0.179775	0.06552	优秀
U_{320}	0.072008	0.298	0.12362	0.1923	0	良好
U_{321}	0.114943	0.068966	0.287356	0.195402	0	较好
U_{322}	0	0.079546	0.113636	0.193182	0.251091	较差

农户	贴近度					信用评级
	N_1	N_2	N_3	N_4	N_5	
U_{323}	0.098901	0	0.28212	0.164835	0.065934	较好
U_{324}	0.068966	0.287356	0	0.195402	0.114943	良好
U_{325}	0.290698	0.069767	0.116279	0	0.1903	优秀
U_{326}	0.1532	0.063563	0	0.286532	0.12383	一般
U_{327}	0	0.280899	0.11236	0.078652	0.191023	良好
U_{328}	0.294091	0	0.113636	0.193182	0.079546	优秀